文化遗产与现代文明

东南学术杂志社 编

海峡出版发行集团 | 海峡文艺出版社

图书在版编目(CIP)数据

文化遗产与现代文明/东南学术杂志社编. －福州：
海峡文艺出版社，2020.12(2021.9 重印)
ISBN 978-7-5550-2400-2

Ⅰ.①文…　Ⅱ.①东…　Ⅲ.①文化遗产－中国－
文集　Ⅳ.①K203－53

中国版本图书馆 CIP 数据核字(2020)第 178149 号

文化遗产与现代文明

东南学术杂志社　编

责任编辑　蓝铃松
助理编辑　刘含章
出版发行　海峡文艺出版社
经　　销　福建新华发行(集团)有限责任公司
社　　址　福州市东水路 76 号 14 层　　　邮编　350001
发 行 部　0591－87536797
印　　刷　福州凯达印务有限公司　　　邮编　350008
地　　址　福州市金山红江路 2 号浦上工业园 B 区 47 号楼
开　　本　720 毫米×1020 毫米　1/16
字　　数　260 千字
印　　张　16.5
版　　次　2020 年 12 月第 1 版
印　　次　2021 年 9 月第 2 次印刷
书　　号　ISBN 978-7-5550-2400-2
定　　价　75.00 元

如发现印装质量问题,请寄承印厂调换

前　言

党的十八大以来，以习近平同志为核心的党中央高度重视文化遗产的历史意义与作用，党的十九大将"加强文物保护利用和文化遗产保护传承"作为坚定文化自信的一个部分写入报告，使之成为习近平新时代中国特色社会主义思想的组成部分。习近平总书记高度重视文化遗产的传承与弘扬，他在福建工作时就指出，保护好古建筑、保护好文物就是保存历史，保存城市的文脉，保存历史文化名城无形的优良传统。

第44届世界遗产大会将在福州举办，这是继2004年苏州举办第28届世界遗产大会之后，在中国召开的又一次盛会。借此次世界遗产大会在福州召开的契机，东南学术杂志社积极响应，推出这本《文化遗产与现代文明》论文集。杂志社从《东南学术》2000年第1期至2020第6期刊发的论文中，精选20篇分析、探索、总结文化遗产研究各个领域重点、难点、热点问题的文章，与更多学者分享本刊发表的对中国文化遗产研究的优秀学术成果。因篇幅所限，其他佳作未能悉数收入，不免有遗珠之憾，在此谨表歉意，尚祈作者谅解。

为真实反映学术发展历程，此次选编整体上保持各文原貌，不作增删。由于选文的时间跨度较大，因此各篇文章体例不甚统一。文章观点都是原发时的学术状况，从忠实保留文献原貌的角度考虑，我们不作修改。不当之处，敬请作者、读者批评指正。

本书由东南学术杂志社选编。在本书编委会主任林蔚芬（福建省社科联党组书记、副主席）、副主任陈文章（福建省社科联党组成员、副主席兼东南学术杂志社社长、总编辑）、副主任杨健民（东南学术杂志社执行总编辑、研究员）的主持下，由陈文章、杨健民担任本书主编，郑珊珊（东南学术杂志社副总编辑）担任副主编。在此，还要特别感谢海峡文艺出版社对本书的出版给予大力支持，付出了辛勤劳动。我们期待着与广大专家学者携手，推出更多优秀的学术研究成果，共同谱写新时代哲学社会科学发展新篇章。

东南学术杂志社

2020 年 10 月

目　录

探寻世界文明的中华文化资源

周 宁*

布罗岱尔提出：现代世界是一个由不同国家民族不同力量在不同领域的相互创造生成的系统，离开了这个系统，任何所谓普遍有效的假设，诸如理性或进步、自由，都不足以成为历史的尺度。本文试图在宏观历史视野中探讨中国在世界文明史上的文化影响。中国文化对世界文明的贡献，主要表现在华夏文化圈与西方文化圈内，贯穿着整部世界文明史。公元第一个一千年里，中国文化创立了华夏文化圈，文言文、儒家思想、家族与政治伦理、太学与科举制度、统一货币、土地制度与税制等在整个东亚与部分东南亚地区一体化。公元第二个一千年里，中国文化转动世界，不仅启发了西方的现代化，而且准备了东亚现代化的文化资源。中国自身也在经历了衰落与磨难之后，终于在第三个一千年开始的时候迎来了伟大的复兴，并昭示了西方模式之外的世界现代化的另一种模式。

世界文明的进程是一个多元发展、相互作用的系统进程，形成创造于跨文化或文明之际的"公共领域"或"公共空间"中。笔者以世界的现代化为立足点，重整世界文明史中的中国文化遗产与活力，尤其强调的是中华文化对世界现代文明的贡献，包括它对西方现代化与东亚现代化的影响，为我们

*周宁，文学博士，厦门大学人文学院教授、博士生导师。

今天创建国家文化形象提供资源与信念基础。全球化时代主权国家的综合国力竞争，表现在"硬国力"与"软国力"两个方面。"硬国力"指一个国家的经济、军事与科技实力，"软国力"则指一个国家的文化影响力。作为"软国力"的国家文化形象，已成为大国竞争的重要指标。我们在全球化背景下提倡创建国家文化形象，不仅要认清当今局势，思考发展策略，还应该清理历史遗产并发扬这份伟大遗产，在现代化历史中找回我们一度失落的文化信心，在全球化大趋势中使往昔的光荣、现在的梦想变成未来的事实。当真像沃勒斯坦所预言的那样：21世纪中叶资本主义世界体系将让位于另一种或几种后继的体系，而"占人类四分之一的中国人民，将会在决定人类共同命运中起重大的作用"①。

一

公元前331年，亚历山大东征到兴都库什山，在今阿富汗建立了"极远的亚历山大城"，此后的希腊化时代，从地中海到伊朗高原，以亚历山大里亚为中心形成了一个相对一体化的世界。一个世纪以后，秦始皇统一六国，书同文，车同轨，华夏九州也成了一个政教文物一体化的世界。在这两个世界之间，是从大小兴安岭一直到喜马拉雅山的一系列横贯中亚、辉煌隆起的大山，像一道由雪峰与高山森林树立的天然长城。只有那些险隘的山口，维持着两个世界间微弱的交通。马其顿帝国在瞬间建立又在瞬间破裂，罗马帝国继承了它的西半部，安息骑兵杜绝了他们东扩的幻想。中国延续下来，由秦入汉。大汉的天下向西北扩张，一直到中亚，两个世界的交通从"丝绸之路"开始，长安到罗马。然后就是漫长的20个世纪。罗马帝国分裂之后，再也没能在旧址上重整。秦汉、隋唐、宋元、明清，其间虽有阶段性的分裂动乱，但广土众民、天下一统，不仅是一贯的理想，也是现实中的常态。

从张骞出使西域到马戛尔尼出使中国，这20个世纪，是"世界走向中国"的时代。秦汉帝国与罗马帝国是纪元前后世界的两个中心。秦汉帝国的版图

①伊曼纽尔·沃勒斯坦著，尤来寅、路爱国等译：《现代世界体系》第1卷，高等教育出版社1998年版，第2页。

约为 390 万平方千米，罗马帝国的版图约为 450 万平方千米，但秦汉帝国的可耕地面积却是罗马帝国的 8 倍。秦汉帝国的农业优于罗马帝国，罗马帝国的贸易可能比秦汉帝国兴盛。两个帝国都在修筑宫殿、城市、帝国大道，将帝国军队派往边境政府那些觊觎帝国财富与土地的"野蛮人"，两个帝国都试图在自己的版图上建立共同的价值与信念基础、共同的语言文化传统与统一的政治经济制度，两个帝国都曾创造过稳定的政治、富足的经济与繁荣的文化，两个帝国也都先后陷入分裂与战乱。伟大的笈多王朝在此后的一段时间里将印度变成世界的中心。他们吃的最好（大米与结晶糖）、穿的最好（棉布），他们有世界上最优秀的数学头脑，他们的战士骑在大象上征战，他们的水手在从印度洋到地中海的广大海域上航行，正是借着如此强大的国力，他们的高僧来到中国，用佛教武装灾难中的中国人的精神。

如果说秦汉帝国只是当时世界的两个中心之一，盛世大唐则是世界的中心。罗马帝国衰败以后，便再也没有复原，秦汉帝国的遗产被完整地继承下来。三个世纪的战乱之后，隋唐重新统一了中华。在秦汉帝国的版图上重建了一个胡汉混血，梵华同一的世界帝国。长安是世界之都，宫墙御道、街市佛寺，东西 10 千米，南北 8 千米，比我们今天看到西安城墙圈出的地界大得多。四邻藩邦归附贡献，万里商贾远来贸易。波斯的流亡公子贵族、大食的药材宝石商人、日本的留学生、东非或爪哇的"昆仑奴"，居住在同一座都市里；康国、吐蕃的马匹、皮毛，阿拉伯的鸵鸟、没药，天竺的孔雀、白莲花，波斯的铜器、树脂，林邑的大象、爪哇的犀牛、拂林的水晶玻璃、高丽的纸，陈列在同一处市面上；佛教徒、道教徒、景教徒、摩尼教徒、拜火教徒与前来避难的伊斯兰教徒在毗邻的寺庙里礼拜。长安是帝国之都，有世界胸怀与气象。阿富汗人与叙利亚人骑着波斯战马在大唐军队里服役，近 10 万大食番商则在广州城里居留。广州、扬州是市民的城市。波斯舶、大食舶、昆仑舶，停在城外珠江面上，暖风温润，夹着岸边荔树黄花的芬芳与居家沉醉的人烟味儿；扬州位于长江与运河交接处，比广州更近于帝国中心也更繁华，歌台舞榭，胡姬当垆。大道如青天，李白仗剑远游的那些年里，中国就是世界。

大唐中国是世界文明的中心，其文治武功，影响西到印度、波斯，东及朝鲜、日本。西北天然屏障的大山被超越，征战、和亲、贡纳、贸易曾经将大唐势力远播到吐蕃与波斯，直到"安史之乱"，才中断了大唐国力向西北的扩张。

当然,大唐文化的同化力量在西北远不如在东南成功。新罗王国统一朝鲜三国,国家律令格式,都遵循唐制,国王武烈王金春秋曾经出使盛唐,开始在新罗推行儒学,信奉儒家思想与佛教,在官方与上流社会使用汉字,并模仿中国文学,新罗时期最有成就的文学家崔致远不仅赴唐留学,而且在唐中举、为官,汉语诗文写得出神入化。通行的汉语书面语将成为华夏文化圈的基础。

中国文化对东亚广大地区的同化影响,到唐代已基本确立。日本遣唐使一批一批来到长安,将中国的典章制度带回日本,日本开始了一系列以唐朝律令为典范的政治改革。日本历史上有两次大的"革新",19世纪的"明治维新"是"全盘西化",7世纪的"大化改新"是"全盘中化"。奈良时期最著名的"万叶歌人"山上忆良,曾经作为日本遣唐使的随员来到中国。他为自己的长歌写的大序,都是地道骈体汉文。日本遣唐使历时两个世纪,平安时期中国文化在日本已经根深蒂固了。中国的文学艺术、宗教哲学、政治思想在日本成为占统治地位的精英文化,像朝鲜一样,建立在汉译佛经基础上的汉传佛教,也成为日本的国教。

中国文化在东亚传播同化,由中国而朝鲜、日本,越南而南洋诸岛,华夏文化圈到唐代已基本形成。越南很久以来就接受了中国文化的影响,大唐疆域的南界已经深入,北越基本上是汉化地区。李朝建立,尊崇儒学,开科取士,以汉文为通用语文,将中国的制度与法律、文字与文学全盘搬到越南。曾经的"华夏化"与目前的"西化"或"现代化",是个同类概念,它包括语言、思想、制度、器物不同层次的同化过程,一体化的文言文、儒家思想、家族与政治伦理、太学与科举制度、货币土地制度与税制等等。

公元第一个一千年,整个东亚与东南亚部分地区都经历了一个"华夏化"的文化同化过程,以中国为中心形成了一个超越政治国家与民族、超越战争与敌意的"华夏文化圈"。礼制天下、世界大同的儒家思想,为这个文化圈奠定了理想,汉字为这个文化共同体提供了语言基础,建立在儒学科举、唐朝律令、汉传佛教基础上的共同的政教制度,为这个文明类型创立了统一的制度体系。此阶段中国文化对世界最大的贡献,是创立了一个代表着当时最先进文化的"华夏文化圈"。

二

唐宋中国五百年，不仅是中国文明自身历史的峰巅，也是同时代世界文明的峰巅。我们在器物、制度与思想三个层次上理解文化的概念。一个国家强大了，其文化国力自然会影响并塑造其他地区与国家。不管是卡尔·马克思的理论还是马克斯·韦伯的理论，不管是大唐中国还是今日美国，国家强大，文化国力就会自然溢出国界。国家的文化国力，是个跨文化概念，我们在跨文化的公共空间中清醒地清理中华文化的世界影响，希望能够为我们民族的复兴发掘文化资源。英国史学家阿克顿勋爵曾说："所谓世界通史，我的理解是，它不同于所有各国家的历史的组合，不是一盘散沙，而是一个连续不断的发展过程；不是记忆的负担，而是启人心智的智慧。它贯通上下古今，各民族的历史在这之中只起补助说明的作用。各民族历史的叙述，不是根据它们本身的情况，而是根据它们同更高的历史发展过程相关联的程度来决定，即根据它们对人类共同的财富所作出的努力的时间和程度来决定。"[①]

中国文化国力在世界历史上的影响主要表现在两个方面，一是在公元第一个一千年形成了覆盖整个东亚，远播南洋与塞北的华夏文化圈；二是在第二个一千年启发了西方的现代文明，并完成自身从相对比较中的衰落到由边缘而中心的复兴。

汉唐中国，从世界的中心之一到世界的中心。持久的文化影响，不仅在东亚塑造了一个地域广阔的华夏文化圈，而且将文明的种子远播到连当时的中国人都无法想象的地方。怛罗斯战役（755）之后，中国工匠流落到中亚西亚，不久造纸术就由西亚传播到西班牙。1150年，西班牙出现欧洲第一家造纸厂。宋人毕昇发明了活字印刷术，至少在13世纪朝鲜已学会用金属活字印刷朝文书籍。又过了两个世纪德国人古滕堡才用活字印刷出欧洲的第一本书《古滕堡圣经》。宋朝军队曾用火药打败金人，蒙古军队围攻开封，守城金军用"震天雷"，可能是原始的火炮，13世纪的英国哲学家罗杰斯·培根曾将火药的秘

---

①转引自张广勇为《全球通史：1500年以前的世界》写的导言，见斯塔夫里阿诺斯著，吴象婴、梁赤民译：《全球通史：1500年以前的世界》，上海社会科学院出版社1988年版，第38页。

密配方用暗码记在自己的书里，1326 年，佛罗伦萨市政会宣布了造炮的命令，同年德·米勒梅特作的爱德华三世画像上就出现一门金光闪闪的铜炮。《梦溪笔谈》详细说明指南针在风水术中的应用，《萍洲可谈》《梦粱录》中记载："舟师识地理，夜则观星，昼则观日，隐晦则观指南针。"三个多世纪以后，葡萄牙亨利王子的舰队装上了磁罗盘与船尾舵。地理大发现开始，西方进入现代文明时代。英国著名哲学家弗朗西斯科·培根在《新工具》中写道："……印刷术、火药和磁铁。因为这三大发明首先在文学方面，其次在战争方面，第三在航海方面，改变了整个世界许多事物的面貌和状态，并由此产生无数变化，以致似乎没有任何帝国、任何派别、任何星球，能比这些技术发明对人类事务产生更大的动力和影响。"[1]

如果说盛世大唐是世界文明的中心，宋元中国则是转动世界的轴心。大唐衰败之后，阿拔斯王朝曾经一度独领世界风骚，《一千零一夜》里著名的哈里发哈伦·赖世德统治下的巴格达变成世界之都。但是，很快中国又在故土上复兴了。唐强宋富。在西方的现代化之前，宋代中国是世界上最"现代"的国家。人口增长快，社会规模大，文官制度确立，城市发达，经济市场化，技术先进……

宋代中国是世界上人口最多、人民生活水平最高的国家，它有最完善、最有效的文官制度，有最大的城市与最大规模的贸易，有世界上最先进的科学技术，17 世纪最博学的英国人培根对那些改变世界的发明的起源模糊不清，20 世纪他的同胞李约瑟用毕生的精力研究中国科技史，证明那些伟大的发明都来自宋代中国。然而，幸福到苦难的转化往往在一瞬之间。蒙古征服对西方来说是个发展的机会，对中国却是灾难。随着蒙古大军，从中亚到南欧的冒险家、商人、传教士，赶着骆驼骑着马，或乘季风航船，涌向中国。中国是世界财富的源头，人源源不断地流向中国，洗劫或贸易，或洗劫式贸易，财富又源源不断地从中国流出，丝绸之路海上与陆上的那些商镇，在战争后迅速恢复繁荣，中国是它们的财富源头。

在那个波澜壮阔的时代里，中国是转动世界的轴心。从孟加拉湾一直绵延到鞑靼海峡横贯中亚的大山界限被超越了，东西两个世界进入一个蒙古帝

---

[1] 弗朗西斯·培根著，许宝译：《新工具》，商务印书馆 1986 年版，"格言"第 129 条。

国的版图。蒙古铁骑以战争的方式创造了旧大陆的"世界和平",人从西方流向东方,物资从东方流向西方。不论是现实中的世界市场还是观念中的世界地理,中国既是这个世界的起点,也是这个世界的终点。蒙古帝国开放了世界,旅行与贸易、观念与知识,都开始了一场革命。全世界都在动,只有中国不动,它是世界的轴心,一个将耗尽自己力量转动世界的、被奴役的轴心。

宋元时代开始,中国的文化国力的影响,开始超出东亚华夏文化圈,通过启发西方的现代化运动,最后影响到全世界。马可·波罗那一代人发现世界的最重要的意义是发现中国。现实世界的旅行将商人、传教士等带到中国,是中西交通史上真正划时代的大事。文本世界中的旅行将中国形象带回欧洲,是欧洲文化史上的大事。他们在中国形象中发现了新观念,发现了早期资本主义的世俗精神,中国形象成为财富与君权的象征,不论其经济维面还是政治维面,都表现出欧洲文化的向往。

三

不同文化的交流是历史发展的动力,中国形象在改变着走出中世纪的欧洲人的观念,甚至诱发了西方现代资本主义文明最初的动机与灵感。马可·波罗那一代旅行家发现旧世界的最大意义是发现中国,而发现中国的最大意义是直接导致发现新大陆。哥伦布横渡大西洋发现美洲,达·伽马绕过好望角到达印度。用亚当·斯密的话说,这是人类历史上最伟大的两件事。在这两件事中,有着中国文化形象的影响。马可·波罗时代的大旅行改变了欧洲人的世界观念,使欧洲人意识到他们的家乡不但不是世界的中心,而且是世界的一个偏僻的角落。世俗天堂在亚洲的东部,在富强的"大汗的国土"。哥伦布远航的动机是寻找天堂般的大汗的国土,整个航程中他都期待着某天清晨在前方海面上出现汗八里或行在城里耀眼的金屋顶。西方人为了发现一片旧大陆,发现了新大陆;为了发现中国,他们发现了世界。蒙元世纪创造的契丹形象对西方乃至世界历史的创造性影响,在于它成为地理大发现最初的动机与灵感之一。

地理大发现时代西方的中国形象,在进一步理想化的同时,显示出更多的历史精神与道德色彩。门多萨神父的《大中华帝国志》第一次使中国在西方文本与文化中获得了历史化的清晰完整的形象。它塑造了一个完美的、优越的中国形象，为此后两个世纪间欧洲的"中国崇拜"提供了一个知识与价值的起点。西方文化精神在历史的不同时期内召唤与塑造的中国形象，都有一种特定的文化动机。文艺复兴时代西方的中国形象已不再是一段刺激有趣的传奇故事，对于初入现代文明的欧洲，它将表现为一种改造社会的动力，甚至开始扮演精英文化中的某种社会理想。

令人惊叹的中华文明为文艺复兴文化提供了一个自新与自我超越的楷模。中国形象进一步被理想化，它的文化象征意义越来越丰富，不仅表现了西方现代世俗精神、绝对君权，还开始具有某些政治宗教与道德哲学的启示。中国的司法制度、文官制度与考试制度、中国的圣哲文化与贤明统治与中国人的勤劳，在迈入现代历史的西方文化中都表现为一种特有的、值得赞美与仿效的"中国价值"。中国的形象，是西方进入现代意识时那种好奇与开放精神的产物。在自尊的谦逊与进取的诚恳心态中，西方需要一个自我超越的楷模，遥远的中国又恰到好处地扮演了这一角色。欧洲将有可能在不同的文明层次上利用中国。所不同的是，这一次的中国形象更加明晰、具体，从民间文化进入精英文化，并带有某些严肃的、激进的色彩。中国形象将成为启蒙运动的一面旗帜。

启蒙时代西方社会文化生活中普遍出现一种泛中国崇拜的思潮，人称"中国潮"。它将近五个世纪西方不断美化的中国形象推向高峰，中国几乎成为西方文化向往的乌托邦。

"中国潮"既指一般意义上西方人对中国事物的热情，又特指艺术与生活中对所谓的"中国风格"的追慕与模仿。"中国潮"开始于1650年前后，结束于1750年前后。一个世纪间，"中国潮"表现在社会物质文化生活的各个方面，从高深玄妙的哲学、严肃沉重的政治到轻松愉快的艺术与娱乐。孔夫子的道德哲学、中国的悠久历史，中国的瓷器、丝织品、茶叶、漆器，中国工艺的装饰风格、园林艺术、诗与戏剧，一时都进入西方人的生活，成为他们谈论的话题、模仿的对象与创造的灵感，在欧洲社会面前，中国形象为他们展示了"梦寐以求的幸福生活的前景"①。

---

① China and Europe: Intellectual and Artistic Contacts in the Eighteenth Century, by A dolf Reichwein, Kegan Paul, Trench, Trubner & Co., Ltd.1925, pp.25-26.

　　"中国潮"是那个时代西方人追逐的异国情调的一种表现，没有比中国更遥远的地方，也就没有比中国更神秘更有吸引力的地方，包括他们的思想观念、人与物产、生活方式。"中国潮"的发起人主要是商人与传教士。商人们贩运来的丝绸瓷器、茶叶漆器，在欧洲生活中掀起一股"中国潮"；传教士们贩运回来的孔夫子的哲学与中国的道德神学，在欧洲的思想界掀起了另一种热情，中国思想与制度，成为精英阶层的文化时尚。传教士们从中国回来，便成了社会名流，他们穿着中国长袍，谈论圣明的康熙大帝与玄妙的孔夫子哲学。他们介绍中国的书信在社会上流传，激进主义者感到兴奋，正统主义者感到恐慌。哲学家们不甘寂寞，也参与到中国哲学是否无神论的讨论中来，有些人甚至冒险思考是否可以用中国道德哲学取代基督教神学。莱布尼茨希望在中国与欧洲之间"建立一种相互交流认识的新型关系"。"鉴于我们道德败坏的现实，我认为，由中国派教士来教我们自然神学的运用与实践，就像我们派教士去教他们启蒙的神学那样。"①莱布尼茨对中国百科全书式的期望，到启蒙时代百科全书派哲学家那里，明确化为道德哲学。伏尔泰准确地发现中国文明在欧洲的利用价值："中国人在道德和政治经济学、农业、生活必需的技艺等等方面已臻完美境地，其余方面的知识，倒是我们应该传授给他们。"②

　　在西方的启蒙文化中，中国形象逐渐变得丰满、逼真、敏感、有力，那是一个尺度、一种视野，不管你在其中看到威胁还是看到希望，感到恐慌还是感到激动。启蒙哲学家们将中国当作欧洲的榜样。在推翻神坛的时候，他们歌颂中国的道德哲学；在批判欧洲暴政的时候，他们运用传教士们提供的中国道德政治与贤明的康熙皇帝。中国成为开明君主专制的典范。在他们对君主政治感到失望的时候，他们又在经济思想中开发中国形象的利用价值，中国又成为重农主义政治经济学的楷模。中国形象不断被启蒙文化利用，从宗教上的自然神论到无神论、宽容主义，从政治上的开明君主专制、哲人治国到平民政治。启蒙哲学家对中国形象的信念，来自于两个基本观念：一是性善论，二是道德理想通过政治权威达成社会公正与幸福。这两个基本观念，恰好又体现在他们构筑的开明的中国形象中。只有哲人政治，才是最完美、

---

　　①安文铸等编译：《莱布尼茨和中国》，福建人民出版社1993年版，第138、108页。
　　②伏尔泰著，王燕生译：《哲学辞典》上册，商务印书馆1991年版，第323页。

最开明的政治。他们在中国发现了哲人王，发现了哲人当政的制度，发现了理想化的伦理政治秩序。这是中国形象的意义，同时也是一些启蒙主义者尊崇的新型的政治伦理社会的理想尺度。启蒙时代西方对中国的开明专制主义的赞扬，更深一层意义是他们发现中国文官制度中隐含的民权、平等观念。在此中国形象的意义不仅是积极的，可能还是革命性的。中国形象昭示一种与贵族法权相对的平民政治，启蒙运动与法国大革命中的一些重要观念，如人民、平等等，都是杜赫德、伏尔泰、魁奈那一代人在共同人性与世界文明视野内从中国形象中植入的。[①]

四

中国形象在西方达到高潮，中国的衰落即将开始。1750 年前后是世界文明格局中大国势力均衡的转折期，启蒙运动、工业革命、殖民扩张，使西方文明在历史上第一次胜出东方文明。在西方飞速现代化的历史过程中，中国相对而言落后了。中国从发动世界的轴心逐渐变成被西方中心冲击带动的世界边缘，它不仅降低了中国的国力，也一度动摇了华夏文化的价值与世界影响。我们承认中国在近代的落后，但是，既不能将这种落后的时段在历史中加长，也不能将落后作为非历史的所谓文明本质在观念中绝对化。

中国在比较文明史视野内的相对落后，并不像流行观点想象得那么久。明富清强。明末中国仍是世界上经济技术最发达，生活水平最高的国家。康乾盛世清朝的国力并不亚于汉唐盛世，也不亚于正如日中天的英国。马戛尔尼访华时，中国仍是世界上最大的政治实体，中国的国民生产总值仍居世界第一，人均收入在平均水平上也不落后于欧洲，即使在启蒙运动的"百科全书"时代，中国出版的书籍总数比整个欧洲还多。康乾盛世之后，中国开始衰落，主要原因除了中国内部的问题，如人口膨胀超出农业经济的限度，帝制周期性的政治腐败，一个重要的原因就是西方的工业革命打破了世界平衡。落后的原因是封闭。西方中心主义观念总是从自身扩张的角度强调中国的文

---

①包华石：《"人民"意象变迁考》，见李陀、陈燕谷主编：《视界》第 8 辑，河北教育出版社，第 3-15 页。

化自大与封闭。实际上华夏文明不仅不比西方文明更加自我中心、文化自大，明清社会也并不像一般想象得那样封闭。明清间中国内外都发生了一次贸易革命，国内出现了晋商、徽商、宁波与广州商人的大商业集团，贸易加强了人口流动、城市化程度，改变了社会结构。明末中国已加入了世界贸易体系，确立了银本位的世贸体系中的中国中心。清朝也并不像想象得那么保守，康熙皇帝认真向传教士学习西方科技，世界贸易的成果也已反映到当时的城市日常生活中。《红楼梦》写宝琴八岁上随父亲到西海沿子上买洋货（第52回）；冯紫英送给贾政四样洋货，其中一个是三尺多高的自鸣钟（第92回）；宝玉房中有一个"金西洋自行船"摆设（第57回）；晴雯感冒，宝玉取鼻烟给她嗅，鼻烟盒上装饰着天使像（"西洋珐琅的黄发赤身女子，两肋又有肉翅"），又让麝月去凤姐处取一种名叫"依弗哪"的"西洋贴头痛的膏子药"（第52回）。

中国落后，并不像一般想象得那么久，也并非像某些玄奥的理论论证的那样是由某种中国文化的本质注定的、必然而不可逆转的。

黑格尔断定中国是"仅仅属于空间的国家"，停滞在历史的起点上，没有发展，东方专制主义窒息了理性发展与自由精神，中国只重视道德文学，没有现代科学，而且汉语以及书面语言与口头语言的脱节，也阻碍了中国人思维与知识的发展，中国是个没有进步也没有未来的国家。中国文明暂时的、历史中的相对落后，在他那既普遍适用又难以落实的想象推理中变成一种宿命。黑格尔作为西方资本主义扩张、帝国主义与殖民主义、欧洲中心主义的最博大系统的代言人，他的理论证明中国永远停滞与落后的目的是想证明西方永远发展与先进的"奇迹"或"神话"，他所代表的西方中心主义思想，将现代中国与中国文化置于一种尴尬的状态。如果中国文化的本质决定中国的停滞与落后的命运，那么，只要在文化上依旧是中国，中国就不可能进步或现代化，而中国一旦要发展或现代化，就必须全盘否定中国文化，于是，中国就失去了文化认同的身份，现代化的中国也不再是中国。

黑格尔的思路在现代西方思想中具有典型性。他们在西方中心主义的前提下对中国文化的封闭、落后、停滞、衰败的思考，旨在用中国"理所当然的失败"证明西方"理所当然的成功"，并通过文化本质主义将这种优胜劣败的秩序在观念中固定下来。马克斯·韦伯假设文化对人与历史命运的塑造，探讨所谓"西方个性"与"亚洲个性"的结构，他认为西方之所以胜出，是因为新教伦理塑造了现代资本主义，尽管亚洲社会、政治、文化具有各自不同多样性与复杂性，但都缺乏"新教伦理与资本主义精神"。韦伯问题的设定中，已包含着问题的回答。不管是对黑格尔还是韦伯，西方文明的先进与成功，中国文明的停滞与垂死，都是确定的、不容置疑的前提，他们不过是在自己的理论与想象中证明这一前提。在传统知识立场上，他们的理论或学说作为某种真理形式，陷中国文化于某种尴尬与绝望的境地。如果换一种知识立场，在后现代主义与后殖民主义文化批判语境中，我们就可以发现，他们的理论不管显得如何"科学"，总是一种东方主义式的话语，包藏着殖民主义与帝国主义的霸权。试想儒教中国没有西方的精神，可如果中国具有西方精神，中国岂不就是西方了吗？他们不是在思考中国，而是思考中国与西方的不同；不是在思考中国如何现代化，而是在思考中国如何西方化。他们为中国的现代化设定的选择是或者现代化或者中国文化，如果要现代化就不能要中国文化，如果要中国文化就不能要现代化。

笔者曾经关注西方的"汉学主义"话语如何为中国的现代化设立了观念陷阱，使中国的现代化历程分外艰难。首先，中国接受了西方进步／进化的观念与西方的"停滞的文明"的中国形象，并将其作为整个现代化运动的精神起点。它所发动的新文化运动的文化自省与批判，从一开始就具有某种虚幻性。其观念基础不是建立在中国现实上，而是建立在西方的中国形象上。中国现代化运动中批判现实的文化革命，很可能批判的不是中国的现实，而是西方的中国形象为中国假定的现实。这样，文化批判的真实性基础被暗中置换了，其指导下的社会革命也有可能失去其现实基础。中国文化自省中最强烈的言说掩盖着一种集体失语的过程。其次，接受了西方的"停滞的中国"的中国形象，也就接受了产生了该形象的整个话语系统及其规定的世界秩序，中国停滞、西方进步；中国代表过去，西方代表现在；西方是西方，中国是中国。话语秩序分配着世界秩序。一旦接受了进步／进化的话语秩序，也就接受了西方资本主义扩张与帝国主义秩序。而在这个秩序中，中国是被动的、劣势的、被否定的。中国的现代化在文化观念上最终不是在选择发展或灭亡，而是选择在停滞中灭亡或在发展中灭亡。中国可以进步或进化，但文化主体已经不是中国。最后，停滞／进步话语及其规定的世界秩序是二元对立的，停滞与进步，过去与现在，中国与西方。中国必然在对立的二者之间进行选择，或停滞或进步，或过去或现在，或中国或西方。而选择中隐含的两难境界，不在于选择停滞与进步，而在于一旦选择了停滞或进步，也就必须选择其他两种对立中的一项，或过去或现在，或中国或西方，因为这三组对立实际上是相关联而结为一体的。选择进步就等于选择现在，而现在与过去是对立的，所以就必然否定过去，于是传统与现代化在中国就成为一对难以调和的矛盾，相应的两种极端化态度——保守主义与虚无主义，分解了中国整个现代化运动。西方现代化语境中的"汉学主义"话语在现代化进程的起点上，为中国提供了自觉自强的力量与可能性；但在终点上，又设置了中国文化灾难性结局。①

五

即使在衰落的年代里，中国文化也未停止它对世界文明的贡献。我们在此关注的是世界现代化的中国经验维面。在世界现代历史上，中华文化的世界贡献依旧体现在华夏文化圈与西方文化圈两个方面，我们首先看西方文化圈。

中国文化对西方现代化的影响，经历了从器物到制度到思想的三个阶段，"东学西渐"与"西学东渐"的过程上基本相同。首先是中国的科技发明促成了文艺复兴与地理大发现，然后是启蒙思想家塑造的中国开明君主制度与孔夫子哲学的典范影响到西方政教改革与革命。最后，中国形象又成为西方文化超越现代性的现代主义美学思潮的灵感与左翼文化批判的武器。世界文明是个由不同国家民族不同力量在不同领域的相互创造生成的相互依存的系统，现代化既不是西方独自的发明创造也不可能为西方所独享。

启蒙运动曾经将中国形象当作批判与改造现实的武器。帝国主义殖民主义时代到来，西方的中国形象在现代性自由与进步大叙事中逐渐黯淡，但并没有消失，而是进入现代主义视野内，变成浪漫主义的、异国情调的审美想象，超越现代性缺憾的现代主义向往的牧歌田园。这是中国形象对西方现代文明的另一种建设。西方现代文明在观念上包括现代性与现代主义两个方面，

①周宁：《停滞/进步：西方的形象与中国的现实》，《书屋》2001年第10期。

而在这两个方面，都表现出中国文化的影响。在此我们看到两种完全不同的中国形象：一种是政治视野内的东方专制帝国，一种是审美视野内的道德与自然的乐园；一种是现代性自由与进步视野内被否定的东方帝国，另一种是现代主义美学期望中的乌托邦。这种现代主义东方情调的、美学化的中国形象的价值，不是作为一种改造社会的现实的力量，而是作为一种逃避社会的、个人的、审美的幻境。

19世纪以后，从西方社会期望中消失的中国形象，作为西方现代主义文化的向往之地，却不知不觉地进入审美期望中。社会期望中，西方试图将中国形象从幻想引渡到现实；审美期望中，西方试图让中国形象彻底沉入幻想。社会期望中，中国形象的感召力是现实的、实用的；审美期望中，中国形象的感召力是非现实的或逃避现实的，因为它虚幻，才有意义。社会期望中，中国形象出现在历史的未来；审美期望中，中国形象出现在历史的过去。社会期望中，中国形象的精神是自然神性与理性的；审美期望中，中国形象的精神是超验神秘的、非理性的。审美期望中的中国是现代主义心灵的象征。它不仅是失望与逃避现实的方式，也是确立主观性与自由的解放的方式。它在与现实的疏离感中完成现代主义对现代性的反抗，确立了个人内在精神的真实与权利。中国形象成为西方现代主义美学超越现代性异化的田园牧歌，作为前现代想象中的"他者"，在时间上代表美好的过去，在空间上代表美好的东方，寄托着现代主义思潮中对怀乡恋旧的与精神和谐的向往。中国是"由美丽的山脉、鲜花，或耕耘着自己土地的一群既是学者也是绅士的农民组成的奇妙乐土"。①由《中国佬的来信》中描绘的"中国理想"，在赛珍珠的《大地》中进一步故事化，王龙就是那种"既是学者也是绅士的农民"的典型，他在战乱与灾荒中幸福而勤奋地耕耘自己"奇妙的乐土"。诗意的中国就是生于土地死于土地的质朴勤劳的中国农民的中国。

20世纪初，西方现代主义审美化的中国形象出现复归现实的冲动，它对美好的中国形象的重构，省略了明显不合时宜的哲人王或哲人专政等政治内容，强调与现代工业文明相对的乡土精神，强调超越权威回复自我、超越社

---

① 《中国佬的来信》，参见 Letters From John Chinaman, by G.Low es Dickinson，见 Letters From John Chinaman and Other Essays, George Allen & Unwin Ltd.1946.

会复归自然的个性与艺术解放的价值。20 世纪中叶，西方的中国形象在左翼文化思潮中从现代主义美学期望重回社会现实期望。中国形象不仅复活了启蒙运动时代西方的中国文化形象的种种美好品质，甚至还表现出现代性中自由与进步的价值。1949 年之前西方记者笔下的共产党领导的"边区"，"无乞丐，无鸦片，无卖淫，无贪污和无苛捐杂税"，几乎是"一个柏拉图理想国的复制品"。①西蒙·波伏瓦率先在新中国发现"一个生活在未来的光明中的国家"。②20 世纪 60 年代前后,许多西方知识分子带着这个信念或怀疑这个信念，来到中国。他们受到盛情款待，走同一条路线看同一些地方，从广州到北京，从北京到延安、大寨……回到西方又说同一些话，歌颂这个遥远、古老的东方国家翻天覆地的变化，他们相信，那种不断的、彻底的革命，昭示了人类改变自身与社会的最新希望。

中国成为 20 世纪表现启蒙理想的进步乌托邦，其进步理想表现在物质与道德两个方面。中国巨大的经济成就让他们吃惊，那些激进的"朝圣者"们，发现的是一个"全新的社会"，既不属于传统的中国又不属于现代西方；既不属于以苏联为首的社会主义，又不属于以美国为首的资本主义。中国开辟了一条独特的现代化道路，解决了人类向自由与幸福进步的大问题。所谓的"中国道路"首先是彻底的社会革命，它改变了整个文明结构，以现代理想重新规划现实。使一个贫困、落后的传统国家变成一个充满热情活力的飞速发展的现代工业强国，这不仅令西方发达国家惊慕，也值得所有不发达的第三世界国家学习。

中国形象进入西方将近七个世纪，在现代化历程的不同阶段以不同方式参与构筑了西方的现代文明观念。它一方面证明世界现代化是一个多元发展、相互作用的系统进程，不仅西方塑造了中国的现代化运动，中国形象也作为文化"他者"参与塑造西方现代文化。另一方面，它也说明中国的文化形象蕴藏着巨大的"软国力"，其知识体系、意识形态、社会制度显示出的优势，

---

①肯尼思·休梅克著，郑志宁、黄际英等译：《美国人与中国共产党人》，吉林文史出版社 1987 年版，第 180、158 页。

②The Long March, by Simonede Beauvoir, Trans. by Austryn Wain house, Cleveland and New Yok :The World Publishing Company, 1958, p.484 .

具有广泛深刻的影响力，而且在世界现代化历史上已经形成了一种传统。

中国可能是"世界上治理得最好的国家"，革命彻底改造了社会与人，其道德价值可能远比其物质成就重要。中国对于西方不同时代不同国家，有不同的意义。20世纪50年代末60年代初，主要是物质进步的意义。到20世纪60年代末70年代初，中国的道德进步意义又明显高于物质进步意义，那时尽管并不富足，但是幸福，人民高尚纯朴、社会平等自由，中国正在通过一系列的革命完成历史与人的进步。英美知识分子关注中国的改革与建设、道德自新的内容，法国激进知识分子则将中国当作"革命的榜样"。西方那些从中国归来的政治朝圣者兴奋地说："中国代表着人类向往乌托邦的最后努力，它的社会主义建设，比历史上任何乌托邦实践都更具有现实的可能性。"①

六

中国文化在世界文明史上的贡献主要表现在三个方面，一是在公元第一个一千年创立了覆盖整个东亚、远播南洋与塞北的华夏文化圈；二是在第二个一千年启发了西方的现代文明，为现代性的确立、现代主义的超越提供了文化灵感；三是为整个东亚的现代化提供了儒家文化资源，并完成中华文化自身从衰落到复兴的艰难历程。在此我们特别强调的是第三个方面。我们不能将华夏文化圈的创立当作历史的遗迹。的确如此，西方现代扩张冲击了华夏文化圈的整体性并突然窒息了其活力。但是，当东亚国家先后开始其现代化运动时，华夏儒家文化遗产则作为某种深远的文化内核，不仅成为东亚现代化的动力，也成为东亚现代化的个性基础。

中华文化即使是在所谓衰落时代，也没有完全丧失贡献世界的文化灵感。清朝最后一个世纪痛苦的衰落，是在西方的冲击下发生，也是在与西方的比较中显现的。东西消长，大国沉浮。鸦片战争以后，中国的文化国力基本上停止了它两千年持续不断的世界影响。衰落在屈辱与抗争中到来，但是，中国文化的生命力却没有就此完结，它已经经历过许多劫难，迎来过一次又一

---

① Reflections on the Chinese Model of Development, by Bernard Frolic, Social Forces, December 1978, p.386.

次的光荣复兴。这一次衰落，终将证明的，不是中国文化的死寂与败落，而是中国文化的生机与活力。

中国文化的复兴从华夏文化圈的边缘开始。19世纪中叶西方资本主义扩张达到高峰的时候，世界格局发生了一系列将改变未来的事件。欧洲内部出现了《共产党宣言》，预示着一个世纪以后世界范围内对抗西方资本主义的社会主义阵营的出现；印度爆发了雇佣军起义，印度一个世纪的独立运动从此开始；中国的太平天国起义，是中国现代革命的起点，最终将在帝制废墟上建立一个共和国；日本"明治维新"也在世纪中叶开始，它使日本迅速变成一个现代化的国家。东方现代化运动中最初成功的，不是与西方对抗的东方国家，而是主张"脱亚入欧"的日本。

英国在其扩张的高潮的19世纪，自称是亚历山大与罗马帝国的继承人，日本在二战期间幻想用武力在华夏文化地域基础上建立"大东亚共荣"，也自称是汉唐文明的真正继承者。中国创立的华夏文化圈为日本在东亚与东南亚的扩张提供了帝国主义战争意识形态的基础，这一点在北一辉的理论中表述得很清楚。我们在任何时候都反对把一种世界性的文化当作帝国主义扩张的意识形态，不管是东方的还是西方的，不管是两希（古希腊与希伯来）传统的还是华夏传统的。从世界格局内看，华夏文化圈的复兴从日本的现代化开始。传统观点认为，日本的成功完全在于摆脱华夏文化，即"脱亚入欧"。这种观点既有西方中心主义的现代化理论的影响，又有华夏文化普遍失败的背景，在特定历史语境中看上去是合理的。整个华夏文化圈的国家都在衰落，只有日本成功，那样，"脱亚入欧"可能成为成功的经验。但是，如果华夏文化国家在世界现代化运动中的成功者不只日本，还有后继的"四小龙"，西方中心主义的现代化理论与华夏文化普遍失败主义观点就都变得可疑。而真正值得思考的倒是这些东亚国家的现代化运动是否有某种文化潜力的共同点，某种文化经验与文化个性。

坦率地说，世界现代化历史上，除了率先而动的西方成功之外，可能就只有东亚的现代化算是比较成功的。值得注意的是，为什么东亚现代化不同于西方，什么文化资源赋予其个性？为什么除了东亚之外，伊斯兰文化圈、印度与拉美的现代化运动，都不如东亚有成效、进展快？什么文化资源赋予其活力？如果从文化角度思考世界多元现代化历程，除了西方现代化的外来影响，恐怕只有东亚共同的儒家文化遗产可以为东亚现代化的经验与个性提供解释。

日本的现代化是第一波，华夏文化圈内的现代化第二波在亚洲"四小龙"的崛起中到来。20世纪90年代，"四小龙"的人均收入已与西方发达国家不相上下。全世界除了西方文化圈（包括西欧、北美、澳大利亚与新西兰）外，只有华夏文化圈内的国家，不仅成功地完成了现代化，而且开辟了另一种现代化模式。东亚现代化在几个华夏化的国家相继获得成功，使世界开始关注这种成功的文化基础及其个性。只有华夏文化的儒家传统，才可以为这些崛起的东亚与东南亚国家提供共同的文化基础与解释性理由。华夏文化不仅可以完成现代化，而且可以开创不同于西方的另一种现代化模式。华夏文化的复兴不仅在历史中挑战了西方在世界现代化运动中的权力中心，而且在理论上挑战了从黑格尔到韦伯形成的西方中心主义的现代化文化理论。

华夏文化圈开始了它的现代化复兴，从边缘逐渐走向中心。日本的经济发展在20世纪90年代出现停滞，"四小龙"也受到金融风暴的冲击。但这既不能阻碍华夏文化复兴的大潮，也不能动摇人们对华夏文化的现代化的信念，因为中国的现代化复兴终于开始了。20年来中国经济一直保持着高速增长，如果按照日本与"四小龙"的经验，这种经济高速增长可以维持近半个世纪，那么，到21世纪中叶，中国的综合国力有望重新成为世界之强。学术界一直在比较中日现代化历程的差别，为什么日本成功了，中国失败了，日本迅速而顺利，中国缓慢而曲折。这种研究将着眼点放到日本社会结构、文化价值与中国的不同之处，因为其前提是中国失败了。如果假设中国的现代化成功，问题可能就是中日文化的共同背景了。这个文化背景无疑就是华夏文化。否则为什么华夏文化圈内的国家先后成功地现代化，而其他文化圈，如伊斯兰教文化、印度教文化，却没有这种经验？为什么除了西方文化圈外，就只有华夏文化圈的国家获得了成功？儒家传统华夏文化，真正的答案或许在这里。日本成功了，"四小龙"成功了，中国正在以更大的力量更大的规模崛起，它将最后最有力地证明华夏文化的创造力。

只有中国的崛起，才能最终证明华夏文化圈在世界文明格局中的复兴及其永恒活力。如果相信韦伯的观点，文化传统决定现代化，那么华夏文化决定了中国独特的现代化模式。如果相信马克思的观点，经济基础决定上层建筑，现代化的中国将使中国文化越发强盛，中国不断加强的国力正在复兴中国文化并重新开始贡献世界。中国曾经创建了华夏文化，这种文化为东亚国家的现代化准备了必要的文化基础或底蕴，这是中国文化传统的活力所在，华夏文化圈的复兴从边缘向中心，中国的现代化将开辟不同于西方的华夏文化模式，这是中国文化的创造力的体现。中国文化从未停止过它对世界文明的贡献。在公元第三个一千年到来的时候，中国文化将以现代化的方式贡献世界文明。

（选自《东南学术》2003 年第 3 期）

文化、文明与现代性：一种思想史的考察

张广生 *

现代性是个涵涉广泛的西方概念，当 16 世纪开始的"古今之争"日益把现代人优于古代人的自我肯定表达出来之后，[①]人们对现代性意象的把握也日渐明晰起来。现代性的意象至少应该包含两个方面：首先是从"古代"经由"中世纪"而进入"现代"的线性时间观念；其次就是为这种演进的历程提供统一历史目的的理性或自由之类的哲学标准。无论现代性观念中这两个历史意识要素的不同来源是什么，它们在实质上都构成了对古典思想的反叛，那就是把古典哲学所主张的"至善"的概念转化为"可塑性"这一概念。正是"可塑性"的概念使得人的本性的问题变成了历史问题，伴随着人性问题成为历史的问题，文化和文明这两个词在表达"人的教化"和"社会的文明化"的意义上才成为理解现代性概念所不可或缺的"关键词"[②]：有时候，它们几乎可以相互替换，用以描述人类历史的统一进程；但有的时候，它们又相互对立起来，或者代表物质和精神的不同过程，或者指示社会内部的阶级分裂，或者表达国际体系中的对抗。无论这两个词的相互指涉和区分有多么复杂，

＊张广生，博士，中国人民大学思想文化研究所讲师。

①马泰·卡林内斯库：《现代性的五副面孔》，商务印书馆 2002 年版，第 67 页。

②雷蒙·威廉斯：《关键词：文化和社会的词汇》，生活·读书·新知三联书店 2005 年版，第 101-109 页。

它们在表达现代性观念的深度方面都是不可或缺的。①在现代性的进程逐渐暴露出深刻矛盾之时，在文化与文明——这一现代性自身的裂痕，越来越清晰地呈现在人们的面前之时，重新开始古今之争，重新对那看似统一完整的现代性的地平线进行扫描，开展一番词与物的考古，把那些被埋藏在地面之下的事物的秩序和停留在现代性地表的话语系谱重新揭示出来，无疑是一项有意义的工作。

一、现代自然权利：伊壁鸠鲁主义的预设

现代性许诺的核心在于个体至上的自然权利，这种自然权利包括两个方面的内容：一方面是个体生命的自我保存，另一方面是个体自由的充分发展。与古代人喜欢谈论"正义"不同，现代人喜欢谈论"文化"与"文明"，而"文化"与"文明"的核心预设恰恰在于"自然权利"。②自然权利学说主张的是个体权利至上以及这种权利在历史时间中的普遍实现，而文化与文明的过程正与这一普遍历史进程相伴。文化与文明意味着对人和社会的教化或规训过程，这一过程正如黑格尔所敏锐洞察到的，教化越是被普遍化，主体的绝对性也即自然权利越是得到丰富的表现，古典意义上的和谐就越是遭到破坏。③

现代人推崇主体的绝对性据说是为了找到个体至上的幸福，但恰恰在历史的维度中，也即人的自由可塑性变成现实的过程中，主体所感受到的是自我灭裂的苦痛。文化与文明的对立正是现代性自我分裂的表征，分析这种自我分裂的根源必须回到现代人性论的起点——自然权利——这个伊壁鸠鲁主义的前提预设。

现代人是伊壁鸠鲁主义的门徒，伊壁鸠鲁主义不仅是古希腊、罗马颇具影响力的哲学流派，而且其观念的影响已经深入现代思想的内部。④17 世纪

①埃利亚斯：《文明的进程》(I)，生活·读书·新知三联书店 1998 年版，第 92-98 页。

②关于正义与权利概念的中西辩证，参见黄克剑：《"正"、"义"与"正义"》，《福建论坛》2002 年第 2 期。

③黑格尔：《精神现象学》(下)，商务印书馆 1997 年版，第 65 页。

④斯特劳斯把现代性思潮描绘成相对主义和虚无主义不断加深的过程，参见斯特劳斯：《自然权利与历史》，生活·读书·新知三联书店 2003 年版，第 194 页。

以来的现代哲学为了挑战柏拉图－亚里士多德的哲学传统，非常自觉地去阅读伊壁鸠鲁主义的哲学，从此伊壁鸠鲁主义的观念就日益成为现代思想的前提预设。无论哲人的还是常人的伊壁鸠鲁主义，其困境突出体现在他们的政治哲学当中。只不过现代启蒙哲学摆脱了古典伊壁鸠鲁主义哲学贵族主义的自我约束，立志把自己的信念传播给大众，从而产生了空前广泛的政治社会后果。①我们正生活在这现代性的后果之中，反思现代思想的哲学前提不能不让我们关注伊壁鸠鲁主义。

伊壁鸠鲁主义者拥有同一种政治意见的表面，他们喜欢谈论文化或文明，而不喜欢谈论政治。在他们那里，文化或文明意味着艺术风格或品味，温暖而愉悦，自由游戏和消遣时光。而政治则完全是另外一种东西。它意味着野心和强制，权术与阴谋，腐败与邪恶。现代人主张自由，意思是说，每个人只有摆脱统治，追求自己个人的快乐才能幸福。

而我们更关注的是这意见表面里所包藏的观念内核，特别是其思考人性的共同方式。无论是古典的还是现代的伊壁鸠鲁主义都毫无例外地反对柏拉图－亚里士多德式的政治哲学，他们认为，人不是天生的政治动物，甚至不是天生的社会动物，所以自然的正当或正义在政治社会中根本不可能。

依照卢克莱修的说法，人不过是不断生成和毁灭的宇宙中的一种有朽的存在，只有直面这样的自然事实，人才能过上真正属己的幸福生活。据说，最初的人不过是些自由游荡于林间的散居动物。后来，他们逐渐定居下来，组成家庭，又与邻人自愿结成友伴关系。在这个前政治的社会中，人们天真无邪而又乐于自我奉献，人们结成社会的唯一纽带就是交流中建立起来的"友谊"。但前政治的生活是脆弱的，它依赖于人们对可见宇宙的永恒性和友好性的有益幻想。一旦火山、地震、海啸等自然灾变让人产生了宇宙不测和不仁的推想，人们就不得不求助于超自然的诸神信仰。正是在灾变中为求安全互助产生的集体强制与超自然信仰的集体迷信混合在一起，标志着政治社会从一诞生起就带有不自然的属性。政治社会所谓的"正义"和"善"不得不依赖于习俗和意见，而自然的善则应该不依赖这一切而能被人们感知，它先于

---

①詹姆斯·尼古拉斯：《伊壁鸠鲁主义的政治哲学》，华夏出版社2004年版，第6、117页。

一切推理和强制，这种善在人一出生时就展现了自身，它只能是快乐，人生的目的就是快乐。不断生灭的宇宙给那些曾经拥有朴素快乐的人带来了恐惧，为了抗拒恐惧而产生的政治和迷信在给人安慰的同时却也给人带来更可怕的邪恶。从以习俗和意见为基础构成的政治社会产生那一天起，"对惩罚的恐惧就玷污了生活的一切奖品"。只有自然哲学的真知才能让人寻找到无物常驻的宇宙中属于有限存在的人的快乐：让人摆脱无谓的恐惧，让他的身体不受痛苦，心灵不受骚扰。可是人们却不能简单地返回前政治的社会，他们不得不生活在已经产生了的政治社会之中，那么，政治只能在人们为了防止相互伤害而达成约定的范围内才能合法地消极存在，相应地，真正属人的自然生活是每个人悠游自在地满足和调适欲望，追求个人的快乐的生活。①

依照伊壁鸠鲁主义的哲学，这里也许存在着常人的消遣和哲人逍遥的不同，但据说哲人选择生活的理由跟常人一样，也是为了追求快乐，因为快乐既是幸福生活的起点，也是幸福生活的终点。我们当然会怀疑这谦辞背后隐藏的哲学贵族主义——实际上，谦辞的意思是，生活在公民社会边缘的哲人才能过上真正快乐也即幸福的生活。②但我们更应关心这种告诫的逻辑，据说，根本没有终极的目的和至善，哲学和德行不是因至善目的的规定而高贵，哲学不过是作为少数明智的人的追求自己快乐的手段而可取。既然人生就是为了追求快乐，既然快乐作为不同行动的后果对追求者来说都是满足，那么，生活只要是快乐的，就是正当的。依据这样的逻辑，人们之间恐怕根本不能相互指斥卑鄙和邪恶，至多也只能相互指摘愚昧和无知了。人性被从终极目的的至善规定中解脱出来，所以，对于那些不能明智选择的众人，哲人隐士只能冷眼旁观，人们既无义务也无权利去强制别人，幸福只能是个人去追求它自己的快乐。

就一种非政治的政治哲学的衍生来说，哲学伊壁鸠鲁主义是庸常伊壁鸠鲁主义的共谋者。正如孟德斯鸠所指出的，在共和国末期传入罗马的伊壁鸠鲁学派大大地腐蚀了罗马人的心灵和精神。它在破灭了人们对古代共和国的

---

①卢克莱修：《物性论》，商务印书馆1999年版，其第5、6卷及《伊壁鸠鲁主义的政治哲学》第76页。

②表达此种观点最清晰的是伊壁鸠鲁本人，参见第欧根尼·拉尔修：《名哲言行录》（下），吉林人民出版社2004年版，第687、693页。

留恋，腐蚀了人们的公民德行之后，却不能劝说众人按照伊壁鸠鲁主义的哲学原则去生活。最具反讽的例子是卢克莱修诗作《物性论》献给的那位罗马政治家——美米乌斯，[1]他在政治上那些毫无公共精神的营私舞弊行为表明，卢克莱修的教导并没有使他成为一个禁欲苦行的哲人，却释放了他那更加贪婪卑鄙的野心。

二、现代性的危机：文化反对文明

如果说，古典伊壁鸠鲁主义哲学贵族式的自我约束总要把自己和智者学派区分开来，那么现代启蒙哲学则摆脱了这种束缚，立志用自己的理论掌握大众，从而产生了广泛而深入的政治后果。

古典伊壁鸠鲁主义的享乐主义是非政治的，但把这种享乐主义和政治理想主义结合起来，则诞生了现代的政治享乐主义。

谈起现代的政治享乐主义，我们当然不能忽视霍布斯——他自认为是现代政治哲学的创始人。表面上，霍布斯赞成政治理想主义，似乎是柏拉图哲学传统的拥护者。他不提智者学派和伊壁鸠鲁，他站在伽图一边反对卡尼亚德，但柏拉图那里含有内在目的的灵魂品质构成实际上被霍布斯的人性论颠覆了。霍布斯认为，人的灵魂构成的核心在于激情欲望，理性只是服务于欲望扩展的算计能力，意志则不过是人在斟酌之中的最后一个欲望。柏拉图那里统辖在理性之下的欲望和意气被霍布斯的颠覆工作彻底解放了出来。

既然没有一个终极目的和至善为欲望设定方向，既然自我保存不过是欲望实现的底线条件，那么，我们就不难理解霍布斯对幸福的定义了："幸福就是欲望从一个目标到另一个目标不断发展，达到前一个目标不过是为后一个目标铺平道路。"[2]既然人类欲望的目的不能享受一次就完了，既然它要永远确保到达未来欲望的道路，那么我们就不会惊讶于霍布斯为全人类提出来的共有普遍倾向，那就是"得其一，思其二，死而后已，永无休止的权势欲"。[3]

面对这样的现代门徒，古典伊壁鸠鲁主义哲人可能会给出告诫：明智的

---

①孟德斯鸠：《罗马帝国盛衰原因论》，商务印书馆1997年版，第52-53页。
②霍布斯：《利维坦》，商务印书馆1996年版，第72页。
③霍布斯：《利维坦》，商务印书馆1996年版，第72页。

人应该依照自己的自然能力有节制地追求快乐。但霍布斯并不想在必要的和非必要的欲望之间做出区分。他为了政治目的利用伊壁鸠鲁主义的非政治观点，"他试图将政治理想主义的精神贯注于享乐主义的传统之中。于是，他成了政治享乐主义的创始人，这种学说使人类生活的每个角落都革命化了，其范围之广超过了任何别的学说"。①霍布斯本人和他所理解的人类并不像《理想国》中的阿德曼托斯，阿德曼托斯以能够维持自己基本的自然欲望为足，他愿意在一个仅仅满足必要欲望的"猪的城邦"中生活。与此相反，霍布斯和他所理解的人类更像格劳孔，他更愿意生活在一个欲求能力不断扩展的"发烧的城邦"之中。对霍布斯来说，与柏拉图相区别的关键是如何使"发烧的城邦"中的人实现自己的幸福。他认为，柏拉图式传统哲学的道德教诲是无力的，建立在个人自然权利基础上的主权制度，和自己哲学的普及化才会使庸人的野心和贪婪失去力量，从而，人类本性的文明化可望能够得到无止境的推进。

如果说，霍布斯怀着对"文明"不断进步的乐观信心把伊壁鸠鲁主义发展为一种政治享乐主义的话，那么，卢梭及其所开创的浪漫主义传统则对"文明"和"进步"充满怀疑，他们开始用"文化"反对"文明"。

在卢梭看来，政治、经济和科学艺术的繁荣所带来的"文明化"后果恰恰是人的败坏。文明人已经迷失了自我，他只知道生活在别人的意见中，他对自己感到满意和幸福与其说得自自己的证明，不如说是依据别人的证明，要寻找真正属人的幸福就必须寻找真正的人。②

卢梭指责霍布斯所发现的"自然人"其实是"文明人"，而真正的"自然人"是拥有有限自然欲望，天性温良，怀有对同类天然同情心的"野蛮人"。真正自然人那种在自然律下顺应人的生存需要的有限欲望被卢梭称作自爱，它有别于自恋。后一种不自然的欲望是一种虚荣，它把对别人优胜的镜像视为对自我的确认，那正是霍布斯的"伪自然人"，也即文明人的欲望实质。

卢梭认为，人不可能简单返回前政治社会的状态，但可以用"自然"的标准构造一个准自然的生活状态。在这样的状态中，自由人以平等契约实现

①《自然权利与历史》，第172页。

② Rousseau, Discourse on the Sciences and Artor First Discourse, in Rousseau The Discourses and other early political writings, ed. by Victor Gourevitch, London: Cambridge University Press, 1997.

的联合不仅会使人像从前一样自由，而且他的能力、思想和整个灵魂都会得到空前的提高。[①]古典伊壁鸠鲁主义哲学保留给少数居于公民社会边缘的哲人的可能幸福生活，被卢梭许诺给了普通人。为此，卢梭不得不发明一种"文化"或"教化"的方法，经过这种教化，生活在文明中的普通人，既可以拥有严肃的公共精神，更接近古典城邦公民，又能抵御住"文明化"的腐蚀，而更接近于纯朴的自然人。[②]

卢梭的教化方法假设了人性的无限可塑造性。15 岁之前，导师让爱弥儿远离文明的规约，在自然必然性的支配下学会认识自己有限的自然欲望，了解它的易满足性，同时让爱弥儿认识到文明的虚荣奢华的外在性，培养他尽可能不依赖于政治社会的独立性。在这一点上的卢梭更像是古典的伊壁鸠鲁主义者，因为他强调了必要的自然欲望和不必要的文明欲望之间的区别。但卢梭随后的教化方案却对伊壁鸠鲁主义进行了创造性的发展。15 岁之后，抑制欲望的教育又被激扬意气的教育所取代。导师要通过发展爱弥儿的想象力，把他对异性的渴求扩展为对同类的友爱和同情。从而为爱弥儿成为有高尚的道德情操和主动奉献精神的公民打下基础。如果说，霍布斯把人性从柏拉图意义上的理性规定下解放出来，交给欲望和意气的混合物来统治，那么，卢梭则用自己的哲学把欲望和意气分隔开来。欲望只是在自然必然性对人的强制下才显出自己的合法基础，但这种合法基础相对于意气所要求的自由却又是第二位的。这种超越自然欲望的自我规定能力单独地提供了人的本质规定，那就是人的自由可塑性。这种可塑性与其说是人天性的善，不如说是人性超越善恶的"自由"。现在，自由的可能性攻击了自私、贪婪的文明，攻击了"自我保存"的恐惧，代之以一种解放出来的意志激情。可是，谁又能保证这意志的激情不是私人强烈欲望的另一种形式呢？

三、摆脱困境：从文化到政治

为了回应这种疑问，卢梭的伟大信奉者不得不继续提供一种形式主义的

① Rousseau, Of the Social Contract, in Rousseau and other later political writings, ed. by Victor Gourevitch, London: Cambridge University Press, 1997, p.53.

② Emile. Trans. by Allan Bloom, New York: Basic Books, Inc., Publishers, 1979, p.15, p.27.

伦理学：自由意志是善良意志是可能的，因为自我立法而又适用于所有人是可能的。但"可能"要变成"现实"，个人幸福就依赖于所有其他人，于是就有了人的"反社会的社会性"——"大自然使人类的全部禀赋的发展所采用的手段就是人类在社会中的对抗性，但仅以这种对抗性终将成为人类合法秩序的原因为限"[①]——在康德的眼中，文化就是人的"反社会的社会性"。在康德的意义上并没有一个通过经验世界或说通过世界历史就能够实现的完满至善（德福一致的状态），至善只是一个对整全的期望，这个期望属于一个理智的世界。但这个超感性的世界一直与经验的世界构成一种二元对立，目的自由和因果自然律发生相互作用以实现"天意"的任务，就被交给了历史，尽管这种历史中有一种奥古斯丁式的期待，但"德福一致"问题还是成为精神的价值和物质因果力量永远对立的另一种表达。

我们一直纠缠于"德福一致"问题，或者说天福的实现问题，但问题解决得一直不让人满意。是解决问题的方式不对，还是提问方式有问题呢？这种提问背后的确隐含着黑格尔所敏锐洞察到的德国唯心论哲学家思考问题的重要假设，那就是把个人存在提高到至高无上的地位，所以无限性在幸福学说中就是主体的绝对性。这一点上，康德和费希特与卢梭、霍布斯之间存在着明显的关联，那就是服务于自然权利论的自然状态学说，否认了人具有天然的社会性，所以个人与社会的对立，或者德行与幸福之间的对立就变得十分正当了。因为个人的德行依赖于个人可以摆脱社会的自由，而个人的幸福又要被社会提供的经验性条件的总和来支撑，结果为了解决这个对立，必须创造一个新的对立，那就是与"文明"对立的"文化"。"文化"代表了人"反社会的社会性"，接着，这对立的解决又被交给历史，不是随便的历史，而是一个无限长但又合于"天意"的历史，那个被从人性中剥离出去的目的又悄悄通过超历史的标准送还给了人类。[②]难道现代人要解决自己的问题就不仅要用自己发明的文化反对自己产生的文明，还要用自己发现的天意历史反对自

---

①康德：《世界公民观点之下的普遍历史观念》，见《历史理性批判文集》，商务印书馆 1996 年版，第 6 页。

②康德对卢梭式困境的解决方案必须既是伦理的，又是政治的，但形式主义的伦理和政治哲学发展到自己的极限就不得不把自己的矛盾前提展现出来。Kant, The Metaphysics of Morals, trans. by Mary Gregor, London: Cambridge University Press, 1996, p.21, p.23.

己发现的人性？难道伊壁鸠鲁主义的政治哲学要最终解决自己的问题就不得不反对自己的前提？

不愿停留在这种对立困境中的最典型的人应该是黑格尔。黑格尔认为，抽象的善和良心之所以是抽象的，就是因为它们缺少对立面："抽象的善消融为完全无力的东西，而可由我加入任何内容，精神的主观性也因其欠缺客观的意义，而同样是缺乏内容的……主观的善和客观的、自在自为地存在的善的统一就是伦理，在伦理中产生了根据概念的调和。"[1]黑格尔认为，从抽象法与道德的对立会过渡到一个伦理国家的合题，人与人之间相互冲突的意志会在普遍的伦理国家中达成和解。

但黑格尔左派认为，普遍伦理的合题不会在国家中实现，因为国家的秘密恰恰在市民社会的阶级分裂之中，于是，革命的左派把黑格尔式的文化灵感转化成了政治批评的激情。马尔库塞就把高居庙堂、超越利害的精英"文化"批评为"肯定的文化"，也即从现实生活抽身逃避，把文明和历史留给"俗人"和"大众"的一种没有行动能力的"文化"。相应地，那些深入资本主义生活现实中，揭示和控诉甚至直接表达反抗的艺术、文学等形式则被称为"否定"的文化。"否定的文化"能够成为人类解放的"中介"，因为它要让自己的价值和社会历史发生具体的联系，还要从这种联系中返回人自身。[2]依照黑格尔左派的逻辑，"文化"与"文明"的对立确实表达了人们面对现代社会的强烈"异化"感。可是，一旦真正的精神"价值"与庸俗的技术经济的"事实"被认为从人类产生伊始就处于一个不可避免的对立之中，文化和文明的对立就成了人类的宿命；从而人们便丧失了对"异化"的真正根源的认识，相应地丧失了历史地建构一个新社会以解决"异化"问题的政治行动能力。

四、结语

现代性许诺主体权利的绝对至上性，但文化与文明所表征的普遍进程却

---

①黑格尔：《法哲学原理》，商务印书馆1996年版，第162页。
②马尔库塞：《肯定的文化》，见《审美之维》，生活·读书·新知三联书店1992年版，第6-7页。

揭示了这种承诺的困境，文化与文明的裂痕恰恰滋生于个体至福的目标与群体历史的对立之中。一方面是一个不可抗拒的宏大历史进程——对自然和人的控制、攫取和占有能力，也就是工具理性的无止境扩展；另一方面则是一个破碎的价值理性的镜像——对普遍价值的追问从公共生活日益退隐到越来越私人的领域之中——这一切都是分裂主体苦闷的象征。那些力图摆脱现代性困境而又不能超越个体自然权利这一前提预设的努力，在应对危机的同时也加深了这一危机。

（选自《东南学术》2006 年第 4 期）

中华优秀传统文化：
中国特色社会主义的独特优势

薛秀军[*]

　　"中华民族有着深厚文化传统，形成了富有特色的思想体系，体现了中国人几千年来积累的知识智慧和理性思考。这是我国的独特优势。"[①]中华优秀传统文化积淀着中华民族最深沉的精神追求，代表着中华民族独特的精神标识，是中华民族生生不息、不断发展壮大的丰厚滋养，是形塑和生成中国特色社会主义的重要文化动因，更是推进中国特色社会主义持续探索、不断发展的独特优势。发掘和发挥这一优势，既要推动其植根于中国特色社会主义伟大实践，不断实现创造性转化和创新性发展，实现其与革命文化和社会主义先进文化的融会、贯通、整合、凝练，也要促使其在全球现代化浪潮中与世界多元文明广泛深入地交流互鉴。以此，才能真正构建起当代中华文化的整体架构，进一步坚定中国特色社会主义的文化自信，为中国现代化提供根本精神指引，为世界现代化提供强劲精神驱动。

———

　　"独特的文化传统，独特的历史命运，独特的基本国情，注定了我们必然

---

　　*薛秀军，哲学博士，华侨大学哲学与社会发展学院教授、博士生导师。
　　①习近平：《在哲学社会科学工作座谈会上的讲话》，《人民日报》2016年5月19日。

要走适合自己特点的发展道路。"①在五千多年文明发展中孕育生成的中华优秀传统文化，是中国特色社会主义植根成长的文化沃土，是中国特色社会主义持续探索、不断创新的文化源泉，更是中国特色社会主义始终坚守中华文化立场，坚持走自己的路，形塑和传播中国价值，在社会主义基础上实现中华民族伟大复兴的独特优势。

在中国现代化的历史进程中，结合中国现代生活的渐次展开，不断重新认识、理解、把握、发展、创新中华优秀传统文化，在很大程度上保障了中国现代化发展能始终坚守中华文化立场，始终坚持走自己的路，形塑并不断推进了中国特色社会主义的探索发展。"不断扩大产品销路的需要，驱使资产阶级奔走于全球各地。它必须到处落户，到处开发，到处建立联系。""它迫使一切民族——如果它们不想灭亡的话——采用资产阶级的生产方式；它迫使它们在自己那里推行所谓的文明，即变成资产者。一句话，它按照自己的面貌为自己创造出一个世界。"②面对西方资本主义开启和推进的全球现代化，古老中国曾经封闭的大门被迫打开，传统发展模式的自然延续被彻底中断。此时，一方面，中国不得不面临"东方从属于西方"的命运，被迫接受现代化的挑战；另一方面，中国纳入现代化的时空节点，其独特的历史传统和文化传承，又决定中国不可能也无法完全因循和复制西方资本主义的现代化之路，只能探索符合自身国情、对接自身历史传统和文化传承的现代化道路。几经周折，特别是在接触和接受了对现代化本质规律进行深刻透析与把握的马克思主义并结合自身实际进行大胆探索之后，中国现代化逐步实现了自身独立自主的发展，最终选择并形成了中国特色社会主义的发展道路。这一道路，在其形成发展中，既要突破传统思想观念、价值体系、社会制度和社会运作机制的桎梏，同时，也不可能与传统文化观念、价值追求、社会心理完全断裂、隔绝。虽然在其探索过程中确实有对传统的全面拒斥与否定的短暂尝试，但是更多的则是直面传统的反思、批判、继承与再创造。这恰恰在很大程度上促使中国现代化没有完全照搬西方资本主义现代化的发展模式，而是选择和接受马克思主义，逐步走上社会主义现代化的发展道路，从而使中国现代化

---

①习近平：《习近平谈治国理政》，外文出版社2014年版，第156页。
②《马克思恩格斯选集》第1卷，人民出版社2012年版，第404页。

不必完全受制和依附于以发达资本主义国家为代表的资本增值逻辑的盘剥与控制，不仅在政治更在经济上完全独立自主地探索和实践了最有利于自身发展的成本最低、代价最小、痛苦最少的现代化之路。这也在很大程度上促使中国现代化在接受马克思主义的同时，更以中国的思考、中国的理解、中国的实践、中国的探索去发展马克思主义，以中国的话语和行动去阐释、论证、创新马克思主义，并且使中国现代化无论在革命还是在建设中，没有照搬苏联经验，而是始终坚持走自己的路，不断推进和实现马克思主义中国化，逐步探索和形成了中国特色社会主义，从而使近代以来久经磨难的中华民族找到了实现自身现代化的正确道路，迎来了从站起来、富起来到强起来的伟大飞跃，迎来了实现中华民族伟大复兴的光明前景，使马克思主义、科学社会主义在 21 世纪的中国焕发出强大的生机与活力，不断地向世界展示和证明了其理论的科学性与制度的优越性。可以说，面对世界现代化的浪潮，立足中国现代生活的不断展开，通过对中华优秀传统文化特有智慧、理念、逻辑等的不断重新思考、理解、反思和把握，中国现代化才能在没有割断历史、颠覆传统的基础上始终坚守自身应有的文化立场，始终坚持探索自己的发展道路，寻找适合自身的发展模式，从而形塑生成并不断发展推进了中国特色社会主义。

而今，中国特色社会主义进入了新时代。这个新时代，既是承前启后、继往开来、在新的历史条件下继续夺取中国特色社会主义伟大胜利的时代，也是中国日益走进世界舞台中央、不断为人类做出更大贡献的时代。在这个新时代，中国特色社会主义不仅要继续推进中国经济社会的持续快速健康发展，为世界现代化注入强劲中国动力，更要向世界充分阐释说明中国现代化发展的基本理路、核心理念、未来发展愿景和其对世界发展的重要意义、积极影响，以及值得世界各国学习借鉴的重要经验等，以此开拓发展中国家走向现代化的途径，给世界上那些既希望加快发展又希望保持自身独立性的国家和民族提供全新选择，为解决人类问题贡献中国智慧、呈现中国方案，为人类现代文明开辟新道路、拓展新内涵、提升新境界提供可能的精神指引与价值支撑。在这一过程中，更需要进一步发掘和发挥中华优秀传统文化的独特优势。这是因为：一方面，中华优秀传统文化能为构筑当代中国发展价值提供直接的精神源泉与广泛深厚的社会文化心理依托。"中国特色社会主义文化，源自于中华民族五千多年文明历史所孕育的中华优秀传统文化，熔铸于党领导人民在革命、建设、改革中创造的革命文化和社会主义先进文化，植根于中国特色社会主义伟大实践。"①五千年源远流长且从未断隔的历史传承，使得中华优秀传统文化已经浸润到每个中国人的骨髓和血脉之中，既成为奠基当代中国发展根本价值之基础的当代中华文化的直接源泉，也成为当代中国人在构建自身现代生活中无法绕开、不可否弃的潜在行为指引与深层社会文化心理依凭。因此，只有深入挖掘中华优秀传统文化蕴含的思想观念、人文精神、道德规范，结合时代要求继承创新，才能让中华文化展现出永久魅力和时代风采，才能为凝聚、构筑、形塑、提升当代中国发展基本价值提供不可或缺的重要基础与支撑。另一方面，中华优秀传统文化在全球多元文化价值竞争博弈中能借助自身独特的文化魅力和特有的文化形式等更好地推动当代中国发展价值在世界范围内的广泛传播，并切实提升其凝聚力、影响力和竞争力。首先，中华优秀传统文化作为海内外中华儿女共同的精神源泉和情感联系纽带，能更好地促进海内外中华儿女凝聚共识、勠力同心，为推进祖国统一，实现中华民族伟大复兴的中国梦而共同奋斗。今天，以中国发展成就为基础，注入当代中国发展价值的中华优秀传统文化，在连接和汇聚海内外中华儿女为实现中国梦而共同奋斗中，将更具有凝聚力与吸引力；以中华优秀传统文化为基本载体，当代中国发展价值在海外才能更为持续广泛传播并切实有效地发挥其应有的引领与支撑作用。其次，中华优秀传统文化以其独特的人文精神和对个体直入人心的关照力量，以及其特有的文化形象和独特文化表现形式等，在现代理性主义、工具主义泛滥的大背景下更具有跨文化传播的影响力和魅力。借助注入当代中国发展价值核心元素的中华优秀传统文化的海外传播，能更为便捷顺畅地向世界展示当代中国形象，呈现当代中国发展之根本价值，明确当代中国发展对世界发展的深远意义和影响，增强当代中华文化的竞争力与引领力。这不仅对于推进中国特色社会主义发展，而且对于推进世界发展，无疑都具有非常重要的意义和作用。

---

① 习近平：《决胜全面建成小康社会　夺取新时代中国特色社会主义伟大胜利——在中国共产党第十九次全国代表大会上的报告》，人民出版社 2017 年版，第 41 页。

二

在推进中国特色社会主义发展中，发掘和发挥中华优秀传统文化的独特优势，必须要始终坚持以科学的态度对待中华优秀传统文化，以马克思主义特别是唯物史观为指导，立足中国现代生活的展开，推动其不断实现创造性转化与创新性发展。以此才能使中华优秀传统文化最基本的文化基因与当代文化相适应、与现代社会相协调，从而为中国特色社会主义发展提供持续不断的文化养料，并在与世界多元文明的对话中，共同为促进人类现代文明的丰富发展提供正确的精神指引。

"历史和现实都表明，一个抛弃了或者背叛了自己历史文化的民族，不仅不可能发展起来，而且很可能上演一场历史悲剧。"[①]不同于西方发达资本主义国家，中国现代化并不是直接来自自身的文化传统，也并非自身历史发展自然而然的结果，这就使得中国现代化随时都要回应一个"外来的"现代化如何与自身文化传统和历史发展相互整合与对接的问题。对这个问题的不断回应与思考，促使中国走上了一条非西方、非资本主义的社会主义现代化之路。今天，在继续完善和推进这条道路的探索中，中国仍然要不断地回应与思考这个问题。这种回应与思考，既不能仅仅从自身历史和与传统的叩问及反思中寻求答案，也不能仅仅从把握借鉴西方资本主义现代化发展经验来获得回答，而必须以马克思主义为指导，站在唯物史观的高度，在科学把握资本主义发展规律和人类历史特别是人类现代文明发展规律的基础上，在世界历史的大视野中，才能获得正确的答案。由此，在推进中国特色社会主义发展中，对待传统文化，就既不能完全拒斥、全盘否定，也不能不加区别、不加改造、不加转化与发展地全盘接受，而是必须要以唯物史观对现代生活发展变迁的科学审视和分析为基准，在科学把握现代化发展规律的基础上，在真正实现个人自由而充分发展的新的现代文明根本价值追求的指引下，对传统文化去粗取精、去伪存真，推陈出新，不断探究、发掘和整合其内在的适应现代生活的优秀因子与独特智慧。以此，才能为解决当代中国发展面临的问题和突

[①]习近平：《在哲学社会科学工作座谈会上的讲话》，《人民日报》2016年5月19日。

破人类发展面临的困境，提供有益启示；才能为人们在推进现代化发展中不断重新认识和改造世界，提供有益启迪；才能为现代社会治理模式调整、文化心理重构、伦理价值重建等，提供有益启发。

在这里，需要特别强调的是，中华优秀传统文化只是中国特色社会主义不断探索推进的独特优势，也是可以不断发掘、持续利用的丰富资源。但是，其自身既无法直接构成中国现代化的根本价值指引，也无法直接为中国现代化提供一整套完整有效的发展蓝图、发展理念、发展模式、发展方式与方法等，更无法直接成为引领和支撑中国特色社会主义持续发展、不断创新的科学指南与理论基础。换句话说，仅仅依靠传统文化，既无力也无法支撑和推动中国现代社会转型，完成中国现代生活建构，实现中国特色社会主义的持续探索与科学发展，更无力也无法引领和推动人类现代文明新道路的开辟、新内涵的拓展、新境界的提升。这既是中国现代化在曲折探索中获得的并被反复确证了的重要经验，更是坚持唯物史观，真正把握世界现代化发展规律和中国现代化发展规律必然得出的结论。总之，离开了马克思主义的指引，离开了立足唯物史观的科学审视、批判、反思、分析，就无法真正发掘和发挥中华优秀传统文化的独特优势，无法实现中国现代化与中国悠久历史传统的有效对接与融合，无法真正完善和推进中国特色社会主义持续科学地发展，无法为人类对更好社会制度的探索提供中国方案、贡献中国智慧。

事实上，在推进中国特色社会主义探索中要想更好地发掘和发挥中华优秀传统文化的独特优势，首先就必须坚持以马克思主义为指导，站在唯物史观的高度，在人类历史发展的整体背景下，在深刻把握现代化发展的大趋势中，去深入阐发和厘清中华优秀传统文化的发展脉络、基本走向，解析和勘定中华优秀传统文化的突出魅力、鲜明特色、独有逻辑与特有智慧，推进中华优秀传统文化与中国共产党领导中国人民在革命、建设、改革中创造的革命文化和社会主义先进文化不断相互贯通，彼此融合，共同整合，以此才能结合中国现代化的实践探索，把跨越时空、跨越国界、富有永恒魅力、具有当代价值的中华文化整体建构，呈现并弘扬起来，才能为中国特色社会主义提供根本的精神支撑、核心的价值指引与基础的文化社会心理依托，才能真正明确并能清晰准确地向世界阐明体现中国立场、彰显中国智慧，具有中国思维、内蕴中国价值的现代化的新的理念、主张、追求，才能真正完整全面地向世界展示在错综复杂历史条件和现实国情基础上不断"发展中的中国""开放中的中国""为人类文明做贡献的中国"。其次，必须要立足中国现代生活不断拓展的要求，立足世界现代化嬗变演进的规律，不断推进中华优秀传统文化按照现代化要求去实现自我创新与自我发展。这就要求在中国特色社会主义现代化的进程中，要始终按照时代特点和现实要求，对传统文化中至今仍有借鉴价值的内涵、内在致思逻辑，特有智慧和仍具有魅力的独特表现形式、表达方式等进行甄别、选取、改造和再创造，以注入当代中国发展的基本价值意蕴，拓展创新其传播形式与表达方式，以此才能赋予其现代生命力，增强其现实影响力。

三

在世界现代化浪潮中，正如马克思和恩格斯所分析的，不仅"旧的、靠本国产品来满足的需要，被新的、要靠极其遥远的国家和地带的产品来满足的需要所代替了。过去那种地方的和民族的自给自足和闭关自守状态，被各民族各方面的互相往来和各方面的互相依赖代替了"。而且，"各民族的精神产品成了公共的财产。各民族的片面性和局限性日益成为不可能，于是由许多种民族的和地方的文学形成了一种世界的文学"。[①]此时，各个国家、民族间更为频繁的，近距离的文明的对话、竞争、角力、交流、交融就成为必然。这种在不断扩大和更为密切的世界性的普遍交往中的多元文明的对话、竞争、角力、交流、交融等，并非必然形成"文明的冲突"，也不会必然形成同质单一的文化样态，而是更有可能形成一种全球性的彼此交往、相互促进，既谋求共识又包容差异的复合多元的文化历史景观。在这种文化历史景观下，任何国家和民族的文化都既不可能也无法实现完全孤立地发展，任何国家和民族文化的特色都需要在与其他文化多元、多向的交流互动中才能得以彰显和凸出；任何国家和民族文化的生命力与创造性也需要在立足本国实际又能与世界多元文化交互对话、竞争博弈中得以充分强化、提升。于是，在此背景下充分发掘和发挥中华优秀传统文化的独特优势，就不可能是在闭目塞听、故步自封中去孤芳自赏，妄自尊大，而必须要以积极开放的心态，主动将中

---

① 《马克思恩格斯选集》第 1 卷，第 404 页。

华优秀传统文化置于全球文明广泛多元的竞争对话中，使其在与不同文化的相互比较、对照、批判、吸收、竞争、融合的基础上，激发和生成其更符合当代中国和当今世界发展要求的不断创新、不断丰富拓展并能与革命文化、社会主义先进文化更为有效贯通、融合、整合的持续强劲的生命力与活力。

具体而言，这就要求首先必须立足中国现代化发展的实际，立足中国现代化和世界现代化发展的关联互动，及时主动地推进中华优秀传统文化的对外交流与广泛传播，既向世界展示中华优秀传统文化的魅力和特色，也向世界全面立体地呈现充分浸润吸收中华优秀传统文化养料的中国特色社会主义在推进现代化发展中所具有的独特理念、基本价值、根本愿景和未来目标等；既能在与世界多元文化的主动对话交流中谋求共识、寻求利益和价值的最大公约数，从而为共同构建人类命运共同体提供基本的价值指引，为人类现代文明开辟新道路、拓展新内涵、提升新境界形塑基本的价值关照。同时，也能在与世界多元文化价值的竞争博弈中找出彼此的差异，找准彼此相互融合对接的契合点，并在此基础上寻求和勘定自身文化发展创新的突破点、需要调整和校准的发展方向、需要弥补填充的空白等，以此才能既扩展和提升中华优秀传统文化在世界范围内的竞争力与影响力，同时也能更好地促进中华优秀传统文化在世界范围内广泛吸收借鉴其他文明有益成果的基础上不断地丰富、创新。实际上，文化的外向传播交流与内向的整合凝聚始终是统一的。而这对于促进中国特色社会主义在新时代的探索前进，对于塑造世界现代化多元包容、和谐共生的新的样态与格局，无疑都具有重要的意义。

其次，必须积极主动地去学习和借鉴世界多元文明在引领和推进各自现代化发展中的有益经验和有效成果。文明因交流而多彩，文化因互鉴而丰富。事实上，在全球化时代，在多元文明更为频繁密切地交流交融对话中，只有不断积极主动地学习借鉴他人的好东西，并及时转化成自己的东西，才能不断凝聚和形成自身的特色，真正发现、把握、增强和提升自身的优势，促进和实现自身更好地发展。在这一过程中，既需要结合自身的发展实际，主动打开大门，积极吸收借鉴各个国家民族创造的一切先进文明成果，同时，也要注意不能把其他国家民族的某种理论观点、实践经验、思考结论当成唯一正确的"标准答案"或是不可变易的"固定准则"，而必须要坚持从时代要求出发，从本国国情出发，用自己的头脑去甄别和判断其他国家和民族哪些有益的经验、哪些具有普遍性的结论能为我所用，坚持用自己的独立思考和判断来选择和决定什么东西能在我们的土壤里生长起来，什么东西经过我们的改造能成为我们发展和开创的现代化的有益组成部分。今天，在世界现代化的大潮中，在全球性的普遍交往中，我们已经越来越清楚地看到，凡是能在与世界多元文化对话交流中将适合自身发展的先进成果及时吸收转化为具有自身特色的文化要素和适合自身发展的文化基因，就能有效提升自身文化价值在引领现代化发展中的主导权与话语权；凡是能以更广阔的胸怀在世界发展的大背景下审视和看待自身发展问题，总结和提炼自身发展经验，就能更为准确快捷地找到解决自身问题的有效答案，并能为解决相应的世界性问题提供切实有效的思路与方法，贡献独特的智慧和方案。由此可见，中国特色社会主义的探索发展，要想持续深入地发掘发挥中华优秀传统文化的独特优势，更好地构筑生成支撑自身发展的强劲文化动力与根本价值指引，就必须以兼容并蓄、海纳百川的心胸去及时有效地吸收借鉴世界各国人民创造的一切优秀文明成果，必须充满自信并积极主动地与世界多元文化价值开展广泛深入的对话交流，并在此基础上形成自己的独立思考，做出自己的独立判断。以此，才能真正构建起具有自身特色又能被世界广泛接受、认可，具有持久生命力、广泛影响力、强大竞争力的中华文化体系，才能进一步坚定和增强支撑中国特色社会主义发展的强大文化自信。

总之，中华优秀传统文化是形塑和推进中国特色社会主义探索发展的重要动因，其对于中国特色社会主义始终坚守中华文化立场、坚持走自己的路，构建和向世界展示传播当代中国发展价值等具有积极意义和影响。发掘发挥中华优秀传统文化这一独特优势，必须要以马克思主义为指导，站在唯物史观的高度，立足中国现代生活展开，并在与世界多元文化广泛深入地交流对话中，实现其创造性转化与创新性发展，实现其与革命文化和社会主义先进文化更为有效地贯通、融合、整合。以此才能真正做到不忘本来、吸收外来、面向未来，才能更好地展示和呈现中华文化的整体面貌，更好地构筑、传播、展现中国精神、中国价值、中国力量，从而为建成社会主义现代化强国、实现中华民族伟大复兴的中国梦提供根本精神指引，进而为推动世界发展提供强劲的精神动力。

（选自《东南学术》2018 年第 1 期）

遗存、遗产与续用发展：
关于文化共享的整体分析

秦红增　陈子华 *

　　当下"云计算""大数据""区块链"等信息技术让民众交流在各个维度上呈现出便捷化、密集化的特点，也让社会隔阂借助科技力量得到突破与整合，跨文化信用体系已然形成。中国政府适时提出"一带一路"倡议与"人类命运共同体"理念，旨在通过"文明交流互鉴"的中国智慧续写世界文明远行拥抱、驼铃交好的历史，这也就表明以文明互鉴、文化共享为核心的文化边界重叠与跨界，让多元文化的"和合之美"逐步成为时代的标志与和平发展的重要动力。

　　文化共享指不同民族或人群对单一或多个文化的分享、认同现象，有着跨界特质，在人们的认知、价值、体验、实践等活动层面均有表现。即费孝通所说的"美人之美，美美与共"。事实上，人类对文化共享性的探索由来已久，如前科学时期里人们就通过神灵、仪式、灵媒等的认同来区别我族与他者。19世纪人类学诞生后，出现了如进化论、传播论、功能理论、历史学派等流派，虽存在理念与方法上的差异，但大都是对"文化遗存"进行跨文化分析，以期通过文化"分类""归类"寻求对他者的理解。20世纪中叶，伴随和平与发

　　*秦红增，人类学博士，广西民族大学学报编辑部主任，广西民族大学教授、博士生导师；陈子华，广西民族大学博士研究生。

展两大主题，文化遗存的多元价值开始进入人们的视野。1972 年，联合国教科文组织通过《保护世界文化和自然遗产公约》，"文化遗产"概念获国际社会认可，出现了对文化"认知"向"价值"的转变。各缔约国都积极对其文化、自然遗产进行申报，并对资源的利用展开了丰富的讨论与研究。但另一方面，学界也越发认识到资本化、资源化开发下的文化遗产存在着如"保护还是利用""原态还是改变"等难以调和的争议。

无论是早期以理解他者为主导的认知共享，还是后来以开发利用为目的的价值共享，文化大都被视为工具或资产，悬置于"人"之外而很难融入现实生活。非遗保护也好，传承创新也罢，如果不与具体的人类社会发展相契合，结果可能都是徒劳无功，或者是对文化多样性不断消失的无尽兴叹。正如马林诺夫斯基当年所感怀的：民族学正处在一个即使不是悲剧性的也是十分尴尬的境地，当我们整理好作坊，打造好工具，踏上征途去研究地方居民时，他们却在眼前渐渐消失。[1]因此，在今天倡导"一带一路"与"人类命运共同体"的大背景下，重新审视文化共享规律，探讨并丰富人类文明"多彩、平等、包容"的价值内涵就显得颇为重要。这就要求我们在秉承学科传统的基础上，强调文化跟人类生活的融合性，构建出文化续用与发展的实践途径，以期让文化更好地服务于群众的生活需求，更好地为时代提供正确的指导与动力。

一、认知共享：作为通达"他者"的文化遗存

人类借助"遗存"认知异文化，进而实现理解"他者"的思维由来已久，在跨文化交流初期这一思维尤为明显。19 世纪中叶，西方学者就开始借由文化遗存研究，勾勒出文化由"低级"向"高级"逐渐进化的过程。如泰勒在其巨著《原始文化》中提倡通过"残存法"来理解"野蛮人"的文化，并认为这样就是理解欧洲人的过去。[2]摩尔根则立足于文化遗存的搜集与分类，尝试将人类文明发展划分为不同的阶段。[3]荷兰汉学家高延等也把中国传统

---

① 马林诺夫斯基：《西太平洋的航海者》，弓秀英译，商务印书馆 2016 年版，第 6 页。
② 泰勒：《原始文化》，蔡江浓译，浙江人民出版社 1988 年版，第 37 页。
③ 摩尔根：《古代社会》，杨东莼、马雍、马巨译，中央编译出版社 2007 年版，第 3-13 页。

生活习俗与信仰视作理解民间宗教与儒、释、道关联的"古代遗存"。[①]19
世纪末传播论兴起，文化遗存被视为关联彼此历史的遗迹，是判断文明从属
关系、理清文化传播方向和渊源的重要途径。随后形成的如功能学派、符号
解释学、结构主义等理论流派与范式，虽然赋予了文化遗存研究更多深层次
的框架，但借由文化遗存理解"异文化"的目的并未改变。如功能学派代表
人马林诺夫斯基就对新几内亚"库拉"文化进行田野调查，指出其在社会关系、
婚姻、葬礼、伦理中的经济、文化和政治功能。[②]结构主义代表人物列维斯特
劳斯则致力于寻找文化遗存中的二元对立关系，通过对土著神话传说和日常器
具等进行分析，尝试建构人类深层理念中不为意识所及的普同心性。[③]

　　对中国学界而言，文化遗存在民族、考古、历史等学科的发展中同样扮
演了重要角色。以中国民族考古学为例，20世纪中叶学界前辈在吸收国外成
果的基础上，形成了将文化研究与考古学相结合的民族考古派系。其虽受益
于西学，却也深受中国考古研究影响，是二者理论与方法交融产生的衍生学科。
如容观琼强调文化整体观在考古学中的运用，是探讨文化起源发展、复原文
化全貌的途径。[④]享"南汪北宋"之称的汪宁生[⑤]、宋兆麟[⑥]二位先生强调运用
文化类比法等去分析文化遗存，借助"活化石"去看待考古中的真化石，并
将其还原到具体文化结构和人类行为中。这些研究极大地丰富了人类学中国
本土化过程中的实践方法与学科内涵。此外，文化遗存的重要性还被中国史
学派所吸纳，并形成了中国历史人类学的"华南学派"。[⑦]学派主张将人类学

---

① J. J. M. de Groot, The Religious System of China it sancient forms, evolution, history and present aspect, manners, customs and social institutions connected therewith, Leiden: E. J. Brill, 1892-1910, vol: 1.

②马林诺夫斯基：《西太平洋的航海者》，第101-103页。

③列维·斯特劳斯：《嫉妒的制陶女》，刘汉全译，中国人民大学出版社2006年版，第13-22页。

④韦小鹏：《容观琼先生学术小史》，《广西民族大学学报》(哲学社会科学版)2019年第2期。

⑤汪宁生：《论民族考古学》，《社会科学战线》1987年第2期。

⑥刘杰、宋兆麟：《宋兆麟与中国民族考古学——人类学学者访谈录之八十三》，《广西民族大学学报》(哲学社会学版)2018年第2期。

⑦代洪亮：《中国社会史研究的分化与整合：以学派为中心》，《清华大学学报》(哲学社会学版)2015年第3期。

文化视角与田野方法运用在中国社会史研究中，强调田野中搜集文书、碑文等历史资料对于还原历史现场的重要性。[①]21世纪初期，一批学者对清水江流域文书（林契、地契、诉状、账簿等）进行系统搜集与整理，对流域地方语境与历史语境进行探讨，其所提的"清水江学"对重建西南乃至中国历史叙述有着独特意义。[②]不难看出，文化遗存研究的介入让中国学界的史料视野获得了一种"俯仰天地、贯通古今"的广阔视角，其影响力延续至今。[③]

反观这一个半世纪人类学的发展与应用（自1871年泰勒发表《原始文化》算起），文化遗存都是其中极为重要的角色。从将其视为"文化的残存"到"文化的符号"，再到中国文化研究与考古学、历史学的糅合，都是前人力图更深刻地认识文化、诠释他者、理解人性的尝试与成果。从本质上来看，这些研究虽然确立了如文化相对论、文化普同心性等观念，但并未脱离"本质论"的认知视角，它既假定了文化遗存独立存在，也预设了认识方向与探索目的。[④]尤其是早期西方学者大都把研究文化遗存看作是资本权力扩张的必要环节。[⑤]因此，除显而易见地为西方殖民扩张服务外，仍难以在实践层次上有所突破。

二、价值共享：作为资源开发与利用的文化遗产

二战结束后，随着殖民地国家的纷纷独立，和平与发展成为时代主题，人们对理性发展表现出更为迫切的需求与渴望。许多人类学者开始进入国际发展机构如世界银行、联合国开发署等部门工作，确立了"以人为本""文化优先""赋权"等"参与式发展"理念，尝试发挥地方文化在发展中的影响力与决策力。20世纪末，联合国教科文组织《世界文化多样性宣言》及相关公

---

①科大卫、程美宝：《历史人类学者走向田野要做什么》，《民俗研究》2016年第2期。

②张新民：《走进清水江文书与清水江文明的世界——再论建构清水江学的题域旨趣与研究发展方向》，《贵州大学学报》（社会科学版）2012年第1期。

③徐杰舜：《走进历史田野：历史人类学散论》，《广西民族学院学报》（哲学社会学版）2001年第1期。

④何明：《民族研究认识论转向与民族学知识体系重构》，《思想战线》2019年第6期。

⑤埃里克·沃尔夫：《欧洲与没有历史的人》，贾士蘅译，民主与建设出版社2018年版，第13-18页。

约的生效，更是让人们认识到文化在保护之外的巨大潜在价值。至此，文化（尤其是地方、民族文化）开始被视为一种具有现实价值的资本，与利益博弈并纳入了现代化经济体系，而如何实现其价值的最大化利用则成为全球共同的议题。①如日本在 20 世纪晚期开展了"一村一品"行动，尝试将传统技艺"品牌化"为"地方的时代"代言。②英国也在 20 世纪 90 年代开始对其工业革命遗留的滨水文化进行地方文化复兴的运动。③同样，在中国对于文化价值的挖掘催生了如民族旅游、乡村旅游、景观农业等新兴产业。然而，反思文化遗产开发过程，我们必须要承认其中有着诸多人为的不可调和的矛盾，其带来的困惑在文化"价值化"过程的学理层面和实践层面均有体现。

首先，对于文化价值认知的矛盾。一方面，学界普遍对文化遗产的价值给予了充分的认可，承认文化遗产的开发会对地方经济、区域社会、周边环境甚至政治产生恒久而复杂的影响。因此，也有西方学者称文化遗产开发有着"历史文化对当代世界发展的决策力"，④当然这与西方文明突出功利追求的一面有所关联，但毫无疑问对文化遗存价值的关注已经超出学术界范畴。另一方面，更多的学者在肯定文化遗产价值的同时，也注意到其社会影响中让人担忧的一面。如陈华文对文化遗产中历史性与生活性内涵进行研究，认为文化遗产开发虽能为我们今后发展提供更多的选择与机会，但其开发也存在与地方经济需求、现代生活需求、生态改变需求之间难以调和的问题。⑤麻国庆在肯定文化遗产的艺术价值、民族情感、社会治理功能的同时，对政府、资本、民间多方权利视角关系进行探讨，指出如何处理文化再生产与文化消费的关系是文化遗产价值开发中无法回避的难题。⑥

其次，在文化价值如何开发和利用的问题上，尤其在文化旅游开发中，这种难以妥协的矛盾尤为明显。必须要肯定，将文化视为资本进行文化旅游

①马翀炜：《民族文化资本化论纲》，《云南大学学报》（社会科学版）2004 年第 1 期。
②麻国庆：《乡村建设，实非建设乡村》，《旅游学刊》2019 年第 6 期。
③陆邵明：《拯救记忆场所，建构文化认同》，《人民日报》2012 年 4 月 12 日。
④Harrison, R. Heritage Critical Approaches, Routledge, 2013, pp. 227–231.
⑤陈华文：《关于新时期非物质文化遗产保护与开发的思考》，《浙江师范大学学报》（社会科学版）2007 年第 3 期。
⑥麻国庆、朱伟：《文化人类学与非物质文化遗产》，生活·读书·新知三联书店 2018 年版，第 109–116 页。

相关产业的开发，确实促使各种文化形式（如手工业、歌舞、技艺、信仰等）形成区域融合的态势并得以灵活地进入市场体系，在一定程度上改善了地方的发展与民生问题。[1]因此，许多学者认为大力发展文化旅游"标准化"能更好地服务于经济全球化时代的资本转移与累积。[2]但更多学者认识到这种规模化、标准化开发并不能促进地方文化的延续，甚至会给文化持有者带来严重伤害。孙九霞等从民族村落旅游中的文化保护出发，认为如果不将非遗文化旅游开发与当代旅游景点开发区分开，旅游就不能给地方带来真正改变，长久以往甚至会导致村落新一轮的衰败。[3]在2019年10月的第十届城市社会国际论坛上，日本民俗学会前会长德丸亚木等人指出，旅游开发让一些日本村落的传统祭祀符号为了迎合游客，而不得不做出现代化的重释与改变，导致民间信仰式微。[4]

反思人类对文化遗产价值化的积极探索，我们要对其突破文化"本质论"的局限给予充分的肯定，尤其是在实践层面上为我们带来的如"参与式发展""文化优先"等理念，至今仍是推动地方发展的重要方式与准则。然而，必须要指出，简单的文化开发与利用表面上看似与生活融入，但实际上仍然游离于主体之外。如上述学者所言，在开发过程中由于方法与途径不尽相同、话语权难以协调、受益主体不一致等问题的存在，假借发展而隔离当地文化与自然生态联系的案例比比皆是，其结果就是文化成了被市场价值操纵、利用的工具。

三、主体共享：作为续用发展的文化准则

李亦园曾提出人类永续发展问题，指出生态与文化共融的"永续之道"

---

①潘宝：《作为民族文化资本化方式的旅游》，《广西民族研究》2013年第3期。

② Robertson, R. Globalization: Social Theory and Global Culture, London: Sage Publisions, 1992, p. 5.

③孙九霞：《社区参与旅游对民族传统文化保护的正效应》，《广西民族学院学报》(哲学社会科学版)2005年第4期。

④在第十届城市社会国际论坛上，日本民俗学会前会长德丸亚木发表了题为《现代祭礼：节日活动中的内面向与显在化》的主旨讲演，会议于2019年10月28日在华东师范大学召开。

才是文化发展的正确方向。①其理念清晰地道明：忽视了文化逻辑而仅希望通过生产、开发、重建就获得发展，这样极端的价值取向会让贫困、争端、隔阂、战争等问题接踵而来。解决这些问题的关键在于要突破现有唯价值为导向的文化发展理念，强调文化跟人类生活的融合性。对此，"人类命运共同体"核心内涵为我们指明了方向，其"和合之美"寓意朴实地告诉我们，不同群体间的文化交流互鉴是消减彼此冲突、促进共融共生的重要途径，要求我们对文化共享理念进行重新把握与认识，以尊重多样为基础，以善借互鉴为导向，以文化自信为灵魂，只有这样才能让文化真正地融入生活。

第一，尊重与文化多样性。古人很早就提出"物之不齐，物之情也"（《孟子·滕文公上》）的道理，明白事物千差万别乃世之常情，这一中国古老智慧与当下文化多样性理念产生了内涵价值的跨时空契合。20世纪后半叶，在联合国教科文组织对世界文化遗产保护的倡导下，文化多样性概念逐渐被世界所认可。随后签署并生效的相关公约协议都旨在通过文化的相互尊重，实现维护文明的独特性，并达到挖掘自身文化内涵、谋求自主发展、消减文化冲突的目。在此影响下，各地、各民族、各国家都在积极地进行自身文化的保护工作，并开始将自身文化特质向外推广宣传，文化自觉意识突显。

另一方面看，虽然尊重文化多样性有益于缓解文化冲突，但我们也应当认识到，只依靠尊重获得的文化多样性是远远不足以支撑人类社会发展的。对此，德国人类学者费边曾指出，在我们"正确地"认识到文化相对性的同时，却漠视了文化彼此的共生性，"人为地"建造了文化花园的匿名围墙，殊不知这是一种可怕的、无殖民者参与的文化统治。②这一论断并非危言耸听，单纯地尊重他者无异于把地方文化看作一个独立的平面，忽视了地方与外界往来的社会事实，否定了文化因互鉴形成的外部驱动力，这也就意味着封堵了边缘文化自我更新、自我发展的道路。③可见，仅凭尊重而缺乏更深层次的交流

①李亦园：《生态环境、文化理念与人类永续发展》，《广西民族学院学报》(哲学社会科学版)2004年第4期。

②约翰尼斯·费边：《时间与他者：人类学如何制作其对象》，马建雄译，北京师范大学出版社2018年版，第46、63、87页。

③周大鸣、秦红增：《人类学视野中的文化冲突及其消解方式》，《民族研究》2002年第4期。

是难以实现文化交融与共享的。

第二，互鉴与文化交融性。在当下人类社会从封闭走向开放、争夺走向合作的进程中，每一个文明实际上都在有意或无意地寻找"文化间性"中可以借鉴的优秀精神与文化内蕴。①如人类学者萨林斯指出，文化从来便处于由他者组成的场域之中，并且是在相互参照过程中形成的。②在全球化的今天来看，这样的彼此参照具备了更为深层次的"善鉴"蕴意。正是因为有了彼此的善鉴，我们才能择善而从、兼收并蓄，通过互鉴提升文化内生动力，继而推动自身社会的发展。

文明互鉴的例子，于古于今都不少见。如中国西南丝绸、茶艺，青藏高原民间信仰，古波斯占星术、药方，以及各地特色香料、手工艺就借助陆上丝绸之路传播开来，丰富了欧亚文明的内涵并推进了生产力的发展。③而中国的一些传统文化在传播过程中被他国吸收，甚至成为异域邻邦的文化代表。如古代宫廷音乐就传至日本及东南亚等地，并在此后千余年的时间里被其吸收、内化为自身的文化符号，虽然在表演风格、演奏故事上仍有浓厚中国文化色彩，但也成为他国文化的非物质文化遗产代表，并对他国艺术、审美，甚至社会性格的形成产生了较大的影响。④同样，我们对他者优秀文化的采借也是数不胜数，可以说"善借"是中华民族文化千百年来延绵不绝的一大动力所在。当然，必须要指出，文化交融虽然能够推动文明的发展，但单一文明的成就并不足以为人类共同体的发展提供动力，难以对费孝通的"不同文明之间应该如何相处"⑤这一世纪难题做出回应，也就要求我们在更高层次的文化共享中寻求答案。

第三，文化自信与"美美与共"。文化自信是对待自我的态度，"美美与共"则是与世界多元文化共处的文明观，前者是我们在世界文化激荡中站稳脚跟的坚实根基，而后者则是文化自信表达的最高境界。目前来看，已有许

---

①杨春时：《文化解释学引论》，《东南学术》2019年第4期。

②米歇尔·萨林斯：《整体即部分：秩序与变迁的跨文化政治》，刘永华译，《中国人类学评论》2009年第9期。

③李姝睿：《丝绸之路青海道的多元文化发展研究》，《青海社会科学》2020年第1期。

④张小梅：《唐代中日音乐文化交流史专题研究》，福建师范大学博士学位论文，2004年。

⑤费孝通：《"美美与共"和人类文明（下）》，《群言》2005年第2期。

多学者认识到二者在践行文化共享中的重要性，如最近就有学者以中越边境瑶族银器文化为例，向我们展示文化自信与"美美与共"对传统技艺传承创新以及区域和谐发展的积极影响。①笔者认为这一最高层次的文化共享有着三个方面的特征：一是主体平等的共享。强调赋予彼此同等的权利去表述、学习、分享，让多方主体得以真正地在同一空间中交流对话。如当下讨论的共建农村专业市场，目的就是希望通过品牌打造、市场拓展等方式实现农村文化主体与城市文化主体的平等互置。②二是内容丰富的共享。从历史上来看，文化互鉴最早体现在文学作品、艺术展现、生活习俗等方面，而今天文化"美美与共"的大平台则为教育、科学、体育、卫生等方面提供了人文交流的空间，为多方合作与有效交流提供了方向。三是有着跨界效用与功能的共享。"美美与共"理念为我们呈现出一个彼此协助的共同体，在这里每一个文化都提供发展的智慧，农村文化在城市里绽放光芒、传统哲理为法治提供指导、世俗礼仪为治世发挥力量、文学艺术为和平演绎剧本，古老的文化积极地参与到全球治理当中，世界文明也因此而发展壮大。

四、文化主体共享的三种实践途径

(一) 传承创新

传承创新即要求我们在遵循人文生态整体逻辑的基础上，立足于文化自信，寻找能够让文化真正融合到生活中的路径。以当下农村文化振兴为例，就是要在坚持乡村不可替代的生态、社会、经济价值的基础上，融入新元素以提升地方文化适应力，让其在保有自身魅力的同时能够反哺都市社会的文化需求，并最终实现文化主体创新与续用。在这一过程中笔者认为技术理念、标准制定、市场建设三方面是实现文化传承与创新的主要途径。③

一是技术理念上经典与现代互鉴。首先从文化相关的技术设计与表达理

①邓玉函、夏福立：《中越边境跨界文化共享研究：以瑶族银器为例》，《广西大学学报》（哲学社会科学版）2019 年第 6 期。

②孙九霞、李怡飞：《民族村落旅游专业市场体系的结构与特征：以白族新华村为例》，《广西民族大学学报》（哲学社会科学版）2018 年第 3 期。

③秦红增、陈子华：《如何融合经典与现代：农村文化资源传承创新技术方略讨论》，《思想战线》2019 年第 6 期。

念来看，经典与现代互鉴可以丰富人文关怀寓意并提升文化的表现形式。像今天可以看到许多民族村落借助现代金属瓦、竹纤维复合材料等实现了传统家屋文化格局的延续。①越来越多现代装饰也通过借鉴"民族风"寻求居家氛围的突破。其次在文化技术核心方面，许多经典技术仍有绝对优势，与现代技术相融合则可获得提升并实现文化主体共享。以传统中医为例，今天中医医疗能够在世界范围内获得一定程度的认可，与其对西方医学检测技术、理论成果进行采借，并在诊断、临床治疗、用药、康复等方面与西医形成互补态势有着密切关系。②最后是在技术物化过程中互鉴。许多地方品牌就是通过引用现代技术的物化能力（监测、密封、封装等技术）逐步被外界所知晓，与此同时现代技术也在物化能力上借鉴经典以提升"匠心"的价值内涵。

二是在标准制定中经典与现代互助。虽然标准化理念被看作是现代科技的典范，但事实上许多地方性知识中也存在一套行之有效的自身管理方法与理念，如果能够推动传统文化参与则可以在标准检测层面上获得提升。具体来说，首先，要在标准化理念中正确评价与对待传统文化的科技观。例如酱油酿造自古流传的"日晒夜露"等工序能够保持风味同时防止有害杂菌的生长，在标准化理念上对其进行公正评价是推动"老字号"文化内涵在现代社会被认可与消费的关键。③其次，要在标准化理念中关照传统文化的生态内涵。如西南地区扎染、蜡染中的传统植物染料（如板蓝根）相较化学制品来说较易褪色，但必须要认识到对植物染料的使用是民族生态观中"活水"理念的传承，以现代理念对其排斥则无异于否定了其生态文化理念所发挥的积极作用。最后，标准化理念应重视传统文化的人文关照。以中医为例，传统诊断方式能够更准确地考虑到个体差异，体现出传统文化中对于个体的关注，借鉴其人伦观念是弥补当下不断激化的科技与人伦关系，反思医学伦理的出路。④

三是建构经典与现代整合的市场体系。首先，传统文化可以借助信息平台丰富自我表达方式，提升文化竞争力。如三江侗族的"绣娘"们就积极利

①调查时间：2019年12月12—14日，调查地点：云南西双版纳州勐拉镇。

②孔令青：《中西医结合医学的分支学科》，《中西医结合研究》2017年第3期。

③毕旭玲、程鹏：《传统工艺类非遗的生产标准问题讨论——基于钱万隆酱油酿造技艺的思考》，《广西民族大学学报》（哲学社会科学版）2019年第3期。

④张大庆：《医学人文与医院文化》，《中国医学人文》2019年第5期。

用自媒体平台让地方手工艺走向都市生活，很大程度上实现了地方文化活态传承与续用。① 其次，传统文化可以在现代市场中寻求附加价值。例如已经有学者指出传统的桑蚕养殖技术以及刺绣技艺与目前互联网平台中盛行的二次元、汉服文化是能够进行互动的，一旦彼此达成联动开发则能够将传统市场与互联网市场直接对接，实现传统丝绸文化在年轻一代中的共享。② 最后，传统文化可以借助信息化市场寻求产业突破与转型。如文山州的一些传统中草药传承者就借助信息化途径与地方企业合作，推出了一系列适合中国人的美妆护肤产品，让民族草药文化进入极具潜力的个人护理市场并实现了民族文化的跨界共享。③

（二）共同体建设

2013 年，习近平总书记在莫斯科主旨演讲中首次向全世界传递了"人类命运共同体"理念，其推动交往、增强自信的多重内蕴为国际秩序的理性建构注入了中国智慧，是思考与推动当代人类发展的最新把握，具有鲜明的文化向度。④ 从人类学、民族学角度来看，借由文化抒写关注地方文化达到反思自我、消减矛盾的学科传统，与人类命运共同体理念是相互耦合的，尤其在今天文化共享的大背景下能够在共同体建设中发挥独到的作用。本文试以乡村为例，从文化、产业、治理三方面探讨共同体建设与文化主体共享的关联。

一是文化共同体。在共享理念指导下，地方性知识、民族文化遗产有足够的力量与动力成为与城市分享的文化符号，形成一个突破地域边界的具有双向流动实质的文化共同体。以笔者在重庆涪陵调查为例，当地通过共享农庄项目，形成了以国家级非遗榨菜制作技艺为核心的乡村与都市的融合。其中，作为地方文化持有者的地方居民参与尤为重要，他们积极地对咸菜、豆腐乳、水豆豉等地方性知识的整个制作过程进行还原和展示，吸引了大量的外来访

---

① 郝国强、刘景予：《线上绣娘：乡村非遗文化活态传承研究》，《广西民族大学学报》（哲学社会科学版）2019 年第 4 期。

② 粟斌、谌柯：《促成汉服产业推进旅游发展——兼议南充旅游文化传播载体的新形式》，《西华师范大学学报》（哲学社会科学版）2009 年第 2 期。

③ 调查时间：2019 年 8 月 1—3 日，调查地点：云南文山州。

④ 张鑫：《人类命运共同体的三个文化向度：价值、实践与心理》，《东南学术》2019 年第 1 期。

客，拉动了地方市场的发展，扮演了文化示范者、技术指导者、故事讲述者、农庄服务者等多重角色，是共同体建设过程中的核心动力。[①]在其努力下，涪陵"诚信至善做良菜"的文化精神被外界所知晓和认可，其产品也获得附加文化价值的提升并以"国民榨菜"的身份成为重庆一大饮食文化名片。

二是产业共同体。文化与产业是互为一体的。一方面，产业要以文化为基础，这样才有品牌价值与持续发展动力；另一方面，文化须以产业为依托，借助市场进入人们生活，从而真正实现文化主体共享。以时下农业品牌建设为例，中国有着几千年的农耕文明史，其讲求天人合一，顺应节时，倡导自然生态的文化特质，至今仍有独到价值，既是抑制工业文明负效应的重要因素，又是振兴现代乡村产业的核心点。目前，许多地方已经依托农耕文化优势建构起地方农业品牌，这些都极大地带动了区域的整体发展。笔者在贵州息烽石硐镇调查时也注意到，以"云山净果"等猕猴桃高端品牌为代表的地方生态产品不仅销往省会市场，还凭借"优质果""原生态"等概念远销至新加坡、日本等国。[②]这充分说明打造出立足于地方优秀文化的特色农业品牌，是能够实现传统文化的复兴与续用，让文化真正地融入现代生活，并内化为人们的生活方式。

三是治理共同体。除了民俗、生计外，农村的许多优秀文化精神与价值观也能在共同体建设中发挥重要作用。十九届四中全会上习近平总书记首次提及"社会治理共同体"理念，其中"人人有责、人人尽责、人人享有"的重要内涵为我们指明了方向：不仅是每人都能够参与，更要求每个成员能够为共同体承担责任、履行义务，方能达到社会资源的共享。这一理念的提出要求地方在社会治理共同体建设中，不仅是关注地方经济发展，还要将注意力放在激活地方文化自觉、发挥村落优秀文化精神、提升农村自我组织能力上，继而引导出共同体内部成员的自律、自控、自觉意识，创造地方文化与经济建设之间的良性互动关系。贵州息烽大洪村，在其村落共同体项目建设中，地方政府积极调配村落各项资源并制定了"如劳有所得、社会治理、老有所养、弱有所扶、环境保护"五权共享方针。[③]在初步实施过程中，"五权共享"理

---

①调查时间：2019 年 4 月 16—20 日，调查地点：重庆涪陵大顺乡。
②调查时间：2019 年 10 月 3—4 日，调查地点：贵州息烽石硐镇。
③调查时间：2019 年 10 月 3—4 日，调查地点：贵州息烽石硐镇。

念已经发挥其作用，让村民收益从简单的土地分红转向与赡养老人、关爱子孙、遵守村规民约、维护秩序稳定、保护生态等挂钩，不仅有效增强了村民对村落发展的责任感，还让传统乡规民约在共同体建设中发挥积极作用，让村落在时代变化中不忘传统农耕文明智慧。

（三）共享民族志

在文化差异与同质并存的今天，人类学民族志的文化抒写也就有了更为深层次的社会价值与现实意义，思考如何促使地方文化更好发展，推动文化进一步交流交融成为时代赋予我们的责任与义务。笔者在 2014 年曾指出，一个通过抒写实现文化创新与续用的民族志"第四个时代"悄然而至。[1]今天，在文化共享大背景下再次对这一学科范式转变进行审视与阐述则显得非常具有意义。本文所提出的共享民族志，有着以下三方面的含义。

1. 参与发展民族志

人类学民族志作品自其诞生就具有一种"他性"思维，关注于地方文化的诉求。这一学术传统与 20 世纪 90 年代引入中国的参与式发展理念是相通的，旨在让地方群体"真正地参与到发展项目的决策、评估、实施、管理等每一个环节中，征求他们的意见、建议，学习他们的知识、经验，培养他们对发展的责任感"，[2]因为地方群体才是文化力量的承载者与贡献者，只有理解他们的诉求、意愿，了解他们的文化，才能达到地方文化主体与发展项目相互融合的目的。

今天我们欣慰地发现一些地方群体已经有较高的文化自觉意识，如笔者在西双版纳调查时看到，许多傣族村民能在生活中自豪地穿上民族服饰，自发地推动傣族民俗、信仰、舞蹈、家屋等文化的传承与延续，同时也能对不适于本地文化发展的外部协助直接拒绝。[3]但是我们仍要注意到，发展过程中由于外来资本、技术甚至是文化力量过于强大而致使地方发展权利被漠视和

---

[1]秦红增：《对文化复杂性的认知：基于中国西南地方文化抒写讨论》，《思想战线》2014 年第 5 期。

[2]周大鸣、秦红增：《参与发展：当代人类学对"他者"的关怀》，《民族研究》2003 年第 5 期。

[3]调查时间：2019 年 12 月 13 日，调查地点：云南西双版纳州勐伴镇。

剥离的问题仍然存在。如最近笔者在一些民族村落调研中发现，由于外来干预过度，一些地方民族村落的传统家屋变成了市场统一定制的民宿，传承的农耕生活方式也变成一味地等待游客上门。这种资本主导模式直接导致当地人与自然关系断裂，生活方式被迫改变，即使短期来看当地人生活质量有所提高，但是地方传统文化受到难以恢复的损伤，这反过来又加重了当地人对外来干预的依赖性。可见，重新理解参与式发展的意义，审视发展过程中地方话语权的表达，在今天民族志调查写作中仍然尤为重要。

2. 区域整合民族志

在全球化与市场化程度日益提高的当下，地方文化的兴起早已突破了传统地域、族别甚至国别的阈限，形成地方化、区域化相互交揉态势，呈现出复合区域的人文世界景致。与之相呼应，今天的人类学已少有仅针对单一村落的民族志调查，即使是一个较为微观的研究，只要不是刻意视若无睹，任何一位合格的人类学者都会注意到区域间往来互动的关联，抒写出时代洪流中的文化转变。如张雨龙在对云南边境的哈尼村寨调查中不仅探讨了哈尼人村寨、宗族等传统族别观念，更认识到全球性背景下文化交流、交融的必然性，向我们展示出文化跨越地方边界，甚至是跨越国界的力量，描绘出哈尼族文化中积极改变与勇于创新的一面。[①]这些跨区域整合的研究不仅对认识地区社会发展史、民族交融史有着重要的学术价值，也对今后地方经济文化建设提供了新的发展思路。

3. 成果共享民族志

人类学在学科建设初期就借助文化遗存研究达到认知他者的目的，而今天文化表现形式越发多样，传统的依靠个人力量的民族志作品已经很难应对现实社会中丰富多彩的文化表达，这也就催生出更为多元、丰富的民族志作品样式，例如图画、影视、场景再现、舞台展现、节庆表演等等。以民间艺术为例，许多关注地方艺术的人类学者今天已不再是简单借助艺术理解他者，而是为其建立一种新的研究情景，甚至是与民间艺术家一同共事，借由艺术创作者视角探索神秘的精神感知过程，并最终以表演笔记、小说等"类

---

①张雨龙：《从边境理解国家：中、老、缅交界地区哈尼/阿卡人的橡胶种植的人类学研究》，云南大学博士学位论文，2015年。

民族志"形式公开发表，不仅实现了学科的自我突破，也达到了对文化抒写的目的。①而当我们考虑到数字社区时，民族志作品在设计、创作以及呈现部分的共享寓意则更为显著。美国人类学者 Fischer 指出，互联网的每一个成员都会参与到具体写作中，甚至成为你的合作者，最后成果也会以数字民族志、软件项目，甚至是数据平台建设等展现出来。②面对民族志作品的诸多变化，今天的学者或许会多少感到不知所措，事实上，这些多种形式民族志的产生是学界对如何在现实世界中发挥文化力量的更深层次思考所致，是人类学母体学科对当今文化复杂性转变的积极回应。

五、结语：多彩、平等、包容

从世界人类史来看，人类一直通过对文化进行分类以达到观察边界、区分异类的目的。如涂尔干在《原始分类》中指出文化要素是互斥的，将其分类于不同集合则是人类的原始天性。③列维·斯特劳斯进一步对人类分类天性进行研究，指出二元对立是一切文化复杂无序现象背后的共识。④在此影响下，如文明与野蛮、神话与现实、洁净与危险、肉体与灵魂等二分概念成为人类认识周围、理解自然、探索深层意识体系的方法。随着社会文化的积累与发展，这种以互斥性为基准的二分法也自然而然地成为我们分析时代变化与社会发展的工具，产生了如城市与乡村、东部与西部、人地关系等分类方式。必须要承认，二分法满足宏大的文化分类设想，对社会认识与发展过程有重要的影响，然而却人为地制造了时空的距离与对立。尤其是在今天这样一个人流、物流和信息流交融的时代，东部与西部、城市与乡村的差距虽仍存在却也毫无争议地正走向交融。这就要求我们以新的思维去反思传统的二分法，认识到社会交融背后的文化力量，从而为社会发展实践做出指导。对此，习近平

---

①曾静：《当代戏剧人类学田野作业的反思与民族志书写》，《民族艺术研究》2019年第5期。

②Fischer, M. J. "Four genealogies for a recombinant anthropology of science and technology" Cultural Anthropology, 22: 4(2007), pp. 539-615.

③爱弥尔·涂尔干、马塞尔·莫斯：《原始分类》，汲喆译，商务印书馆2011年版，第1-8页。

④列维·斯特劳斯：《野性的思维》，赵建兵译，京华出版社2000年版，第49-50页。

总书记在许多场合表达的"多彩、平等、包容"文明观则是对这一时代趋势的深刻阐释，暗含了对地方发展与城市共生，如何与外界文化对话等问题的回应，是突破固有二元观念的核心关键。

"多彩、平等、包容"文明观是人类文明的理想状态，也是本文所提的文化主体共享概念的统摄。其中，"多彩"是对文化多样性的肯定，也是实现文化主体共享的前提条件，要求我们在发展过程中不能漠视地方文化的表述。正是因为文化的绚丽多彩，主体共享才具备了交流与互鉴的对象。"平等"是文化交流沟通过程的重要原则，也是推进文化主体共享的核心引领。我们不能因资源分布不均、发展机遇先后差异就以落后看待他者，以优越看待自身。相反，太多例子告诉我们如地方性知识、"天人合一""耕读传家"理念正是实现文化主体共享的优秀内涵。"包容"是"和而不同、兼容并包"理念的体现，也是文化主体共享的内蕴。我们在发展过程中应以广阔胸怀接纳地方文化自身的选择，尊重其文化逻辑所致的发展规律。

要而言之，今天年轻人越来越尊崇传统文化，"华"字也被评为2019年的年度汉字，其文化重拾与分享的寓意不言而喻。而在更广阔的世界里，中华文明也正在向他者传递着不同于西方的智慧，这一切都说明了文化主体共享时代已经到来。我们应该尽可能地借助传承创新、共同体建设以及共享民族志等途径，唤醒主体文化的自觉自信，让文化真正地融入现实生活获得续用提升，继而为人类通达彼此、启迪他者贡献力量与智慧。

（选自《东南学术》2020 年第 3 期）

文化自觉与传统文化现代化

刘中玉 *

2019 年，"五四"新文化运动百年、新民主主义革命胜利暨新中国成立七十周年等一系列节点的纪念与研讨，再次让"传统与现代"成为舆论和学术关注的热点。有所不同的是，百年前关于传统与现代的讨论，其重点在于传统的革故和西学的鼎新，先行者以"反传统"的觉悟开启了一场除旧布新的思想文化变革，并在破除传统桎梏的基础上探索出中国革命的前进道路，从物质层面和制度层面推动了传统中国的现代化转型；20 世纪八九十年代的讨论则是在改革开放遭遇制度建设、社会管理等瓶颈而需要整理再出发的背景下展开的，重点在"反思"，因此讨论主要集中在传统社会的停滞与变迁、现代化与西方化的关系等问题上；而当前的讨论除了对那段"风雨如晦，鸡鸣不已"时代从多学科背景展开实证性考辨和理论性阐释之外，更多的则是**着眼于中西文化冲突的新变局，从文化自信和文化复兴层面再次反思传统文化在现代化转型和社会主义建设中荣衰升降的历史命运，并有重新发明和推进传统文化现代化，使之与物质层面、制度层面的发展相匹配的深切意涵。**可以说，百年前谈"决裂"传统、二三十年前谈"反思"传统，与今日谈"复兴"传统一样，都是因应世变的观照，是对现代化建设新阶段探索社会文化

---

*刘中玉，中国社会科学院古代史研究所（中国国学研究与交流中心）副研究员。

结构调整路径的积极回应。

回溯来看，传统与现代的问题自清季以来之所以会被一而再地拿出来讨论，形成哲学上所谓的"问题域"，恐非用历史单向度回环或场域相似性便可解释，而在具体的实践探讨中，由于这一问题映射出中国道路探索的曲折性与复杂性，所以又使相关研究陷入非中即西的模式争论：究竟是采取通过"异域之眼"即以外观内的理论模式，还是反求诸己强调内省即注重内部结构变迁的理论模式，因牵涉到立场本位、话语权力、意识形态等现实考量而一直争论不休，衍生性问题也颇多，且始终缠绕着中西对立、冲突的意识。可见关于传统与现代的讨论看似在中国内部，实际上焦点是向外的，需要我们回答如何看待和处理中国与世界（主要是西方）、一元与多元的问题。当然从方法论层面来看，这两种理论模式都有助于我们在新的时代分际和学术积淀上推进对传统文化的延续性问题和现代性问题的阐释。毕竟相较于新文化运动时期中西文化的论争而言，历史发展的结果已为我们今天的观察和阐释提供了一个反向的视点，现代化也好，传统变迁也好，都已是不可逆改的事实。所以站在这个视点上，我们探讨的重点就不是传统内部能否自发产生现代化的问题，也不是内外视角选择的问题，而是在现代化进程中如何通过弥合或跨越中西对立的分际来应接时代新挑战的问题。

我们认为，当前与传统文化现代化关联密切的新挑战主要集中在日常生活的结构调整和社会文化的创新转型两个层面。具体而言，一是在经历了以反传统再造更生的现代化探索和发展之后，当前社会正步入由物质优先向"美好生活"转型的新阶段，大众对文化的需求已不再单纯停留在物质层面，更是延伸到精神层面、历史层面和美学层面。二是在全球化和信息化并进的同时，逆向的潮流也在涌动。虽然早在梁启超所处的时代，中国已是世界的中国，但是当时的中国是"悬浮"在世界之外的状态，不似当前"浸润"于全球化的进程之中。得资讯和交通之便，个体、群体也与区域和国家一样，不可避免地参与了全球化，成为与市场网络和文化时尚密切互动的消费者、观潮者，在坐享全球化福利的同时，也承受着副作用的冲击。可以说，在这种异质与同质、传统与现代的混合型文化的激荡下，作为个体的文化自觉意识不仅不会因为逆向的潮流而减弱，相反会越来越强烈，并渐成弥漫之势。而作为人文学科尤其是"通古今之变"的历史学，更需要考虑在回应时代需求的同时，超越传统与现代阐释的中西语境，将推动传统文化现代化在"和谐节奏中转移到新阶段"（钱穆语）作为实现学科自我更新的目标之一。在此，本文拟围绕以上两个方面，结合全球化和文化自觉，谈一点自己对传统文化现代化的粗浅理解。

一、端正"书法"：跳出中西冲突的语境

中国传统文化素来以"静水流深"著称，历史上不同民族、文化之间的和战、交流、融合，以及融合后的内化、输出、回潮，始终都不曾撼动"固有的"天下四海归于一统的观念，动摇华夷有别的中央中心认知。这种"汇万流而剂之，合一炉而冶之"的兼容性和消化力，经过数千年的演进，将传统文化锤炼出"磅礴郁积"的生命气质而继继绳绳。[1]可以说，静水流深和磅礴郁积都是中国传统文化的生命气质，如守旧和趋新一般，看似矛盾，却是并在一体生长的伍配，是稳固传统社会和谐结构的精神基石。这也正是为什么古代中国在广泛的对外交流中，虽然很早就获悉了外部世界的知识、物质和技术，却不会被这些知识和技术牵引或覆盖，进入与外部世界"同质性"的频道。即便是到了西方发生工业化转变之后，西方人东来四处开辟殖民市场，甚至长期租借澳门，并一度占据台湾作为贸易转运基地，中国的财政税赋与工农商体系也深受西方货币和资本市场的影响，但是在政治、社会、学术、文化方面依旧能"超然"于世界体系之外，保持着超稳定结构。直至在西方列强如侵入亚非其他地区与国家一样严重侵害了王朝政治、经济的独立性之后，中国才首次主动检视自己与西方在器物、技术、市场、制度、学术、思想、文化等方面的差异和差距，才开始对这个具有超稳定结构的传统社会产生"形而下"的危机认识，并从危机中迸发出物化更新的求知意识（与以往朝代变换的危机意识不同），时人谓之"道咸之学新"。由于这股意识是直指传统而去的，有动摇结构之革变，是以时人又以"崩溃"和"三千年未有之大变局"等具有震撼力的词汇来形容之。纵向来看，从19世纪下半叶到20世纪上半叶，中国知识分子从本位至上的体用二元论，到疑古崇外的调适主义、全盘西化论，

---

[1]梁启超：《论中国学术思想变迁之大势》，上海古籍出版社2001年版，第6页。

再到科学主义、社会主义的全面探索，都是起始于文化思想、成长于学术争鸣并检验于社会实践的。

　　不过由于中国现代化转型的这段历程是在西方的"引导"和影响下，以破茧而出的方式进行的（即援西济中，史华兹喻作"普罗米修斯精神"），虽然在发展道路和发展哲学上开辟出了自己的特色，但是在文化思想层面和学术研究层面却未能将西学的中国化实践与马克思主义中国化这一套哲学体系融会好、贯通好。20 世纪初维新主将梁启超"不患外国学术思想之输入，而患本国学术思想之不发明"，[①]新文化运动主将胡适"在昌明的清代古学与西洋的新旧学说两大潮流汇合的基础上，若不能产生一种中国的新哲学，那就真是辜负了这个好机会"[②]等前辈学人所冀望的中国学术发明与开新的局面，并未如物质现代化的进展那样顺利，而是依然有从学术层面和实践层面继续探索与开拓的必要。或正缘于此，关于传统与现代的讨论从未消歇，对于相关理论模式的争论也始终是近代以来中国学术研究的主要议题之一。特别是随着中国国力的提升和科研投入力度的加大，内部探索中国的现代化转型和传统延续更是逐渐发展成主流的研究思路。有研究者便声称，"在中国历史研究领域，重新发现、重新理解、重新构建之类的言辞流行起来，出现了力图把中国历史从基于欧美意识和经历的西方现代话语中拯救出来的努力"。[③]这一方面是出于对近代屈辱和失败原因追析的强烈爱国意识，另一方面似乎正应了亨廷顿（Samuel P. Huntington）在《文明的冲突与世界秩序的重建》中所观察的那样：非西方国家在现代化的帮助下走向富强的同时，也正是其本土文化复兴的开始。[④]换言之，一旦中国在物质层面追赶上来，便会在内部需求的催动下，重新对自己的传统进行诠释和建构。

　　从目前为止大多数的研究成果来看，重新阐释模式的运用虽然将原来作为西方中心论中的"他者"（指中国）转换成中国中心论中真正的"他者"（指

---

　　①梁启超：《论中国学术思想变迁之大势》，上海古籍出版社 2001 年版，第 6、8 页。
　　②胡适：《哲学的盛宴》，新世界出版社 2014 年版，第 12 页。
　　③孙竞昊：《现代主义、后现代主义与西方中国历史研究的新趋向》，《安徽史学》2013 年第 2 期。
　　④参见塞缪尔·亨廷顿：《文明的冲突与世界秩序的重建》（修订版），周琪等译，第四章《西方的衰落：力量、文化和本土化》、第五章《经济、人口和挑战者文明》，新华出版社 2010 年版。

西方），使中西之间的界限分明白了，但是无法将推演式的建构提升到历史哲学的层面，突破话语体系的瓶颈。黄宗智认为，无论是资本主义理论还是传统社会理论，用来分析长期处于多种系统、多种技术时代并存下的混合型的近现代中国都是远远不够的，只能是隔靴搔痒。①其阐释的结果非但不能弥合中西之间的分歧，反而是扩深了双方对立的鸿堑。近年来的研究从反向的维度也证明：没有西方的介入，中国传统内部也能自发产生并形成现代化的结果只能是一个假命题（当然开展相关研究有学理上的意义，有助于加强在内部转型探索中对文化因素和社会因素的思考）。17至19世纪中国社会在经济层面、文化层面存在一定变量推动下的"内部变迁"，与西方以贸易为借口、以炮舰为手段打开中国大门一样都是历史事实，但另一个事实是从同一时期的社会变量来看，西方的确在科技和生产力方面领先了中国，实现了生产关系和社会制度的变迁，并因此掌控了"现代"标准的话语权。中日学者在引进这一概念的同时，曾努力对这一"舶来品"进行了东方化的塑造，②却在结合本国发展实际时，因与现代语境中民族和国家的概念、理论、情感糅合在一起，而深陷于意识形态论争的狭隘人文主义泥潭。相对于中国学界这种警惕和防御的研究心态，西方学界在标准阐释方面也经历了从强调"一元重构"到承认"多元变迁"的转变。

所谓"一元重构"，即是以西方文明（或美国文明）作为现代的标准尺度，其他非西方的异质文明都是落后的，在现代化的进程中，将不可避免地实现西方化的变身，其本土传统则因逐渐丧失更新的动力而被终结成历史文化遗产，进入博物馆。在这一思维下，世界被简单地划分为"西方"与"非西方"两大文明体系，由于各个非西方文明最终都将被统一纳入西方文明体系，因此其内部变迁不再重要，相互之间的差异也被忽视。具体到中国历史和文化的研究语境，这一思维的影响便非常明显。冯珠娣（J. B. Farquhar）

①黄宗智：《认识中国——走向从实践出发的社会科学》，《中国社会科学》2005年第1期。

②如罗荣渠先生从词意词源到观念体系的角度对"现代化"进行了详细的梳考，他认为"Modernization"作为一种社会科学理论，要根据具体的国情来翻译。汉语翻译应有别于日本史，统一译成"现代化"而非"近代化"才符合中国实际。参见罗荣渠：《现代化新论——世界与中国的现代化进程》中对"现代化"这一术语的梳考，北京大学出版社1993年版，第3-8页。

与何伟亚（J.L.Hevia）在反思二战后美国的中国史学时，便指出费正清（John King Fairbank）关于清朝崩溃的研究"弥漫着静止与停滞的'文化'气息"，认为"这是一个为西方侵略进行巧妙辩护，并间接把霸权主义美化为拯救者的概念"（《文化与战后美国的中国史学》）。①不过在后现代思潮的影响下，西方学界从 20 世纪 60 年代以后在研究中逐渐把以西方为主线的叙事构图转换为以"非西方"为主线的叙事构图，开始强调不同文明之间的差异即"多元变迁"的重要性和非西方内部视角观察的必要性。学者们在经济史、制度史、思想文化史等领域不仅进行了大量的实证性研究，而且在方法论上有所突破：比如柯文（Paul A.Cohen）的中国中心说，以及王国斌、彭慕兰（Kenneth Pomeranz）的中西互较分析模式（王国斌"对称观点"），岸本美绪的物价史分析视角，等等。在柯文看来，近代化（即现代化）从根本上来说是一种封闭式的概念，它对历史进程抱有固定的看法，即严格按照直线方式向前发展，而且带有浓厚的目的论的性质。所以，他虽然关注到了现代社会传统的延续性问题，但仍认为包括中国在内的其他地区没有发生本质上的进步（即处于静止的文明状态），至多是发生"传统内变迁"，并反对用"传统"的观念来研究 19 世纪以前的历史。②总的来说，这种内部观察的视角仍然是在"西方"与"非西方"的框架之下，在研究过程中虽"察觉"历史动力的多样性，但结果仍然是侧重于论证本土传统只产生内部变迁，而非结构性变革；对于本土传统在现代化和全球化进程中"超越自我"的潜力和独立性认识不够。

对于这种研究倾向或趋势的转变，著名经济史学家吴承明称之为"向中国历史观靠拢"，③但他不赞成采用带有明显实用主义性质的目的论、决定论观察模式，认为这是一种不健康的历史观。从中国本土传统内部能否探索出一条现代化的道路来，我们可以参照现有标准找出许多相似的数据，虽然"在

① J.B.Farquhar,J.L.Hevia.,Culture and Postwar American Historiography of China,Positions East Asia Culture Critique, Published by Duke University Press,1993/09/01,p.494.另见包华石主讲、刘东评议：《西中有东：前工业化时代的中英政治与视觉》，上海人民出版社 2020 年版，第 32 页。

②参见保罗·柯文著，林同奇译：《在中国发现历史——中国中心观在美国的兴起》相关章节，社会科学文献出版社 2017 年版。

③吴承明：《经济史：历史观与方法论》，《中国经济史研究》2001 年第 3 期。

鸦片战争之前，中国传统社会内部业已演生出了带有现代化意味的因素，所以中国绝非在先天上就与现代化绝缘"的判断没有问题，[1]亦如彭慕兰所说"到现在为止，我们仍然缺少词汇可以充分描述在至关重要的方面（中国）与西方经历不同，但仍然指向同样的'现代'社会的那些变革"，[2]但是产生现代化的因素与形成现代化的结果毕竟是两回事。客观事实是在生产技术和商品经济中西方出现了明显的差异，是以对于西方迅速崛起而中国缓慢变迁的"大分流"不能脱离其政治、社会与文化的基础来讨论，否则在探讨诸如为什么同样出现原始工业规模的市场和生产，而中国却走向了"逆工业化"的过程，[3]以及中国科学技术不断进步的道路为什么没有使中国经济发生彻底变革[4]等问题时，便会因"停留"在物质化的分析层面而缺失综合社会、文化、思想进行整体分析的连续性。[5]既然大多数研究者都承认"整体大于部分之和"，那么便应谨慎采取"各别"研究简单相加的方式进行"综合"，否则在多元分析的过程中容易被一元所诱导，产生南辕而北辙的结果。为避免被方法论所困，吴承明主张在"史无定法"的原则下，对于经济史中结构和变迁的研究应融合社会、制度、文化、思想变迁的研究成果。在观察视野上，他赞同布罗代尔（Fernand Braudel）等人打破以"古代—中古—近代"这一体系划分来观察历史的做法，主张采取较长时段的"多元时间"观察法，将生产关系变革带来的制度性变迁放在一定的历史条件下去考察，并重视分析变革的延续性和导向性，而不赞成用举证的方式来谈孤立的"量"变。[6]在长期的经济史研究

---

①朱浒：《时代变革与清史研究的成长契机》，《历史研究》2020年第1期。

②彭慕兰：《大分流：欧洲、中国及现代世界经济的发展》，史建云译，江苏人民出版社2003年版，中文版序言第8页。

③彭慕兰：《大分流：欧洲、中国及现代世界经济的发展》，史建云泽，江苏人民出版社2003年版，第269页。

④彭慕兰：《大分流：欧洲、中国及现代世界经济的发展》，史建云泽，江苏人民出版社2003年版，第43-44页。

⑤王家范先生认为弗兰克、彭慕兰等人的宏大叙事之所以存在巨大的断裂，是由于对中国历史采取了"光明"选择的逃跑主义策略。参见其《〈大分流〉与中国历史重估》一文，原载《文汇报》2003年2月9日，又收录于《史家与史学》一书，参见王家范：《史家与史学（增订版）》，北京师范大学出版社2019年版，第261-266页。

⑥吴承明：《关于中国资本主义萌芽的几个问题》，见南京大学历史系明清史研究室编：《中国资本主义萌芽问题论文集》，江苏人民出版社1983年版，第1-7页。

中，他一直提倡对历史延续性的观察和研究，认为这是中国史学的传统，是"通古今之变"的历史观。[①]在思想史研究领域，墨子刻（Thomas A.Metzger）也认为在考察 20 世纪中国起于传统的现代化进程的基本线索，"考察愈是充分，便愈需要调整对于现代化进程中包含着的延续性和非延续性混合状态的理解"。[②]需要指出的是，受西方在古典断裂基础上重构的非连续性新史学观念的影响，国内学界在研究实践中曾一度"排摒"这种重视历史连续性的"通古今之变"历史观。比如在传统与现代的问题上，对于本土文化连续性的认识倾向于采取相对封闭的"断裂"思维来考察，是以在结论上往往盲从于"新历史"的建构，而轻忽于传统延续和发展的阐释。看来我们在"昌明国粹，融化新知"方面，仍然有许多切实的工作要做，而首先需要改变的便是端正传统叙事或构图的"书法"，以避免再次陷入模式论和中西对立的语境。

二、加强传统：以现代化为方法

从人类文明整体发展史的角度来看，"现代"的界说和标准虽然是由西方发明的，但是作为"各别"地方参与全球一体化进程并形成今日之格局，是世界各国人民共同参与创造的结果。梁启超曾在《论中国学术思想变迁之大势》中把 20 世纪喻作是东西方"两文明结婚之时代"。[③]历史发展的结果也表明，我们无论是在新文化运动中，还是在旧民主主义革命向新民主主义革命转变过程中，以及后来的社会主义文化建设中，中国学术思想的成长与进步都是在历史上不断博采众长的旧传统与清季以来中西文化激荡而生的新传统的基础上取得的。现代化从来不能孤立地进行，它在现代科技发展的同时，也总是和本国固有的文化价值和倾向相交织地进行。[④]因此我们需要一分为二地看待西方的经验模式：西方的确为全球化进程提供了"地方化"的经验，并

[①]吴承明：《经济史：历史观与方法论》，《中国经济史研究》2001 年第 3 期。

[②]墨子刻：《摆脱困境：新儒学与中国政治文化的演进》导言，颜世安、高华、黄东兰译，江苏人民出版社 1996 年版，第 17 页。

[③]梁启超：《论中国学术思想变迁之大势》，上海古籍出版社 2001 年版，第 6、8 页。

[④]费正清：《伟大的中国革命（1800—1985）》，刘尊棋译，世界知识出版社 2000 年版，第 10-11 页。

为其他"地方"所借鉴，但这并非意味着西方文明便是人类文明发展的主线，不具有唯一性，其他"地方"文明的发展路径同样重要。早在20世纪初，德国哲学家奥斯瓦尔德·施宾格勒（Oswald Spengler）便指出，"古代—中古—近代"这一"直线论"体系是有着"地域限制性的"（专指西欧），有其"空洞虚构"的成分，并不适用于其他文明，当然也不适合用来描述无止境地形成、无止境地变化的世界历史图景。①

从研究对象的角度来看，"重新发现"的意义只是相对于认识论和方法论而言的，研究对象作为主体的"存在"属性并不因其再次发现而改变，认同和接受这一语境仍然是被动的，研究对象主体能否自觉主导发现自我的主动性，并以比较的眼光从自身的传统出发，以作为全球"地方化"的各别态度来观察自我、阐释自我才是问题的关键。而事实上这种基于全球视野和本土定位的重新发现、重新建构思维正作为新的共识被推广，近年来重新发现亚洲、非洲等问题意识的提出及相关研究实践的探索便是明证。比如在东亚区域史研究方面，中日韩学界开始流行"寻找"内部发现和认识世界的研究方式，孙歌的《寻找亚洲：创造另一种认识世界的方式》、石泽良昭的《东南亚：多闻名世界的发现》、赵景达的《近代朝鲜与日本》等等，都是把目光聚焦在重新发现和重新建构新的认识论上。②再如对于缺少文献书写的非洲史的研究虽然起步较晚，但是并未局限于殖民之后西方化资料的整理和研究上，而是从一开始便聚焦于本土观察，将口述传统与外部记载并重作为历史研究的资料。凯文·希尔顿在《非洲史》撰写中便采用将非洲历史与文化"非洲化"的研究意识，在他看来，将"非洲后殖民时代的政治、社会和经济发展问题置于非洲本身的历史场景中，因此避免了很多论述当代非洲大陆的作品中所具有的那种严重的负面论调"。③由是观之，本土的历史意识与其他文化体系蕴养下的历史意识发生冲突和碰撞并不一定是坏事，也并非不可兼容。虽然不同

①奥斯瓦尔德·施宾格勒：《西方的没落》导言，齐世荣等译，商务印书馆1991年版，第34—42页。

②参见孙歌：《寻找亚洲：创造另一种认识世界的方式》，贵州人民出版社2019年版；石泽良昭：《东南亚：多闻名世界的发现》，瞿亮译，吴成苓校译，北京日报出版社2019年版；赵景达：《近代朝鲜与日本》，李濯凡译，新星出版社2019年版。

③凯文·希尔顿：《非洲史》序言，赵俊译，刘鸿武校，东方出版中心2012年版，第2页。

区域和国家的文明形态会有所不同，但是具体到历史文化的研究方法则可以互鉴共享。马克思、恩格斯对于社会经济形态的分析、对于亚非生产方式的论断，在研究方法上便采取了具体问题具体分析（唯物辩证法）和普遍适用（阶级分析法）相结合的研究模式，同时注重历史与现实的联系，强调从现实的道德与社会需要出发来研究"活的历史"。对于西方而言，我们是考察研究对象，是"他者"；而对于我们自身，则是生活日常。西方模式的影响不在于对中国传统文化的认知上，而在于其本身所呈现的利道去取的选择标准和判断标准，其论述和阐释中所产生的偏颇既来自于"先天的"思维方式和价值认知，同时也来自于对研究材料的选择（即王家范所谓的对于中国历史采取了"光明"选择的逃跑主义策略，参前引）。我们原本是借鉴西方模式来摆脱困境的，却在潜移默化中因未能把牢历史叙事主体和历史"书法"的主动性而被"方法"锁困，可见"援西济中"仍在过程中，还远未内化为自家功夫。本文认为，从西方传统思考未来与从中国传统思考未来是两种模式、两种视野，既然西方模式在事实上已成为我们尚未完全消化的新传统，那么将两种方法综合起来比较运用则不失为一种积极而务实的选择。

当然，强调历史叙事的主体属性并不是要与西方对立起来，这种思考模式并不会与全球视野产生冲突，特别是在世界格局急剧变动的当下，中西之间的竞争已经从物质、技术的层面延伸到文化层面，并且文化层面逐渐成为主战场之一。解决冲突的前提便是从认识和了解对方入手，在对西方文化的异质特征进行梳理和阐释的同时，也要对本土传统进行萃取和阐释。而要实现阐释的突破，便须从方法论上端正历史"书法"，重新回归叙事的主体。形象言之，对待西学应有梁启超所谓的"吾欲我同胞张灯置酒，逆轮俟门，三揖三让，以行迎亲之大典。彼西方美人，必能为我家育宁馨儿以亢我宗也"[①]的气度和胸襟。可以说梁启超身上所体现的这份从儒家传统沿袭下来的对于世变的独特关怀和认知，[②]将有助于我们解锁模式争论，跳出狭隘的中心意识，从人类文明的高度和全球的视野理性看待中国传统的延续与发展。

---

①梁启超：《论中国学术思想变迁之大势》，上海古籍出版社 2001 年版，第 6、8 页。

②张灏对于梁启超这种思想关怀的变化和维度进行了很有意义的探讨。详参张灏：《梁启超与中国思想的过渡：1890—1907》，崔志海、葛夫平译，中央编译出版社 2016 年版。

三、文化自觉：构建共同性原则

文化的多样性不只是历史的，而且是现实的和未来的。有一种观点认为全球化就是西方化（甚至更进一步明确为美国化），是西方标准的新秩序。很显然，这种观点具有明显的边界意识，无论在主观上还是客观上都呈现出排他和对立的倾向。不过全球化是现代化的必然趋势，这一点从人类文明发展的阶段性上来看，已是无法回避的进程。撇开"形而上"的论道来看，全球化与其说关注于区域间优势的整合，毋宁说更是渗透到普通民众中的生活日常。

就知识传播而言，全球化既是政客们和文化精英们会场论辩的主题，同时也是市民大众茶余饭后的谈资。虽然全球化仍处在阶段性的进程中，但是它已经改变了我们个体的思想和行为，即使是普通人也具有了超越国家从世界和全球的层面来谈论问题的"自觉"：一方面在信息时代我们能够通过多媒体与实地旅行的方式获取对不同地区和国家文化的认知，进行专业研究也好，一般性增广见闻也好，在比较中我们会倾向于以包容和理解的心态来看待异质文化。这种包容和理解的心态同时也催生出非主流意识和平权意识，并以其"小众"的标识越来越醒目，正发展为一股引领时尚和潮流的风气，成为不可忽视的文化现象；另一方面，在世界经济和市场格局的影响下，力量的重新再分配使政治对于文化的干预力度越来越大，不同文化之间正从"相看两不厌"的状态转变为"嶕峣上纠纷"的状态，并大有愈演愈烈的趋势。受这种国际氛围的干扰，即使是超越国家而谈论世界文化多元的个体，在思想上特别是情感上也越来越被"本位至上"的舆论所驱动，做出捍卫本土文化的选择。而在这一趋势的影响下，文化复古似乎又"找到"了新的拥趸，以商业模式运作的国学班和复古文化产业的纷纷兴起便是明证。这两种看似矛盾而又和谐共存的现象恰恰反映了当今文化的真实生态：文化已不再是一元式的民族的、国家的和世界的简单划分，而是具象为个人和群体、历史与社会。可以说，处于"玄虚"层面的思想文化与"市井"层面的生活日常，在全球化的驱动下"相遇"了，而能否"相知"，便要取决于个体和群体的文化自觉了。

"文化自觉"这个概念是费孝通在20世纪末提出来的，他将之定义为：指生活在一定文化中的人对其文化有"自知之明"，明白它的来历、形成过程、所具有的特色和它的发展趋向，不带任何"文化回归"的意思，不是要"复旧"，同时也不主张"全盘西化"或"全盘他化"。并指出：自知之明是为了加强对文化转型的自主能力，取得决定适应新环境、新时代对文化选择的自主地位。①可见与更强调宏观国家治理层面的文化自信相比，文化自觉则强调的是个体与群体的共存、传统与现代的共存、一元与多元的共存。

前面已提到经济史学家吴承明从历史观的层面谈到传统延续性的问题，作为中国社会学、人类领域的开拓者和奠基者，费孝通则着眼于乡土社会"肌体"的亲缘结构，从祖先与后代的香火延续中来认识和研究传统文化的延续性问题。延续是发展的基础，正如祖宗与子孙之间所存在的繁殖、继替的"文化流"一样，文化本身也以日常生活的面目延续和继替。是以从这个层面来看，传统和现代的矛盾并不是断裂的问题，现代化转型的进程并不意味着传统的断裂（从根本上来说这也是与中国文化的基本精神相悖的），而是一直处于对传统的改造和创新之中，并赋予传统以新的历史意义与人文价值。"以一种新文化，替代一种旧文化，此新文化，必已兼摄旧文化之长，此为辩证法的真理。"①可见，文化通过模仿再创造性地更新是文化自身发展的规律，是文化的"自然性"，冲突不过是过程性的正常反应，一旦形成融合并创造性地更新后，便会形成一股不可逆的力量向前滚动，因此复古或回到传统只能是一种不切实际的"假设"，并不能解决现实问题，相反会造成混乱。费孝通认为，文化自觉正是在追求现代化的一百多年的历史中开始产生的："在人类进入 21 世纪时，世界碰到了文化融合问题，不同的文化要碰头了。在文化的碰头上，不同的文化如何保留自己的特点同时开拓与其他文化相处之道，这个问题需要引起更广泛的关注。在过去一百年的历史进程中，我们对自己文化的认识和把握，不能说不存在问题。在现代化的过程中，失去对自己文化的信心，并因此对时势做出与民族利益相矛盾的判断与选择，是必须引起我们关注的大问题。这个仍然属于文化研究范围的大问题，在东西文化接触后就出现了，是在清朝末年中国与西方文化接触后明确地提出来的。"②对于费孝通的这一观点，或可从两个层面来理解。一是从文化需求的层面来看。世界

---

①吕思勉：《中国文化史》，商务印书馆 2016 年版，第 454 页。
②费孝通：《对文化的历史性和社会性的思考》，《思想战线》2004 年第 2 期。

改变了中国，但中国的传统根性并没有因改变而丧失，相反随着外部压力的增强，本身的应变能力也不断提升，并从内部重新形成确立文化自信的动力。全球化的副作用之一——资讯和信息的堆叠拥塞，在一定程度上弱化或屏蔽了我们独立思考的能力，加之时代塑造的大众文化的结构是平面化的，要想恢复纵深观察的能力，便需要借助古典传统的帮助。不过这并不是要走复古的旧路，也不是对当前文化进行"六经注我"式的修补，从延续的角度来说，文化自觉要解决的首先是改变这种仍停留在物质思维层面的"复兴"。简言之，对于传统文化需要从系统性研究入手，而非快餐式的贩售。

传统本身并不会自动地延续和传承，而延续和传承本身又是一种"文化再生产"的过程。当然如皮埃尔•布尔迪厄(Pierre Bourdieu)、让•帕斯隆(Jean Claude Passeron)所观察的那样，"再生产"并不一定有创新性的推进，其中还包括因"使变化尽可能少、按传统社会的方式自我再生产的惰性"的缘故，会原封不动甚至机械地复制。①虽然布尔迪厄的这一文化再生产理论是从教育与生产方式的角度来谈的，其侧重在于教育和接受，但其强调文化再生产过程与维持社会经济结构之间的关系，这就给我们以启示：对于传统和文化的延续，其主动权不是掌握在施教者的一方，而是在接受者的一方。这实际上又回到了"阐释"本身，决定阐释方向的不是作为"材料"的传统文化本身，而是接受者的人文动机和历史观。由此可看出文化自觉意识在传统的继承转化中的重要性，无论是对待本土文化，还是外来文化，都有一个主动选择的"自觉"过程，但正如费孝通所指出的那样："这是一个艰巨的过程，首先要认识自己的文化，理解所接触到的多种文化，才有条件在这个正在形成中的多元文化的世界里确立自己的位置，经过自主的适应，和其他文化一起，取长补短，建立一个有共同认可的基本秩序和一套与各种文化能和平共处、各抒所长、

---

① P. 布尔迪约、J.-C. 帕斯隆：《再生产——一种教育系统理论的要点》，邢克超译，商务印书馆 2002 年版，第 41-42 页；皮埃尔•布尔迪厄：《男性统治》，刘晖译，中国人民大学出版社 2017 年版，第 118-125 页。彼得•伯克在阐述"人类学的历史学"这一问题时指出，"再生产"的观念像"传统"的观念一样需要用诸如"接受"一类的观念来平衡。彼得•伯克：《文化史的风景》，丰华琴、刘艳译，杨豫校，北京大学出版社 2013 年版，第 219 页。

联手发展的共处条件。"①所谓"自主的适应",或可将之理解为一方面扬弃与现代化不相适应的部分,另一方面通过建立共同性原则赋予传统新的方向。②

二是从消费需求的层面来看。消费是一种权力,在传统社会受生产关系、市场规模、制度观念等因素的影响,消费往往因崇拜权力而走向极端化——拜物尚奢。而在全球化进程中,信息、市场、物流、交通的快速运转,为平权意识和非主流意识的生长提供了空间,民众不再满足于同质坚守与自给自足的生活状态,多元和谐成为新的"日常",而在这一生态蕴养下的消费观念自然也随之发生从物质到文质的转向。

当然,任何思想和观念改变或确立的背后都离不开经济的身影,文化自觉意识只有在民众日常消费突破穿衣吃饭的瓶颈以后才可能成为推动文化转型的动力。对比近十年来民众日常消费支出在国民经济中所占的比重来看,自传统社会以来一直在日常消费支出中占据第一位的食物消费(不考虑价格上涨的因素)逐年呈下降趋势。比如在 2019 年全国居民人均消费支出及其构成中,衣食住(分别占 6.2%、28.2%、23.4%)占全年消费支出的 57.8%,医疗和出行占 22.1%,教育文化娱乐及其他生活用品和服务消费的总和占全年消费支出的 20%。③而从实际的获得感来看,民众日常生活消费结构的这些变化已经成为推动市场结构调整和社会结构调整的一股力量。不过这并不代表目前个体和群体的文化自觉意识已经"壮大"到可以建立共同性原则的地步,虽然它已有一百多年的实践基础,但是仍然有待进一步的发展和成熟,特别是在"自知之明"和"知人之明"层面,以及纾解文化紧张关系方面,仍需要克服盲从和极端的心态,培养纵向自我检讨反思和横向比较兼容的理性思维。

①费孝通:《对文化的历史性和社会性的思考》,《思想战线》2004 年第 2 期。

②黑格尔在阐述历史的本质问题时,谈到"民族活动的目的在于贯彻它的原则",这个原则便是"民族精神",也就是我们所讨论的"传统"。"精神"(传统)在本质上是现在的,路易·阿尔都塞将之形容为"无限的物种",并认为其在扬弃的过程中"不是纯粹的自然毁灭或重复,而是自我的有意识的内在化"。这一观点对本文深有启发。黑格尔:《历史哲学》,王造时译,上海书店出版社 2001 年版,第 82 页;路易·阿尔都塞:《政治与历史:从马基雅维利到马克思(1955—1972 年高等师范学校讲义)》,吴子枫译,西北大学出版社 2018 年版,第 173-174 页。

③数据来源于国家统计局《中华人民共和国 2019 年国民经济和社会发展统计公报》,新华网,2020 年 2 月 28 日。

四、小结

扬弃不是折中主义，尊重变迁和时序才是文化传承的自觉。如今我们站在物质文明已取得长足进步的平面上来思考传统文化的现代化问题，能否将清季以来中国传统社会的现代化转型作为新的传统来继承，并在此基础上实现淬厉和增长旧传统特质的新破题，即能否在现代化传统的基础上实现传统文化现代化的新构图，取决于我们用什么样的历史观来影响和指导我们的文化自觉意识。我们之所以在此对传统与现代的问题再次进行理论性的反思，并不是脱离研究实践的空谈，而是为了更好地推动理论与实践相结合，掌握历史叙事和构图的主动性。这一方面是由历史的两重性（自然性与人文性）决定的，要求我们"既能穿透历史现象揭示中国历史遗产里具永恒价值的瑰宝，同时也要通过对制度的分析，把握'历史感'，善于从时空的变化中去把握评价文化无形的观念层面和有形的物化层面之间的异同"；①另一方面则是要从传统中把文化的精神与佳处寻发出来，只能用历史的方法，非独如此，才不辜负历史馈赠给我们的得天独厚的文化遗产。②

（选自《东南学术》2020 年第 5 期）

---

①王家范：《中国历史通论（增订本）》序言，生活·读书·新知三联书店 2019 年版，第 13—14 页。

②何兆武：《必然与偶然：何兆武谈历史》之《历史两重性片论》《历史学两重性片论》《历史哲学与历史学哲学》《史学理论要与史学实践相结合》等文，学林出版社 2020 年版。

生态文明视野下的文化保护与传承机制

——基于历史文化名城名镇名村的宏观思考

张 侃*

历史文化名城名镇名村是一种聚落形态。20 世纪 70 年代，美国考古学家欧文·劳斯将聚落定义为"人们的文化活动和社会机构在地面上分布的方式"[①]，指出这种方式包含社会、文化和生态三种系统，生态系统反映人们对环境的适应和资源的利用，文化系统包括人们的日常行为，社会系统指各类组织性群体、机构和制度。这是一个完整的结构，反映了人与自然、人与人之间的关系。在人类文明发展的长河中，一些聚落之所以能不断发展和更新，就是这三个系统之间的有机整合和良性互动的结果。而这些聚落最终以物化形态流传于世，就成为现在的历史文化名城、名镇、名村。中国历史悠久，大量历史文化名城名镇名村以完整的建筑风貌和总体布局留存，体现了丰富多样的历史传统和地域特色，蕴含了国家、民族的发展轨迹，也承载了人民的生活记忆，是文明延续的"根"与"魂"。

福建省在保护历史文化名城名镇名村上先行先试，已建立起了多层次的、有机联系的历史文化名城名镇名村体系。笔者曾参与厦门大学民间历史文献研究中心和福建省文物局、福建省考古所开展的"福建省历史文化名镇名村

---

*张侃，历史学博士，厦门大学人文学院历史系教授、博士生导师。

①欧文·劳斯：《考古学中的聚落形态》，潘燕等译，《南方文物》2007 年第 3 期。

考古调查"，在培田、和平等 10 多个历史文化名镇名村进行了田野工作。党的十八大要求把生态文明建设放在突出地位，融入经济建设、政治建设、文化建设、社会建设各方面和全过程。在此大背景之下，本文结合此次调查和生态文明先行示范区的建设目标，借鉴相关不同学科的理论与实践，从不同角度反思保护过程中存在的问题，阐述将来可能建构的保护框架设想。

一、保护现状反思

20 世纪 80 年代开始，传统城市与村镇的历史文化价值逐渐得到人们的认识和重视，国家文物局和住建部严格遴选并确定了一批国家级的名城、名镇、名村，批准名城 124 个，名镇 252 个，名村 240 个。各省、自治区、直辖市的文物局和住建厅也遴选了省级历史文化名城名镇名村。福建省人民政府很早就着手此项工作，率先于 1999 年 5 月立体式公布第一批名城、名镇、名村（第一批国家级历史文化名镇名村于 2003 年公布）。2012 年，福建省人民政府公布第四批省级历史文化村镇后，覆盖率提升到 58%，分布状况如下：

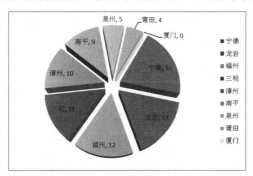

在各级政府通过历史文化名城名镇名村审核并划定保护区，投入了大量的人力物力进行规划的同时，悖论也随之出现。一些地方政府"重申报，重开发，重旅游设施建设，轻保护，轻科学文化研究"。特别以经济效益为追求目标，把不可再生且十分脆弱的文化遗产作为普通旅游资源来开发，导致大量古建筑、古民居、古文献、古民俗消失，出现了"建设性破坏"或"开发性破坏"。如浙江省舟山市定海古镇是鸦片战争中两次血战抗敌的英雄城市，在 1993 年开始的旧城改造中，古镇街道遭到大规模拆除。而有关方面却解释说，拆毁的理由是广大居民要求改善居住环境的呼声很高，城市的面貌需要不断更新，但舟山市土地资源十分紧缺。2004年，全国人大常委毛昭晰在九届人大三次会议的提案中说："据我所知，从国家已公布的99座历史文化名城保护现状来看，保护完好的已经不多了，而名存实亡的历史文化名城则为数不少。"

2008年，国务院专门制定《历史文化名城名镇名村保护条例》，对历史文化名城、名镇名村保护措施做出了明确要求。即便如此，情况仍不容乐观。2009年，南京市实施"危旧房改造计划"，将历史街区列入改造范围，有识之士在网上发布了"南京历史文化名城保护告急"，南京大学、江苏作协、南京博物院29位知名人士签名予以支持，这惊动了中央有关领导有关部门，在派出调查组调查之后，做出了停止拆迁改造工程的决定。国家文物局原局长张文彬曾说："近20年来，不少城市追求大规模的建筑群，导致城市面貌千篇一律，而这种单一面貌的文化正在吞噬以历史城镇、街区、古老建筑为标志的城市特色和民族特色：拆除、迁移文物古迹，使之成为孤立的陈列品"。2013年1月，两部门联合下发通知，对山东省聊城市、河北省邯郸市、湖北省随州市、安徽省六安市寿县、河南省鹤壁市浚县、湖南省岳阳市、广西壮族自治区柳州市、云南省大理市因保护工作不力，致使名城历史文化遗产遭到严重破坏，名城历史文化价值受到严重影响，进行了通报批评。其实，许多破坏尚在进行中。如冯骥才在个人博客上所写：

> 我们悠久历史养育和积淀下来的文化精华，尤其那些最驰名、最响亮、最惹眼、最具影响的——从名城、名镇、名街、名人、名著，到名人死后的墓室和名著里出名的主人公，乃至列入国家名录的各类各种文化遗产等等，都在被浓妆艳抹，重新包装，甚至拆卸重组，再描龙画凤，披金戴银，挤眉弄眼，招摇于市。

保护历史文化名城名镇名村是一项系统工程，由于历史原因，中国保护的社会基础和专业技术都非常薄弱。阮仪三等人将其归纳为策略危机、管理危机、规划危机和技术危机。简略而言，有些是经济发展和文化保护之间存在的结构性摩擦，有些是主观认识的缺失或错位，有些是制度设计的预留不足，有些是机制困境所产生的限制，有些是法制不健全导致的执行不力，而一些则是利益诱导的故意不作为。确实在现阶段，立法未见跟进，社会公共领域没有开放，激励机制未见出台，物权得不到保障，弱势群体得不到人本关怀，资金渠道依然单一，使文化保护成为众多名城名镇名村的"不可承受之重"，几乎没有在保护和效益、公益和私权等方面实现共赢的案例。

二、对接和深化生态文明观念

人的一切行动首先来源于人们的思想观念，观念决定人的价值理念，理想决定人的行为方式。纵观中国30多年的保护实践，可以看到思想观念的嬗变和不断深化的过程。20世纪80年代，我国比较理性地审视文化遗存，相关部门吸收了国际社会的成功经验，开始遴选历史文化名城名镇名村，国家认定的"历史文化名城名镇名村"通常均拥有丰富的建筑遗产、历史文物古迹或传统文化，往往可以较为完整地反映某一历史时期的传统风貌、地方特色和民族风情，有较高的历史、文化、艺术和科学价值。"抢救遗存"成为保护的核心思想。如1992年5月中央在全国文物工作会议上提出"保护为主，抢救第一"的方针，其主要任务在于制止破坏。应该承认，"抢救遗存"是一项应急措施，因此存在一定的不足。在较长的一段时间里，由于对历史文化传统的了解与研究不够，相关人员只着眼于文保单位单体的妥善保护，而对整体环境不予理会。

进入21世纪，随着改革开放向纵深推进，在社会经济与国际接轨的过程中，文化领域也面临着一体化的压力。西方的现代生活方式逐渐为国人接受，"文化的裂痕越来越大，形成当代的文化危机，即'文化'对生活越来越无能为力，与生活越来越无关"，"机器和技术使'文化'越来越商品化"，民族文化认同出现危机。在此背景之下，历史文化名城名镇名村保护的思想观念有所调整，"文化传承"和"文化安全"成了关键词。即希望通过历史文化名城名镇名村的保护，回到这些问题：如何在市场经济条件下建立新型的价值观和文化伦理，如何在西方文化的冲击下保存中华民族的文化、进行有效的传承和创新，如何回答中国人的心灵深处"我们是谁""我们从哪里来，要到哪里去"的问题。对于文化遗产与国家文化安全的战略关系，相关文件有明确说明："我国文化遗产蕴含着中华民族特有的精神价值、思维方式、想象力，体现着中华民族的生命力和创造力，是各民族智慧的结晶，也是全人类文明的瑰宝。保护文化遗产，保持民族文化的传承，是联结民族情感纽带、增进民族团结和维护国家统一及社会稳定的重要文化基础，也是维护世界文化多样性和创造性，促进人类共同发展的前提。"①在这个阶段，历史文化名城名镇名村保护有了纵深发展，人们逐渐意识到，如果不对这些历史文化进行保护，我们失去的不仅仅是几条老街、几幢古建筑，而是自己的传统文化的信念和自尊。

当下，"中国经验""中国道路""中国模式"等词汇共同描绘着一个中国崛起的图景。十八届三中全会明确要求围绕建设美丽中国深化生态文明体制改革，加快建立生态文明制度。生态文明制度就是一种"文明范式"。广义讲，生态文明是继原始文明、农业文明、工业文明之后的文明范式。它强调人的自觉与自律，强调人与自然环境的相互依存、相互促进、共处共融。它以尊重和维护生态环境为主旨，以可持续发展为根据，以未来人类的继续发展为着眼点。中国提倡生态文明，是一个大国真正崛起的新路。

那么，如何去借鉴以往文明发展的经验与教训？如何去走这条新路，创出一条康庄大道？这是摆在所有中国人面前的任务。应该说，大部分历史文化名城名镇名村就是先人留给我们的实物遗留与思想宝库。这些聚落大部分是生态保存较好、环境优美的地方。作为活态遗产，它们不仅具有历史，而且仍在现实中扮演着重要角色，不断地通过自我更新吸纳更多的新鲜元素，展现着生机与活力。它们天然地拥有生态文明的精神内核。正如联合国教科文组织很早指出的："文化（或文明）无法在一片到处是垃圾废物的贫瘠土地上繁荣发展。过去，人们一直从生物物理学的角度看待人与自然环境的关系，但是现在，人们逐渐认识到，正是人类社会本身创造了保护和利用自然资源的复杂系统。这种复杂的系统植根于文化价值观，如果要寻求人类的可持续发展，就不能不把这些文化价值观考虑在内。"②因此，保护历史文化名城名镇名村意义已超越"文化安全"和"文化传承"的范畴。从更深远含义讲，历史文化名城名镇名村的价值原则与空间理念就是生态文明的核心内容，就是建设文明新范式的基因库。可以这么说，生态文明制度建设离不开历史人

---

①《国务院关于加强文化遗产保护的通知》(国发〔2005〕42号)，2005年12月22日。
②联合国教科文组织、世界文化与发展委员会：《文化多样性与人类全面发展——世界文化与发展委员会报告》，张玉国译，广东人民出版社2006年版。

文精神的支撑，美丽中国与历史文化传承须臾不可离。

三、以文化自觉带动参与性保护

《历史文化名城名镇名村保护条例》第5条规定："国务院建设主管部门会同国务院文物主管部门负责全国历史文化名城、名镇、名村的保护和监督管理工作。地方各级人民政府负责本行政区域历史文化名城、名镇、名村的保护和监督管理工作。"按照这一规定，建设主管部门会同文物主管部门是保护权责主体。谁是"建设主管部门"呢？按照我国现行政府架构，国家发展和改革委员会、住房和城乡建设部都有主管建设事务的责任，因此保护的第一责任归属于谁在法律上并未明确。所谓"会同文物主管部门"，中央文物主管部门是文化部下属的国家文物局；在地方，该条例规定的主管部门是"地方政府的城乡规划主管部门会同文物主管部门"，因为地方政府都有与中央一样职能交叉重叠的三大厅局，故同样有管理权属不明的情形。具体到地方历史文化名城保护立法，其中也大都存在着这样一种权属不明的规定。

对于历史文化的保护主体，学者以西方文化遗产为例划分出了政府、私人、公众三个范畴，政府包括中央和地方，私人包括与遗产有直接关系的个体、组织、开发商，公众指的是关注遗产公益的个人、组织，以及专家学者和媒体。[①]上述划分有一定借鉴意义，但将"使用价值"和"公益价值"做了过于清晰分割，提出了建立官方为"核心管理人"的理念，实际上又模糊了保护主体的确定。

目前，中国各地的地方保护路径基本一致：政府打造、事件推动、政商联手、商业开发、民间自发、政策推动。有学者曾以中国历史文化保护实践中旅游开发活动为基点列举各个主体，对地方政府、旅游企业、游客、社区居民的观念、行为和体制进行了描述，发现在政府主导之下，它们呈现了整体负面态势。例如，周庄因游客过多地涌入，使得古镇变成了热闹的大市场，以至于有人不无讽刺地说，这里只有在清晨和傍晚游客较少时才觉得像是一个古镇。云南省丽江的大研镇，为了获得出租铺面房的利益和躲避游客的骚扰，

---

①沈海虹：《"集体选择"视野下的城市遗产保护研究》，上海同济大学博士论文，2006年。

当地居民遂不断外迁,甚至使得古镇出现了"空壳化"和居民"大逃亡"的趋势,这是典型的"公地悲剧"。

针对历史名城名镇名村保护过程中的房地产商人介入或地方政府的盲目开发,也有不少学者认为可以用"迁出"和"引入"的方式来进行历史文化聚落的社区重建,以塑造一批保护主体。具体而言,即是将历史文化街区或保护区中没有建筑产权的暂居者、在经济上没有自行修复能力和无保护意识的居住者迁出,进行妥善安置,有条件引入对历史文化街区或保护区有保护意识和保护能力,并具有一定社会文化地位和身份的人士。这种观点表面上看似有道理,其实违背了文化原真性的基本要求。众多历史街区案例所采用的整体改造、旅游开发过程中的打包租赁式经营等经济行为正严重威胁着我国众多历史文化街区文化遗产的保护与传承。迁走原住民再植入商业或地产项目的开发模式,遗产因"空心化"而失去传统生活氛围和文化活力。本土文化被"符号化"后,与本地人生活产生断层割裂,让历史文化失去了原本最吸引人的本质,无法折射地域传统,结果历史文化区成了被圈养的旅游景区。美国历史保护联邦理事会(ACHI)在 1986 年就指出这种"缙绅化"的负面影响。①遗产保护的精华被小部分更具势力的人攫取,扭曲了文化的发展轨迹,历史街区特别是古镇和村落中传统居民的生活,由于外来观念和经济发展等因素的影响,造成历史文化街区及古镇、村落传统社会文化和传统邻里关系解体。

那么,新的出路在哪里呢?其实,"一方水土养一方人"已准确说明了人与空间的有机联系。由此可知,历史文化名城名镇名村保护的关键是社会基础,即需要以人为本、公共参与的理念去调整保护与开发的矛盾。历史文化名城名镇名村具备风貌的完整性和典型性、遗存的真实性、空间的功能性三个基本特征。②人本主义地理学认为社区空间和社区文化塑造了人们独有的地方感和地方精神,构成了历史文化的原真性。历史文化名城名镇名村本身就具有保护主体,那就是当地民众。现存的街区、巷弄、民居、祠庙等经过时光洗礼,如人的生命体一样演化为有机系统,具有勃勃生机,已塑造了当地人的认同感与凝聚力,地方感或自豪感也是历史文化传承的心理机制。地方感越强烈,

---

①《历史保护法案二十年》,美国历史保护联邦理事会 1986 年。
②杨新海:《历史街区的基本特性及其保护原则》,《人文地理》2005 年第 5 期。

主体对地方的保护与建设意愿越强烈，会自发地产生保护与建设该地方的行动。居民对历史文化保护的认知很大程度上决定了历史遗存的命运，所以不能简单地依靠行政手段，或者盲目地引入外来开发者。历史文化保护与建设应充分关注居民的地方性感知，应关注居民的切身利益。在西方文化遗产保护历程中，自下而上的运动最富有生命力。在1975年欧洲建筑遗产大会上形成的《阿姆斯特丹宣言》指出："完整的保护包含地方管理机构的责任和市民参与。旧城区重建的构想和执行，应当确保不需要对居民和社会组成做出重大改变，社会所有阶层都应该享受到由公众基金支持的修复所带来的利益。所有的法律和行政措施应当加强而更有效率。用于历史保护的资金援助应当由中央下达到地方管理机构，经济支持和财政减免同样应该到达私人业主。应当面向年青一代推广遗产保护的教育。应当鼓励独立的组织参与遗产保护。"

我国目前历史保护的公众参与度还很低，属于"政府说、群众听"的低参与状态。公众基本被排斥在决策之外，极不利于文化保护工作的展开。必须认识到：历史文化保护的根本目的是为了延续一个民族或地区的历史文化，培育社区意识。一个丧失自我、丧失个性的民族是缺乏力量、缺少潜力的，精神力量的丧失甚至可能是民族危亡的信号。国家文物局原局长单霁翔曾言："民众意识的觉醒是文化遗产最有力的保障，文化遗产保护不仅需要文物工作者和文物管理部门的努力，更需要广大民众的积极支持和配合。"[1]文化作为名城名镇名村的灵魂，不仅积淀于历史文化遗存中，也蕴含在当地民众的日常生活里，天长地久、细水长流，具有可亲近性。恢复地方性元素符号，培养居民地方情感，可促使民众在对历史文化遗产保护的责任和意识上达成共识，这在西方国家的文化保护已有成功例子。他们在发挥居民主观能动性的前提下，通过广泛的社区参与，以小尺度、小预算的经济方式，集中地方文化和特色资源，"小心翼翼""循序渐进"地发掘老城潜力，最终回到改善老城居民生活质量的人本目标。

"公—私"结合、公众广泛参与保护体系、注重民间的草根能动性，形成"本土化践行"或"有机更新"，应是未来发展的主流。社区民众为基础的保护主体被确定后，民众就可以自发组织非政府组织和保护基金，向政府和组织申

---

① 《文化遗产保护需要民众的"护宝意识"》，《光明日报》2007年10月16日。

请津贴和贷款，启动保护的地方性计划。而在此进程中，一方面社区民众地方认同感又得到进一步加强，另一方面可以利用业余时间参加古迹修复工程和其他群众性文化遗产保护活动，保护文化成为内在的价值追求和自觉行动，也成为营造自我生活的重要内容。在地方感和地方精神的驱动之下，历史文化追寻、历史建筑维护还可以恢复和创新隐性的文化传统——乡规民约，获得重建社会规范和社会道德的契机。从一定意义上说，民众通过文化保护参与而形成的"社区营造"，不仅是文化保护的主要内容，而且是文化保护力量延续的"孵化器"。此举将是公民意识塑造的主要环节，也是社会自治的重要转型。

四、制订跨学科整合性的保护指标

保护历史文化名城名镇名村，需要制订整治、保护、开发、利用的系统规划，这是共识。但检索大量规划方案，发现这些方案的思路具有相似性。而执行这些规划方案后，历史文化名城名镇名村的独特风貌荡然无存。原因并不复杂，就是规划部门专家在规划方案方面起主导作用，如果他们对各个历史文化名城村镇的传统与特色了解不足，规划方案就脱离了历史文化名城名镇名村的实际。

这些承载着传统文化的聚落不仅是一种物质形态，也不是一种静态的文化遗产，它是一种动态的文化过程，是通过传统与现代、稳定和变革、保留与创造的相互作用生成的，其内容和价值比较复杂，必须结合历史和现状进行调查。其中将涉及历史学、考古学、人类学、社会学、建筑学、经济学、法学以及城市规划学、行政管理学等各学科领域。比如历史层面上主要调查历史村镇的价值特色，重点考察历史村镇产生、形成、发展的各种原因、相互关系、特征与支撑条件，包括自然环境、道路交通、社会人文、重大事件；现状调查历史村镇物质空间保存状况及问题，历史村镇物质空间、社会经济状况，尤其是历史特征的保存状况，重点考察历史村镇现实背景的改变状况及对其的影响。[1]只有完整调查名镇名村的社会经济与人文历史、空间格局

---

[1]邵甬等：《基于综合评价的历史文化村镇调查方法》，《历史文化村镇保护规划与实践》，同济大学出版社2010年版，第6页。

与建筑特色、传统产业及其保留与发展现状等内容，才能编制规划。近年来，虽然不同学科的研究人员积极参与历史文化名城名镇名村的考察和研究，调查深度和广度正不断地扩大，但是跨学科的对话与总结还是不多。据统计，建筑学、旅游学、规划学等学科取得较多研究成果，但地理学、文物考古学、文化学与历史学等基础学科研究成果很少。这意味着后者能给前者提供的帮助非常有限，而前者由于文物考古、文化、历史等学科方法掌握不够，对把握历史文化村镇的历史文脉常常浮于表面，从而影响规划成果的切合性和有效性。各学科间的融合性较差，对历史文化村镇的保护与发展研究与实践已形成很大阻力。改变这一现状，唯有携手协作，共同面对历史文化村镇的历史与现实，进行各有所长的深入探讨，才能在历史文化村镇的保护与发展矛盾激化前有所作为。

将来确定保护规划时，多专业协作应成为主流。开始工作之前，需进行多角度的综合审视，需要有一套科学的指标体系来指导和评估规划方案和项目实施的效果。以历史文化要素为例，可具体细化为：

第一，民间历史文献收集与整理。收集、复制现散存民间的家族谱牒、村规民约、契约合同、分家文书、民间账本、金石碑文、戏曲唱本、日用杂书、宗教科仪书等历史文献和收存各类官藏机构的历史档案等，分类进行系统整理。文献调查还包括涉及该历史村镇的所有已有资料，包括图纸、文字、照片等等。

第二，实物的测绘与拍摄，主要有古民居、祠堂、牌坊、桥梁、关隘、城墙、书院、古塔、寺庙道观、戏台、墓葬、石刻、碑记、革命遗址等，条件允许的情况下均绘制图样，否则应拍摄实物图片。

第三，民俗与仪式的考察。考察春节、元宵、清明、端午、中元鬼节、中秋、冬至等年节行事和生、长、婚、丧等生命礼俗，以及民间神灵崇拜的各种仪式，并进行实况摄录。

第四，口述历史的调查与访谈。走访乡间耆老，搜集各种民间歌谣、谚语、神话传说、地名沿革来历、革命故事，并进行地方人物的个人生活口述访谈，做相应的采访录音。

整合性的、跨学科的目的在于纠正以往评估体系重物质、轻文化的不足，提炼生态、人文精神、民间历史文献、生活方式、风俗习惯、宗教信仰等方面的评估要素，可度量的建立相应的指标体系，不可度量的则予以确定弹性指标。在此基础上，利用区域性资料建立福建省历史文化街区、村镇基本数据清单，与历史文化保护统计报表结合在一起，通过衡量不同时期的指标变迁，建立历史文化街区、村镇的保护预警。当然，整合性的、跨学科的做法不是依靠乡民自身能力可以完成的，需要专业者的参与和帮助。但在此过程中，专业者一定要定位自我角色，即扮演着葛兰西所称的"有机知识分子"：选择与民众在一起，透过对历史传统的探寻、生活空间美感经验的体会、民主社会公民意识的启迪等等过程，说服民众，转化自己的价值观，成为民智的共识基准，以与民众共同创造出新的思想态度、新的情感、新的生活和社会文明。

五、利用公共财政引导经济开发

文化保护并不是封闭式，如英国文物保护专家费尔顿博士说过："维护文物建筑的一个最好办法就是恰当地使用它们。"因此，历史文化名城名镇名村的保护目标，在尽量使其历史要素得到保存延续的同时，还要利用各种资源改善其实用功能，实现变化更新。[①]但如前文已反复指出，由于认识偏差，文化和经济之间矛盾冲突的多，和谐共进的少。究其原因，与历史文化街区和村镇的保护所需资金巨大、周期较长有关。保护存在资金瓶颈，有些地方为了迎合旅游需要或发展文化产业，拆真造假，破坏也就难免。

从国际惯例看，文化保护的资金筹集大致分为四大块：公共财政投入、历史文化的经营收入、民间资金投入、国际援助。历史文化保护具有公共产品特征，通常不能由市场供给而需要政府提供的产品与服务，政府承担主要经费责无旁贷。比如欧洲国家政府的财政拨款通常是保护资金最主要和直接的来源，如意大利每年用于遗产保护的政府预算都高达数十亿欧元。此外，公益组织通过接受社会捐赠等方式集结资金，用于各种保护项目。例如英国遗产部门每年出版一份建筑保存黄页信息，列出了几乎所有的建筑遗产保护公益组织的有关信息，提供给私人业主以便他们有针对性地选择保护工程的

[①]王世仁：《保存·更新·延续——关于历史文化街区保护的若干基本认识》，《北京规划建设》2004 年第 4 期。

援助和承接人，并获得专业指导。

中国名城名镇名村的保护资金来源主要分为四个方面：一是以政府为主导将历史文化遗产保护纳入财政预算的项目支出；二是国家设立的专项保护资金，然后按照项目分类、分级，并要求市、区、县、镇几级财政配套专项基金；三是根据国务院明文规定的"政府主导、社会参与"的原则，鼓励社会资本注入；四是从文化遗产保护的经济收入中提取适当比例，作为历史文化遗产保护与发展基金。从资金来源的主体看，国家财政投入是基础。其实情况并不乐观，1997 年整个中国用于文化遗产保护的费用还不到 3 亿元人民币。虽然《文物保护法》规定："国家发展文物保护事业。县级以上人民政府应当将文物保护事业纳入本级国民经济和社会发展规划，所需经费列入本级财政预算。国家用于文物保护的财政拨款随着财政收入增长而增长。"但这条规定过于模糊，没有对保护资金在各级财政中的所占比例做出强制性的量化规定，也没有相应的资金投入监督机制配合，仅凭各级地方政府的行政自觉是无法真正落实的。以历史文化名镇名村为例，传统民居建筑因破旧损坏急需修缮，居民没有足够的资金予以维修，每年 10 万元的历史文化名镇名村保护费无异于杯水车薪。1997 年起，国家计委、财政部开始设立"国家历史文化名城专项保护基金"，由计委和财政部各出资 1500 万，每年总额 3000 万元用于名城中历史街区的古建维护和基础设施改善。这笔专项基金由国家无偿分配，地方政府统筹安排。但这笔资金由于数量有限，而我国单单历史文化名城就有上百座，平均每个名城不到区区 30 万。即使是政府选择性地在部分城市进行试点，实际项目资助经费也往往只是项目总投资的一小部分，大部分的资金需要地方政府筹资以及其他渠道获得。几年前，财政部负担的 1500万资金突然停止，使得这份原本就颇具象征意味的保护资金名存实亡。

历史文化名城名镇名村是公共产品。在西方经济学的术语中，"公共产品"指能为绝大多数人共同消费或想用的产品或服务。文化遗存是一种以公共物品为主的混合产品，本质上属于国家、属于全民族。即使某些遗产的物质表现形式在产权上归私人或部门占有，其所含的内在价值也是不可能被占为己有的。世界上重视文化遗产保护的国家在开展文化遗产保护工作时都十分重视政府的财政拨款。德国柏林一个城市的文化遗产保护费就达到 14 亿马克。2003 年，法国文化部下属两个遗产管理有关的机构之一——建筑与文物管理局的预算达到 51.14 亿欧元。意大利对文化遗产保护的投入平均每年在 50 亿欧元以上。日本在政府预算逐年减少的情况下，并未减少文化遗产保护经费，根据 2003 年日本文部省资料，2002 年文化厅预算的总额为 985 亿日元，占国家总预算的 0.12%（国家总预算为 81 万亿日元），而用于文化遗产保护的预算为 581 亿日元。[1]目前，我国公共财政对文化保护的投入还低于文化对 GDP 拉动效益，存在欠账现象。随着综合国力和经济能力增强，毋庸置疑，公共财政投入将仍会是文化保护的基础支撑。

财政手段不仅体现在直接拨款，而且还在于政策引导。西方国家运作"政府主导、社会参与"的原则时，以税收杠杆手段引入社会资金。美国自 1976 年起，曾多次在联邦和各州进行税收改革，为旧城更新提供多项税费优惠措施，有效地促进了城市历史文化遗产的保护，带动了城市古建筑再利用。差别的税收制度不仅是对文化遗存本身的支持，也是通过税收的导向作用体现国家对于文化遗存发展重视程度的一种形式，有利于引导其他社会力量的参与。[2]可以借鉴这种做法，在税收制度改革不断深入同时，借鉴税收激励政策制度，根据投资修复的具体状况，通过税费优惠，带动社会力量投入遗产保护。

可以预见，多元资金来源体系将来也肯定是历史文化保护资金的重要补充。但需要注意的问题仍然是：政府的宏观政策如何协调文化与经济的发展？为了使历史文化名城名镇名村适应社会更新而产生建设性破坏，如何与商业、旅游等业态相统一？如何培育兼顾双重利益的优质运营主体？从总的方向而言，社会资金的进入，首要目的是更好地、有效地保护和发展历史文化村镇文化遗产，维护其中的淳朴民风、民间风俗、民间节日、文化艺术等历史传统，使这些村镇的历史风貌得到合理的保护，其次才是尽可能地把曾经存在过的历史发掘出来，确立每个村镇所根植的文化、风格和个性与形象基调，实现文化遗产保护与地方经济发展互利增长，建立起经济与文化互促进的良性循环机制。

---

[1]任思蕴：《建立有效的文化遗产保护资金保障机制》，《文物世界》2007 年第 3 期。
[2]沈海虹：《美国文化遗产保护领域中的税费激励政策》，《建筑学报》2006 年第 6 期。

六、依法明确保护职责

历史文化名城名镇名村保护作为生态文明的有机组成，对目前和将来综合国力的增强有重要作用，具有国家战略意义，因此需要健全的法律制度、机构设置予以保障。从世界经验而言，制定与修改相关的法律是基本措施，是一切保护行为的规范与依据。经过长期的探索、实践与积累，国外有很多国家的历史文化保护逐步形成颇具特色的模式，尤其像美国、英国、法国、意大利、澳大利亚、日本等主要发达国家的保护机制相对完备，值得我们学习和借鉴。

比如法国第一部文化遗产保护法梅里美《历史性建筑法案》颁布于1840年，这也是世界上最早的一部关于文物保护方面的法律。此后，又颁布了《纪念物保护法》(1887)、《保护历史古迹法》(1913)，1930年制订了《景观保护法》。20世纪60年代法国在文化遗产保护法制定上的另一重要举措便是1962年《马尔罗法》即《历史街区保护法》的颁布。这部法律和后来在这一基础上制定出来的1973年颁布的《城市规划法》，一同构成了法国历史建筑与历史街区保护工作中最为重要的法律防线，其立法宗旨也非常明确，即保护历史建筑的最好办法便是对历史街区实施整体保护策略。

1949年1月26日，日本古代木构建筑中具有重大价值的法隆寺金堂失火，烧掉了日本最古老的佛教壁画，让所有的朝野人士犹如大梦初醒。他们认识到，京都、奈良这些曾在二次大战时被美军飞机放弃轰炸而得以保存下来的文物，却在和平时期被毁，如果再不竭力予以保护，将无疑是国家和民族的一种灾难。于是在1950年国会火速通过《文化财保护法》。自此，一项涵盖所有先前法律相关条目的文物保护法令得以出台。可以说，这是一部范围更广、对象更多、内容更细、力度更强的国家大法。它综合了之前诸多法律条文内容，确定了有关文化财指定、管理、保护、利用、调查的制度体系，并从创立颁布至今经过了十余次的修订、完善，成为一部真正具有权威和影响力的国家法典。1996年，针对近现代历史建筑的建设性破坏严重的现象，日本对《文化财保护法》又进行了一次大修改，导入"文化财登录制度"，增设"登录有形文化财"为一类新的保护对象，从单一、僵硬的保护方式走向柔软综合性保护，从历史建筑单体保存延伸至历史资产再生利用，再到城镇内新建筑规划设计充分考虑与传统风貌协调，使每个城镇呈现出和谐的特色景观。

1966 年，美国颁布了《国家历史文化保护法》，确立了由联邦政府、州政府和民间保护团体共同对文化遗产进行保护和管理的原则，改变了过去由联邦政府独力承担的格局，将遗产保护和管理法定为由社会各部门共同参与的义务和职责，这为民间保护组织参与文化遗产保护与管理提供了法律保障。之后，与之相关联和配套的一系列法律法规相继出台。1979 年颁布了《考古资源保护法》，1990 年颁布了《美国原住民墓藏保护与归还法》，2005 年通过了《遗产合作伙伴法（草案）》。美国量刑委员会于 2002 年生效的"文化遗产犯罪量刑准则"，以确定性量刑等级制度，较以往美国有关文化遗产犯罪的法律在量刑上更为确定和严厉，其规定的基本刑比普通的财产犯罪的量刑大约高出 25% 刑期。

我国历史文化名城名镇名村保护滞后，缺乏完善的法律制度和惩罚程序，造成事故责任难以认定。1982 年，国务院公布了第一批 34 座历史文化名城，同年出台的《文物保护法》提到了历史文化名城的概念和保护："保存文物特别丰富、具有重大历史价值和革命意义的城市，由国家文化行政管理部门会同城乡建设环境保护部门，报国务院核定公布为历史文化名城"。但没有具体条例。1993 年，建设部和国家文物局共同编制了一份《条例》草案。2005 年的《历史文化名城保护规划规范》，规定"历史文化村、镇的保护规划可依照本规范执行"。直到 2008 年，国务院才颁布了《历史文化名城名镇名村保护条例》，各省市也参照国务院颁布的保护条例，制定出台了地方性的历史文化名城名镇名村保护条例。但《历史文化名城名镇名村保护条例》在具体涉及法律责任部分却采用了较为笼统的说法，如"违反本条例规定，地方人民政府有下列行为之一的，由上级人民政府责令改正，对直接负责的主管人员和其他直接责任人员，依法给予处分"，以及"造成严重后果的，对单位并处 50 万元以上，100 万元以下的罚款，对个人并处 5 万元以上 10 万元以下的罚款；造成损失的，依法承担赔偿责任"。这等于是以行政处分、单位罚款等替代法律制裁。

总体上看，目前没有专门法保护文化历史名城名镇名村，有关保护的法规文件多以国务院及其部委或地方政府及其所属部门颁布、制定的"指示""规定""通知"等形式出现，大部分的文件缺乏正式的立法程序，严格意义上都不能算国家或地方行政法规。法规文件涉及内容的广度与深度不足，可操作性不强。其往往以明确保护的对象、保护的内容与方法为主，而对保护运行过程中具体管理操作所涉及的法律问题的规定十分缺乏，如保护中具体范围的确定方式、保护管理的机构设置与运行程序、监督、反馈机构设置与运行程序、保护资金的来源与金额比例以及违章处罚规定等均无具体内容。这就扩大了法规在执行过程中人为量度的范围与尺度，加上历史文化保护本身涉及问题的复杂性造成在实际操作过程中法规的执行存在相当的弹性与出入。

某些环节的法律保障存在着不足，其情况正如习近平总书记所指出的："我们在立法领域面临着一些突出问题，比如，立法质量需要进一步提高，有的法律法规全面反映客观规律和人民意愿不够，解决实际问题有效性不足，针对性、可操作性不强；立法效率需要进一步提高。还有就是立法工作中部门化倾向、争权诿责现象较为突出，有的立法实际上成了一种利益博弈，不是久拖不决，就是制定的法律法规不大管用，一些地方利用法规实行地方保护主义，对全国形成统一开放、竞争有序的市场秩序造成障碍，损害国家法治统一。"①党的十八大四中全会通过的《中共中央关于全面推进依法治国若干重大问题的决定》，特别指出了文化立法的重要性：

> 建立健全坚持社会主义先进文化前进方向、遵循文化发展规律、有利于激发文化创造活力、保障人民基本文化权益的文化法律制度。制定公共文化服务保障法，促进基本公共文化服务标准化、均等化。制定文化产业促进法，把行之有效的文化经济政策法定化，健全促进社会效益和经济效益有机统一的制度规范。②

因此，在"依法治国"的国家大方针下，加强历史文化遗产保护的法制建设显得尤为重要。只有规范法律概念、明确职责范围、明晰法律程序，历史文化名城名镇名村的保护和利用才有了依凭的滤纸，避免泥沙俱下。

而与法律完善相配套的是管理机构。目前，历史文化名城名镇名村的管

---

①习近平：《关于〈中共中央关于全面推进依法治国若干重大问题的决定〉的说明》，新华社北京10月28日电。

②《中共中央关于全面推进依法治国若干重大问题的决定》，新华社北京10月28日电。

理和保护的机构设置和职能分工还不完善。在中央层面，文化遗产没有一个统一的管理机构，国家文物局、文化部、住建部、教育部等多个部委都有管理职权，遗产地的各类资源分别由相对应的职能部门管理。以历史文化村镇为例，国家文物局负责其建筑遗产的管理；文化部负责其无形文化遗产方面的管理；住建部负责国家历史文化名镇名村的组织申报及评审工作；教育部下属的中国世界遗产委员会负责古村镇类世界文化遗产的申报工作。而以城市历史街区保护和古城保护划分为例，则需要动用规划局、房地局、文化局和文物局等多个部门协同处理，房地局负责历史建筑普查、发起保护提案、提供指导与服务；规划局负责审核保护区范围；专家委员会负责历史建筑的鉴定与收录；而文物部门则只对保护区范围提供意见。相关部门各自为政，缺少沟通和协作，部门之间扯皮、推诿的现象就难以避免，个别部门甚至将文化保护作为小团体牟利的工具，更加剧了目前文化保护管理的混乱局面，出现了制度性漏洞。

机构重叠、交叉情况在其他地区或国家也发生过，它们经历了漫长的整合过程，其经验值得借鉴。如台湾地区文化遗产业务原先分散在多个主管部门，常发生权责难以理清的现象，处理事务旷日费时。鉴于诸多弊端，台湾地区立法机构在 2005 年将文化遗产改古迹、历史建筑、聚落等七类。除了第七类自然地景外，文化遗产统一由台湾文化建设主管机关统筹，使得文化遗产管理事、权统一。

统一文化保护的管理权和事务权，将会是未来机构调整的重点。但是，权力集中并不是行政官员可以独大独断。在国外的文化遗产保护中，政府与专家组成有关的咨询机构是与行政管理相辅相成的专业部门，而且任何与文化遗产保护相关的举动必须经过该机构的决议，这一举措值得借鉴。比如法国巴黎大区文物事务领导小组下设大区文物建筑保护管理委员会、大区遗产清查管理委员会、大区考古保护管理委员会、人种学顾问管理部门和博物馆顾问管理部门，自上而下形成管理体系，分别对有关的对象进行管理与保护。英国由英国国家遗产委员会、英国建筑学会等法定监督咨询机构负责文化遗产文物古迹的保护管理，并就此方面的事务向国家、地方和公众提供咨询与建议。日本政府机构中有常设咨询机构，提供此方面的技术与监督，所设立的审议会为政府提供决策咨询。韩国设立了文化财委员会，是独立的咨询审议顾问机构。美国逐步通过立法建立了从国家到州、地方的各级保护组织机构，包括管理机构、咨询机构、基金会等，联邦、州和地方政府的保护机构既相互联系又各自发挥作用，它们与各级专业咨询机构、各类民间保护组织紧密结合，在国家历史遗产登录制度以及各种税收优惠政策的指导下，有力地推动了历史保护活动的全面开展。①

七、结语

保护文化遗产被认为是能够充分体现一个国家、一个民族、一个地区的文明素质的指标，也是一项崇高的事业。中国城镇化发展的规模之大、速度之快，绝对可以用"史无前例"四字来形容。文明在不断地转型、变革和演化之中，对历史文化名城名镇名村中的原真性遗存进行保护是人类对自我创造的尊重，是人类审视自我的一面镜子，也是重新审视现代性异化的工具，是文化传承和文明转型的必经之路。台湾学者夏铸九曾指出了这层意义：

> 20世纪的古迹保存论述是建构在对现代性与工业技术理性质疑的历史与社会脉络中。空间就是社会，保存实质空间，其实要保存地方社会。地方社会的结构与动力透过集体记忆的建构，表现出空间文化形式中的人的活力，这就是文化的生机……古迹保存其实是生活空间的营造方式之一，是对抗信息技术范型的创造性破坏力量，即，对现代性的鲁莽与粗暴进行批判性转化的手段之一。当前古迹保存的一些前瞻性方向是：整合性保存（人与实质空间同时并重）、容纳性保存（接纳弱势者）以及全球化下地方空间与流动空间的接合。换句话说古迹保存其实是意义竞争的空间。简言之，古迹保存就是社区营造。②

生态文明的核心内容是尊重人文和保护环境，主张在改造自然的过程中发展物质生产力，不断提高人的物质生活水平。在城镇化过程中，追求一个健康、美好、和谐有致并充满价值感的社区，应成为大部分中国人的共识。

---

① 李和平：《美国历史遗产保护的法律保障机制》，《西部人居环境学刊》2013年第4期。
② 夏铸九：《在网络社会里对古迹保存的新想象》，《城市与设计学报》2003年第13-14期。

历史文化名城名镇名村不是消失的文明，是文明发展的成功典范，是可持续发展的活态文化。因此，对历史名城名镇名村的保护利用是营造和谐社区和建设生态文明的前提条件之一，是实现城乡社区复兴的必由之路。生态文明视野下历史文化名城名镇名村保护和传承机制是一个系统工程。其中公与私的两个系统为核心枢纽，一方面，激励、推动、引导社区民众参与，由地方意识到文化自觉，乃至走向社区营造，最终达到自觉保护名城名镇名村的目的。另一方面，名城名镇名村作为传统文化聚落，是中国人乃至全人类的共同文化资产，具有公共产品的属性，一定要运用国家的杠杆作用，遵循依法治国，为中国历史文化遗产保护建立法律保障，走出一条中国式的文化遗产保护新路。

（选自《东南学术》2015 年第 2 期）

生态保育、社区参与与产业开发

——台湾文化遗产保护的启示

张先清*

文化遗产承载着一个国家与民族的认同感与自豪感，在展示人类社会文明方面，具有越来越重要的象征意义。随着全球化时代的到来，文化遗产保护也日益成为当今世界的一个热门话题。[①]由于起步较早，我国台湾地区在文化遗产[②]保护方面取得较为显著的成效，并积累了较为丰富的经验，尤其是在生态保育、社区参与及产业开发角度，形成了遗产保护的良性模式。台湾地区在文化遗产保护方面所形成的这些经验，对于与台湾血脉同源、文化同根的海峡西岸地区而言无疑是一笔宝贵的财富，在开展当前海峡西岸的文化遗产保护工作方面具有直接有效的借鉴价值。因此，不论是从文化遗产学视野，还是从切实推动海峡两岸文化交融角度出发，针对当前台湾地区文化遗产保护问题展开专项研究，兼具重要的学术与现实意义。

---

*张先清，历史学博士，厦门大学人类学与民族学系教授、博士生导师。

① Lynn Meskell, "UNESCO's World Heritage Convention at 40: Challenging the Economic and Political Order of International Heritage Conservation", Current Anthropology, Vol. 54, No. 4(August2013), pp. 483-494.

②台湾地区将文化遗产称为"文化资产"，文中除涉及引文部分保留"文化资产"称呼外，其余则统一改为文化遗产。

一、生态保育与遗产保护

毫无疑问，任何文化遗产都是人类与其所依存的生态环境共同作用的产物。在长期的生产生活实践中，人类从自然界获取生存、发展资源并积累了各种与自然和谐相处的地方知识，伴随着这些地方知识及其创造物被传承下来的就是呈现在我们面前形态多样的文化遗产。因此，从某种意义上说，自然生态是文化遗产生成的必不可少的土壤。由此也不难理解，作为生态系统维系方式的生态保育工作，[①]在文化遗产保护中扮演着十分重要的角色。

近年来台湾文化遗产保护的一个重要取向，就是日渐重视处理生态保育与遗产保护之间的关系。众所周知，台湾地区文化遗产与自然生态的结合十分紧密。例如，多姿多彩的台湾少数民族文化是台湾文化遗产的重要组成部分，而台湾少数民族所栖居的山地或海洋生态，不仅是他们赖以生存的空间，同时也是孕育文化遗产的摇篮。台湾少数民族传统祭仪的发展，就与生态环境保护息息相关。一个典型例子是兰屿雅美人（亦称达悟人）飞鱼祭，这一台湾重要的海洋民俗文化遗产形态的生成，离不开雅美人的生态保育观念。兰屿雅美人将飞鱼视为上天所赐神圣之物，形成了严格的捕捞禁忌。每年二至六月份飞鱼季期间，雅美人在不同月份采用不同的方式捕鱼，如三月份在举行祈求丰收的招鱼祭后，即开始捕鱼工作，初期仅限于夜间以火炬照明，吸引捕捉鱼群。四月份开始准许在白天以小船钓鱼，晚上则休息。五至七月才开放白天捕捉飞鱼。此外，对于渔具的使用、捕鱼人数等都有严格的限定。在飞鱼捕捉繁忙季节，除了飞鱼与鬼刀鱼之外，不得捕捞其他鱼类，若不巧捕到，则务必放生。在每年的七月初即举行飞鱼终止祭，此后不得再捕捉飞鱼。雅美人每次出海捕捞的渔获量也有严格的限制，吃不完的渔获则晾干储存。但到当年中秋前，必须将未食用的鱼干吃完，此后就禁止食用飞鱼，否

① Oswald J Schmitz, Ecology and Ecosystem Conservation. "Foundations of Contemporary Environmental Studies", Washington(DC): Island Press, 2007.

则将招致灾祸。①这种严格限制捕鱼时间和数量的做法，有效地防止了过度捕捞飞鱼情况的发生，从而达到通过保护海洋生态而延续雅美人飞鱼祭文化遗产的目的。同样，一些台湾少数民族的传统祭典也深刻体现了文化与生态的相互依存关系。例如，台湾鲁凯人、排湾人等丰年祭仪式内容中，普遍包含有狩猎活动。这种狩猎习俗，必须依赖山林生态系统的平衡才能维持。而上述台湾少数民族都在长期的生产实践中形成了不过度捕杀猎物的狩猎禁忌文化，从而在一定程度上起到维护生态系统平衡的作用，保证了传统祭典与自然生态能够永续相依共存。

正因为认识到生态保育对于台湾文化遗产保护所具有的重要意义，近年来台湾相关部门在遗产保护过程中注重引入生态保育视角，视之为文化遗产保护的共生条件，不仅努力维护山林、海域的生态环境与生物多样性，而且也充分考虑传统知识在生态保育中的作用，并在此基础上尊重传统文化的存续。例如为了维护台湾少数民族传统祭典文化遗产，台湾在 2012 年颁布了相关管理办法，简化狩猎申请手续，允许在祭典期间猎捕一定数量的野生动物。上述举措在政策上为生态保育与遗产保护的双重需求提供保障。②

注重生态保育在遗产保护中的角色，也突出表现在台湾地区对"文化景观"遗产的格外重视上。在遗产形态中，"文化景观"是联合国教科文组织颁布的《世界遗产公约》中确认的与自然遗产、文化遗产、自然与文化复合遗产相并列的四大遗产形态之一，深刻体现了"自然与人类共同的作品"的原则，是十分重要的人类遗产。与其他遗产形态相比，文化景观所具有的一个特点是其与生态环境的紧密结合，是人类与自然界长期互动所形成的具有重要美学、生态及文化价值的特殊地景。近年来台湾地区启动了对文化景观遗产的特殊保护。早在 2006 年，台湾文化建设主管机关就发起推动"区域型文化资产环境保存及活化计划"，对台湾重要遗产的场域环境进行整体性保护。2009 年 2 月 4 日，台湾地区专门出台了《文化景观登录及废止审查办法》，按照"表现

---

①陈萱瑜：《台湾"原住民族"文化活动之研究——以兰屿"达悟族"飞鱼祭为例》，铭传大学未刊硕士论文，2007 年。

②《"原住民族"基于传统文化及祭仪需要猎捕宰杀野生动物管理办法》，2012 年 6 月 6 日。

人类与自然互动具有文化意义""具纪念性、代表性或特殊性之历史、文化、艺术或科学价值""具时代或社会意义""具罕见性"等四项标准，在全台湾开展文化景观的普查与登录工作，并制定了详细的登录流程，以便遵照执行。此后，台湾地区陆续加大了文化景观遗产的保护力度，从 2009 年到 2013 年，台湾地区列入保护名录的文化景观遗产数量由原有的 13 处迅速增加到 39 处，包括水利设施 8 处，神话传说 3 处，宗教景观 1 处，农林渔牧类 6 处，工业地景 6 处，军事设施 1 处，历史事件场所 4 处，交通地景 2 处和其他类 8 处。[①] 将代表人类与自然环境永续发展及维系生物多样性精神的文化景观遗产列为重点保护对象，反映了台湾地区文化遗产保护中注重生态保育的特殊性视角。

二、社区参与与遗产守望

社区参与是 20 世纪 80 年代兴起于西方政治学、社会学的一个重要概念，指的是个人面对履行公民权利的机遇和职责时的一种自愿行动。它通过调动自有资源、确定自身需要、做出自我决策的形式，鼓励了预期的受益人参与到有关自己利益的发展中。[②]社区参与是一种公众参与，意味着社区居民对社区责任的分担和成果的分享，它使每一个社区居民都有机会为谋取社区共同利益而施展和贡献自己的才能。在当今国际遗产保护领域，社区参与日渐受到重视，因为它不仅可以提高遗产保护效率，更重要的是有利于在一个快速变化的时代里唤起人们对于遗产重要性的意识。[③]近年来台湾文化遗产保护中一个值得重视的做法是积极培育社区居民对乡土文化遗产的认同意识，营造社区参与的保护模式。

文化遗产的保护与传承必须以人为本体。文化遗产是民众智慧的结晶，

---

① 江绍瑜：《权益关系人参与吉哈拉艾文化景观保存维护计划之规划历程研究》，东华大学未刊硕士论文，2013 年。

② 张骁鸣：《西方社区旅游概念：误读与反思》，《旅游科学》2007 年第 1 期。

③ Marc, Alexandre, "Community participation in the conservation of cultural heritage", in Serageldin, Ismail; Taboroff, June, eds. , Culture and development in Africa: proceedings of aninternational conference held at the World Bank, Washington, D. C., April 2 and 3, 1992. World Bank, 1994, pp. 255-268.

民众既是文化遗产的创造者和传承者，也是文化遗产所依赖的自在自觉载体。只有形成良好的文化认同观及文化遗产保护的全民性意识，才能真正达到遗产的持久有效保护。基于上述认识，近年来，台湾地区大力培育社区参与这一文化遗产保存的重要力量。为了更好地保护身处社区中的文化遗产，早在2005年，台湾文化建设主管机关就结合此前所开展的社区营造计划，推出"社区文化资产守护网络计划"，邀请专家学者组成智库，辅导各级地方政府和民间组织、社区居民组建社区文化遗产守护网络，共同保护文化遗产。其宗旨是加强遗产保护应对效率，"以'家乡守护'的观念"，推动台湾"社区文化资产守护网"的建置，一方面建立台湾地区"文化资产通报系统及完整之文化资产个案数据，使能随时掌握及追踪个案之发展，妥善保全文化资产"；另一方面，"招募社群大众以文化志工角色成为社区文化资产守护员，组织及建立文化资产守护网，除作为文化资产保全通报系统的基本骨干外，也同时以学习型组织的方式，深化与厚植台湾在21世纪文化资产保存的新社会力量，借由社区底层社群的文化公民意识，建立文化资产永续经营的承载机制，而将文化资产在生活美学、文化自明的价值回归常民生活，使文化资产活力具体展现在与常民生活息息相关的'生活文化馆'中，生活文化馆之存在不只是静态的展场，而进展为社区的知识与情感交流中心，社区将因文化资产的活化，成为地方文化经济的基础动力"。[①]

台湾文化事务主管部门制定该计划，其用意是希望将该计划建成"文化资产保存与再利用普遍发展的新基石"，这里涵盖三个方面的内容：其一，以文化遗产守护作为新故乡营造运动的新环节；其二，将文化遗产转化为文化资本，再利用作为活化地方经济的行动接口；其三，借助文化遗产维护与再利用作为塑造人文城乡新风貌，促进环境质量提升与改造的契机。该计划从"人的网络"与"文化资产数据库网络"两大系统双管齐下建置完整的覆盖全台湾社区文化资产守护网络。其中，"人的网络"将招募有志于从事家乡服务工作的地方人士为文化遗产守护员，透过学习型组织的经营模式，营造社区居民对于社区文化事务的参与、学习、分享、承担的运动热潮，促使社区文化遗产保护不再只是主管部门应尽的责任，而是全民共有的权利与义务。"文化

---

① 《社区文化资产守护网络建置计划草案》，2005年。

资产数据库网络"则是在文化数据库的架构下，整合各类有形与无形文化遗产普查数据、各类文化遗产设施资料、各类文化遗产专业人才、各社区文化遗产的数据，并提供全民讨论、辨正，建构文化遗产新知识的管道，开放文化遗产的大众诠释权力。实践证明，"社区文化资产守护网络计划"推行近十年后，在唤起公众参与文化遗产保护、珍惜遗产资源、构建基层文化遗产保护机制方面发挥了积极的作用。例如，台湾桃园在推动社区参与文化遗产保护方面就取得了较好的成效。[①]值得一提的是，与"社区文化资产守护网络计划"相结合，台湾地区高校科研机构学者积极参与，充当了"文化义工"的主体角色，不仅踊跃开展社区文化遗产守护课堂，而且身体力行地加入社区文化遗产守护实践中，实现了专业团队与在地居民之间围绕遗产保护问题的有效互动。

在推动社区参与文化遗产保护过程中，"人"的因素在文化传承中具有突出的地位，社区居民对社区文化遗产的认同与重视，是保存、维护文化遗产的基本要素。台湾文化遗产保护部门特别重视发挥遗产所在地居民的参与作用，激发社区居民对于当地遗产的自觉意识，从而取得了较好的遗产保护成效。典型的例子如阿里山邹人山美部落，该部落一度因为受到外来文化影响，改变了传统重视生态的伦理价值观，为了获取更多的渔获量，他们曾经效仿平地人以炸鱼、毒鱼等方式捕鱼，使得所居住的达娜伊谷溪的生态受到严重的污染和破坏，乃至鱼群枯竭，随着环境恶化、人口外流，部落一度衰败。近年来在有识之士的倡导下，他们协力参与社区工作，增强对部落文化的认同感，全体居民加强自律，订立规范，开展封溪护鱼及生态经营的工作，使得鱼群及生态得以复育成功，吸引部落年轻人返乡就业，有力地推动了社区文化遗产的保存。[②]2012年，台湾文化事务主管部门提出重视"7835村落文化再造"计划，也强调了"人"对于乡村文化遗产保护传承的重要作用，为此龙应台曾形象地比喻道："若村落是耕种文化的沃土，那每一位居民都应是被细心呵

[①] 郭淑华：《社区文化资产维护的教育推广研究——以桃园市龙岗社区文化资产守护网为例》，台南艺术大学未刊硕士论文，2009年。

[②] 纪骏杰、阳美花：《"原住民族"传统领域问题分析与建议》，见《台湾"原住民"政策变迁与社会发展》，2010年版。

护的文化种子。"①

在推动社区参与遗产保护方面，值得一提的是台湾民间基金会在文化遗产保护中所扮演的活跃角色。目前台湾文化遗产保护工程的运作除主管部门负责管理之外，一个显著的特点即是基金会和各种民间组织的广泛参与，并取得较好成效。2003年成功获得联合国教科文组织（UNESCO）文化资产保存奖项的台北大龙洞保安宫，就是一个典型的例子。这是一项完全由民间力量完成的文化遗产保护工程。在7年的文化古迹修复时间里，保安宫靠自身与信众的力量，筹集到了约6000万人民币的资金，从而对这座建于清代中期的著名传统古迹首次进行了完整的修复。这也反映了台湾民间参与文化遗产保护的热情与力度。

三、产业开发与遗产"活化"

如何以一种更为动态的视角来看待文化遗产保护问题？如何更好地实现遗产保护与文化产业发展双赢？在当今全球性的"遗产事业"背景下，这些问题已经引起国际上的广泛讨论。在遗产保护与开发利用的关系问题上，首要的前提是重在保护，必须拒绝急功近利的大众产业式开发，但遗产保护并不意味着就是将遗产置于冰冷的展室中，而是要让遗产鲜活起来，让民众能够充分享受到遗产的社会价值。近年来，台湾地区在遗产保护与产业发展相结合方面也展开了积极探索，并形成了"活化"遗产的主题思路。其突出表现就是在强调文化遗产保护的同时，也注重引入文化创意，配合活化再利用，以创意产业与文化观光支持文化遗产的保存。

早在1994年至1995年，在推动社区营造运动的同时，为解决乡村地区传统产业失去竞争力的问题，台湾开始提出"产业文化化"与"文化产业化"的口号，由此掀开了以产业发展推动文化遗产保护的序幕。其突出的一个宗旨就是以创意带动文化遗产的活化，从而增加遗产的文化附加值。1999年，台湾文化建设主管机关又进一步推出"振兴地方文化产业，活化社区产业生

---

①龙应台：《村落文化是发展文化软实力的基础》。

命力计划"，其目标是"辅助地方政府推广文化产业资源与特色，促进民众认识地方文化风貌，进而参与社区总体营造工作行列，并宣传'文化产业化，产业文化化'理念，鼓励民众关心整合地方文化产业资源，营造地方文化特色产业，提升价值与竞争力"。在上述一系列政策导向下，台湾地区迎来了"活化"文化遗产的热潮。

在以产业开发推动遗产"活化"方面，台北"故宫博物院"充分展示了创意产业在文化遗产保护与利用中可能达到的双赢效果。作为台湾地区一个重要的文化遗产保存场所，台北"故宫博物院"以收藏中华珍稀文物闻名世界。其馆藏文物是华夏祖先留给后世的无与伦比的文化遗产，在妥善保存、收藏、管理文物之外，如何发挥文物价值与作用、如何让馆藏的中华文明瑰宝鲜活起来，是台北"故宫博物院"这种现代博物馆的重大使命。为此台北"故宫博物院"展开了积极的探索，从2006年起，台北"故宫博物院"就发起了一场"让故宫活起来"的大型数位计划，这种活化观念，其重点就是"创意与美感兼备"，大力打造"数字故宫"。该数位计划涵盖"数位典藏""数位博物馆""数位学习"三个部分，三者不可分割，相辅相成。数位典藏是数位计划的基础工程；数位博物馆意在推广，使得数位计划成果发扬光大，加乘延伸至丰富无尽；数位学习则载负着台北"故宫博物院"作为博物馆的社会教育使命。与此同时，推动"Old is New 时尚故宫"计划。在上述数位计划支持下，台北"故宫博物院"多管齐下整合丰富资源，无限延伸馆藏文物的文化附加值，开发馆藏珍宝的美学价值，以馆藏精品作为生活美学新品牌，将之发展成为一种美学产业，从而不只让台北"故宫博物院"成为全球博物馆的品牌，更是展现中华生活美学的品牌。同时，大力提倡创意研发，多元运用数位宝库价值，由此使得台北"故宫博物院"走出了一个不一样的发展道路，在博物馆产业发展与文化遗产保护结合方面创造了一个个崭新的记录。[①]

同样，台湾少数民族文化是台湾文化遗产的另一个宝库。在台湾现有文化遗产数量中，其文化占据了相当大比重，为此台湾地区也十分重视其文化遗产的产业开发。近年来台湾专门设置了"创业育成中心"，推动"文化产业认证制度"，各地相继成立"文化产业育成中心"，其主旨是"辅导有心从事

---

①林国平主编：《时尚故宫，数位生活》，远流出版事业股份有限公司（台湾）2007年版。

或已从事台湾少数民族文化创意产业之同胞，协助其产业研发、品质精进，以提升竞争力，并辅以拓展销售管道，来迎合多变且竞争的艺术品消费市场"。2010 年，台湾就专门针对台湾少数民族影视音乐的创意开发问题，推出影视音乐文化创意产业补助要点"，该补助计划侧重补助两个方面的内容：其一，电影长片制作、电视节目新制及现有电视节目新增台湾少数民族相关单元：拍摄应包含地区景观或神话故事及重大历史事件等具人文内涵之内容，且富创意之呈现，并能推动经济产业，兼具市场推广及营销者为优先。其二，音乐制作：演唱、演奏均不限主题，但以具人文内涵或富创意之呈现，并能推动经济产业兼具市场推广及营销者为优先。从上述规定来看，其补助重点是具有"文化保存价值及急迫性"且具有"文化创意产业之效益"的台湾少数民族文化。由此反映出台湾地区在发展台湾少数民族文化产业过程中，注重充分开发利用文化遗产中丰富多彩的文化元素，从而创造出带有鲜明民族特色的各种文化产业产品。与此同时，积极地将文化遗产产业开发与旅游观光有机结合起来，有效地带动了文化遗产的活化。

四、结语

作为一个具有丰富文化遗产内涵的遗产大国，在一个全球化的时代里，如何处理好遗产保护与文化传承的关系问题，是一个事关文化自信与文明存续的重要命题。"像爱惜自己的生命一样保护好文化遗产"，[①]这是当前我国领导人对于这一命题的最新诠释，这也寓示着一个崭新的文化遗产保护时代的到来。文化遗产保护工作任重而道远，通过对我国台湾地区文化遗产保护现状的考察，我们可以总结出一些宝贵的经验，这就是必须营造文化遗产保护的举国体制，在遗产保护过程中不忘引入生态保育视角；重视社区参与的保护方式，推动民众遗产保护意识的提升，投入守望遗产行列，并积极吸纳民间力量汇入文化遗产保护之洪流。与此同时，注重"活化"遗产工作，积极开拓文化遗产的生活美学价值，以创意产业实现文化遗产保护与开发利用

---

① 《"像爱惜自己的生命一样保护好文化遗产"——习近平在福建保护文化遗产纪事》，《福建日报》2015 年 1 月 6 日。

的双赢效果。总之，海峡两岸一衣带水，祖国大陆地区的文化遗产保护工作，离不开与台湾地区文化遗产保护部门的广泛互动交流，两岸如何携起手来构建海峡两岸文化遗产保护的有效协作机制，并进而探索、总结文化遗产保护的"本土化"模式，这是一个必须直面的重要议题。

（选自《东南学术》2015 年第 2 期）

论城镇化进程中传统文化的保护与传承

——以英国和意大利为参照

黎　昕*

　　随着我国城镇化进程的不断深入，人们的生产和生活方式发生了巨大变化，随之出现的是传统文化与社会发展变革之间的张力，其中一个重要方面就是文化的保护传承与城镇化进程之间的可能冲突；在城镇规划和发展中忽视了文化遗产本身的价值；在解决文化遗产与城镇规划之间的冲突时缺乏全局考虑；受到城镇化风潮影响的民众在保护和传承传统文化方面的意识薄弱，等等。英国和意大利两国都经历了漫长的工业化和城镇化进程，并在这一数百年的进程中积累了消解上述冲突、保护和传承传统文化的丰富经验。①这些经验对城镇化进程加快背景下我国传统文化的保护和传承或许能够提供有益的借鉴和启示。

---

　　*黎昕，福建社会科学院研究员。

　　①当然，这并不是说，在欧洲国家中，只有英、意两国的保护和传承传统文化经验值得我们借鉴。应该说，欧洲许多文化名国都有悠久的保护和传承传统文化的历史。比如，法国是世界上最早制定文化遗产保护法的国家，从19世纪40年代开始就立法保护历史文物，迄今已经有了多次制定和修改文化遗产保护法律法规的经验。德国则是制定最严格文化遗产保护法的国家之一，建立了多层次、多角度的文化遗产保护和传承网络。囿于篇幅，本文仅介绍英、意两国的经验。

一、英、意两国保护传统文化的措施

大致说来，英、意两国保护和传承传统文化的主要指导思路都是注重传统与现代的有机结合，保证传统文化与城镇化进程并行不悖，甚至相互促进，两国只是在保护和传承传统文化的具体措施上略有区别。为了叙述的方便，下面，我们将首先集中介绍和比较英、意两国在保护传统文化方面的具体措施：

（一）制定完善、健全的政策法规体系保障传统文化的保护

英国方面，制定和修订相关政策法规的推动力发源于民间，自18世纪初始，英国民众先后成立各种文化遗产保护社团组织和保护协会，围绕如何保护文化遗产展开讨论，同时支持有保护文化遗产意识的议员在政府层面推动相关法案的制定。1882年，在英国古物协会和古建筑保护协会的协助和声援下，曾经6次提出国家古迹保护法案的英国议员约翰·路布伯克推动议会通过了《古迹保护法》。这是英国最早的文化保护法案。此后50年间，仅该项法案就经过了至少4次修改，修改内容包括扩大保护对象、成立古迹保护的专业委员会、加强古迹周边环境的规划控制等多个方面。①除却《古迹保护法》，英国还制定了《城乡规划法》（1932）、《历史建筑和古迹法》（1953）、《古代遗址与考古地域法》（1979）、《国家遗产法案》（1983）、《住房与规划法》（1986）、《规划（指定建筑与保护区）法》（1987）、《登录建筑和保护区规划法案》（1990）、《博物馆与画廊法案》（1992）、《珍宝法》（1997）、《遗产保护法案（草案）》（2008）等多个法案以及一系列保护文化遗产的政府报告，每隔几年，英国还结合在文化遗产保护方面新近出现的问题对上述法案进行修订，并出台一系列新的、与之配套的规划政策和实施细则，如《规划政策指南：考古政策与规划》（1990）、《规划政策指南：规划与历史环境》（1994）、《珍宝法实施细则》（1997），等等。

与英国自下而上推动文化遗产保护制度的制订趋势相比，意大利保护文化遗产相关政策法规的制定和修订工作主要以政府的推动为特征。尽管意大

---

①杨丽霞：《英国文化遗产保护管理制度发展简史（上）》，《中国文物科学研究》2011年第4期。

利于 19 世纪 70 年代才最终完成统一，但是意大利议会在国家统一后不久就开始通过法律形式保护文化遗产。1889 年，《文学艺术版权法》问世，这标志着意大利成为世界上第一个以国内知识产权法的形式保护本国民间文化的国家。20 世纪初（1902 年和 1909 年），意大利议会又先后颁布了两部保护文化遗产的法律法规，涉及传统手工业的保护、民间文化作品著作权保护等多方面内容。①而即使在 20 世纪三四十年代的法西斯时代，意大利政府也没有忽略文化遗产保护，甚至还制定了一系列法律扩展了文化保护的范围，比如，将艺术家及其艺术作品也纳入文化遗产保护范围。而法西斯时代终结之后的意大利政府更是将保护文化遗产和推动文化建设写入了意大利新宪法。尽管从 20 世纪 90 年代开始，意大利民间组织要求政府下放文化保护相关权力的呼声逐渐高涨，但是在意大利，国家依然是遗产保护的最终责任人和文化保护资金的主要来源。

（二）形成了严格、高效的保护文化遗产管理系统，确保关于保护文化遗产的法律法规得到有效实施

英国文化遗产管理系统的一个鲜明特色是，官方机构和民间社团组织在保护文化遗产的管理系统中共同发挥作用。从官方机构来说，英国中央政府设有文化、媒体及体育部，负责文化遗产保护管理系统的组织工作（其成立于 1997 年，前身是"国家遗产部"），协调政府其他相关部门和民间力量共同推进文化发展。同时，该部还下设 8 个保护文化遗产的顾问委员会——包括英格兰遗产（英格兰古建筑与遗迹委员会，其前身是"古代遗址与历史建筑理事会"）、历史沉船遗址顾问委员会、出口艺术品审查顾问委员会，等等，以便为政府的文化遗产保护工作提供专业的技术咨询。而地方政府则在中央政府的监督下负责当地文化遗产的保护工作，包括核准开发文化遗产规划、审批历史遗迹及保护区变更申请、历史古迹的维修及经费支持等事宜，英国许多地方政府中还设有文化遗产保护专业团队，以确保文化遗产保护的科学性。与此同时，英国民间社团组织在保护文化遗产管理系统中的作用同样举足轻重，不仅负责文化遗产的管理和维护，而且负责相关保护资金的筹集。

---

①刘满佳：《全球视野下的文化遗产保护（上）》，《今日民族》2008 年第 2 期。

这些民间社团组织主要有两大类：第一类负责文化遗产的维护，如国民信托、建筑遗产基金、地标信托，等等。其中，以国民信托最有代表性。该组织以保护自然和历史环境为旨归，拥有众多会员，是世界上成立最早、规模最大、涉及范围最广的信托组织，管理着包括布莱尼姆宫（英国著名世界遗产，是英国历史上除皇家园林外最大的私人庄园）在内的众多文化遗产。第二类主要负责文化遗产保护的相关咨询工作，职责范围涉及：为政府提供遗产登记、遗产环境变更、遗产维护、购入文物及古建筑等方面的技术咨询，等等，如英国考古评议会、古代建筑保护学会等。

与英国相比，意大利的保护文化遗产管理系统则主要由官方的公共部门负责，民间的社团组织只是起到有限的辅助作用。意大利负责保护文化遗产的公共部门是意大利文化遗产及文化活动部（简称为"文化遗产部"）。该机构也是判定文化遗产是否具有文化价值的权威机构。对于那些被判定为具有文化价值的文化遗产，该机构负责将其纳入意大利文化遗产的保护范围，采取严格的保护措施，比如一切修复、编目、流通具有文化价值的文化遗产的行为均须经过文化遗产部的审核和批准。这种严格的保护措施甚至适用于具有文化价值的私有财产（持有时间一般须在50年以上，目前在意大利超过4万栋）以及教堂、修道院拥有的具有文化价值的圣物：这些财产的所有者只有在文化遗产部的认可下，才能出售、修缮和使用该财产，并且，文化遗产部对于这些私有文化遗产具有优先承购权。民间社团组织的辅助作用主要表现在以下两个方面：首先，文化遗产部的日常运作需要仰赖一些古迹修复、研究、培训经验的民间社团组织和专业力量，这些组织多由建筑师、考古学家、历史学家、档案管理员等专业人员组成，他们用自己的专业知识为文化遗产项目的认定和保护提供咨询和解释服务。其次，还有一些颇有影响力的民间社团组织对于社会上一些利用文化遗产营利的不法机构起到了及时有效的监督作用，同时还敦促国家出台了更为严格的文物保护法。

（三）重视整个社会群体在保护文化遗产过程中的重要性，善于引导民众保护传统文化的意识，培育民众的文化自信心

英国和意大利政府深刻认识到，仅仅依靠政府的力量（完善法规和管理系统）来保护传统文化是远远不够的，只有民众保护传统文化的意识提高了、文化自信心增强了，他们才会自觉履行自己在传统文化保护工作中的权利和义务，传统文化的保护才有希望。

在这一方面，英国和意大利的做法颇为相似。首先，建立合理的奖惩机制，塑造民众保护文化遗产的意识。比如，英国对其境内的古迹进行分级，并制定了相应的保护措施，而对于那些属于私人所有的古迹，英国政府则规定，任何由于拆卸、更改或扩建而可能影响该古迹特色的工程均需取得地方政府规划管理部门的许可，否则就会面临牢狱之灾；同时，古迹所有人还有义务适时自觉维护和修缮古迹，否则，地方规划部门将有权采取相应的惩罚措施。而对于那些自觉保护古迹的所有人，英国政府也有一些奖励政策，比如减免他们的增值税、收入税、遗产税，等等。类似的，意大利政府也建立了针对属于私有财产的文化遗产所有者的限制和补偿措施。如前所述，一旦私有财产被认定为具有文化价值，其所有者对该财产的任何出售和修缮行为均需要经过文化遗产部的允许，同时，意大利政府也通过降低直接税和间接税、提供政府补贴等方式对属于私有财产的文化遗产所有者予以补偿。其次，通过以低票价甚至零票价吸引民众参观各种形式的博物馆和文化遗产地、公开演出传统文化仪式等方式让民众了解本国的悠久历史。这方面的例子不胜枚举。位于伦敦的大英博物馆是世界上历史最悠久、规模最宏伟的综合性博物馆之一，与纽约的大都会艺术博物馆、巴黎的卢浮宫并列为世界三大博物馆，拥有藏品 600 多万件，英国财政每年投入大量资金用于它的保护和管理工作，却保证博物馆免费对公众和游客开放，以培养民众尊重历史和文化传统、爱护古迹和文物的意识。此外，举世闻名的伦敦塔在其近千年的历史中尽管不断变化其角色（城堡、王宫、宝库、监狱、博物馆等），但是古老的锁门仪式却延续至今，且在每晚 10 点左右准时进行。最后，英国和意大利政府还十分重视通过各种方式调动社会力量参与保护文化遗产，比如通过新的激励措施鼓励民间资金参与文化遗产保护，鼓励发展慈善事业、扶持民间组织保护文化遗产的非营利性协会、成立一些基金会——如英国的遗产彩票基金会，通过为文化遗产事业融资等方式激发民众和民间组织保护文化遗产的热情。

（四）民众自身的文化自觉性①高，以各种形式积极参与文化遗产保护工作

在上文中讨论保护传统文化的政策法规体系时，笔者曾经提到，英国民间力量推动了文化保护政策法规体系的制定和完善，意大利的民间社团组织也为文物保护法的修订提供了不少助力。事实上，英、意两国民众的文化自觉性不仅体现在他们对政府保护传统文化举措的关注，而且还内化到自己的日常生活中。他们对古迹和文物有着特殊情结，也十分尊重自己的历史文化。走在英国和意大利街头，随处可见古朴典雅的历史建筑和老街，这些古建筑和老街大都保存了它们的历史原貌，人们大多不追求现代的时髦建筑，而喜好修旧如旧地扩建翻新父辈、甚至祖辈留下的房子，在不改变外观的情况下通过改造内部设施实现旧房的持续利用，一些年代久远而保存完好的老房子（比如，带半圆拱的文艺复兴式大门、十字窗、屋顶带有几排烟囱的维多利亚式建筑）往往很受青睐，售价上也高于现代建筑。另外，英国和意大利民众对文物古迹还有非常强烈的保护意识，能够尽己所能地使文物免遭破坏。比如，布莱尔夫妇就曾因为购置并翻修一套乔治亚时代风格的历史建筑而被伦敦市民起诉，随后威斯敏斯特市政厅立即叫停了布莱尔的翻修计划，理由是该翻修方案可能影响该建筑的结构和外观。又如，20 世纪 60 年代时，佛罗伦萨曾爆发洪灾，很多民居和博物馆都泡在水里，许多当地民众顾不上抢救自家财物，却自发涌向被洪水围困的博物馆抢救文物。

二、英、意两国传承传统文化的措施

英、意两国不仅在保护传统文化方面有一套成熟的措施，而且在传承传

---

① 需要强调的是，这里所说的"文化自觉性"不同于费孝通先生所说的"文化自觉"概念。费孝通先生提出的"文化自觉"是一个"各美其美，美人之美，美美与共，天下大同"的过程，具体来说，也就是"在认识自己的文化，理解并接触到多种文化的基建上"，逐渐"在这个正在形成的多元文化的世界里确立自己的位置，然后经过自主的适应，和其他文化一起，取长补短，共同建立一个有共同认可的基本秩序和一套多种文化都能和平共处、各抒其长、联手发展的共处原则"。也就是说，费孝通先生所说的"文化自觉"涉及的是传统文化与其他文化的互融互通问题。而这里所要讨论的"文化自觉性"关注的则是如何在其他文化思潮的冲击中保护传统文化的精髓。

统文化方面也有许多值得借鉴的经验。

（一）积极开拓以传承传统文化为目的的文化产业项目

英、意两国政府构筑了文化产业的多个发展方向。英国文化产业的突出特点是文化创意产业的发展。英国在全球率先提出"创意产业"的概念，并且是第一个由政府出台政策推动创意产业发展的国家，成功实践了文化艺术与经济发展相得益彰的文化产业理念。在此过程中，政府的扶持当然是至关重要的。自1997年设立创意经济司（隶属于英国文化、媒体和体育部）以来，英国的创意产业获得了多方位的政策支持。首先，英国政府多次出台创意产业纲领文件（1998年和2001年，先后两次提出创意产业发展战略；2005年发布《创意经济方案》；2006年公布《英国创意产业比较分析》，等等），从教育与技能培训、税收和政策调整、知识产权保护、推动出口等多方面明确了创意产业的发展方向，并对不同文化产品和不同文化行业的研发、制作、行销等做出了详细规定。其次，专门成立创意产业特别工作小组，由外交部、工贸部、地方政府等多部门组成，有效避免了部门之间各自为政的问题，有利于统一、充分调动各部门掌握的有限资金和资源，为创意产业的发展提供全方位的咨询和服务。除了政策引导之外，英国政府也重视和鼓励准官方和非官方力量的协同和参与。在英国，已经出现了许多政府引导、准官方和非官方组织经营的文化机构，这些文化机构采取自负盈亏、自主经营的方式创收，其管理职责亦由相关的准官方或非官方组织承担。此外，英国还有几个类似于"智库"的机构对创意产业进行分析，其中艺术委员会由政府拨款，负责将扶持资金分拨给某些创意产业的子行业（这是除上文中提到的自负盈亏文化机构之外的另一种行业形式），与之相配套的另外两个智库机构——创意产业拨款委员会和技术战略委员会——则基本上独立于政府，拨款委员会的宗旨在于对创意产业的政策和走向以及需要资助的创意产业项目进行分析，属于向政府提供咨询服务的机构，而技术战略委员会则是由一些专家组成，为政府划拨文化经费提供指导意见。由此看来，英国官方部门联合社团组织形成的大文化管理机制已经相当纯熟。

意大利文化产业的突出特点则是其历史悠久的文化旅游项目。早在17世纪，意大利就因为其境内丰富的文化资源（历史遗迹、古堡、教堂、绘画、风景、等等）而成为当时欧洲上流社会旅游的首选胜地。17 世纪的英国天主教神甫理查德·拉赛尔斯（1603—1668）甚至在他的名著《意大利之旅》中提出"大旅行"观念，提倡英国精英社会通过游历意大利来实现教育旅行、开阔视野、增强文化交流的目的。而这一文化旅游的传统也一直延续至今，堪称文化与经济互相促进的成功范本，并在意大利财政预算因为经济形势而被迫缩减的情况下，逐渐发展为一种独特的公私合作的意大利模式，即由政府公共部门负责保护文化遗产、由私人和企业通过多种形式经营和管理文化遗产的新模式。其中，政府保护文化遗产的措施已经在前文有过介绍，而意大利私人和企业通过经营、管理文化遗产参与文化产业的方式则主要有以下三种：常规投资（追求经济回报）、广告赞助（以获得文化遗产使用权作为投资回报）、无偿资助（不以经济回报为目的）。通过上述公私合作的模式，意大利不但实现了文化旅游与经济效益的有机结合，而且极大地推动了本国文化走向世界：一方面，政府将文化遗产的宣传推广、修复、售票和营销等非核心服务外包给私人经营者，或者通过财政税收补贴来支持私人和企业为文化遗产提供无偿资助，从而提高了文化遗产开发推广的效率、降低了组织和管理的成本、又促进了文化遗产地的硬件升级。另一方面，文化旅游产业的成功所带来的文化上的积极影响可能是世界性的，文化旅游在无形中开拓了本国文化的海外市场、向世界输出它们本国的文化。同时，由于这种输出文化的方式是软性的、非强制的，是用一种潜移默化的方式让他国受众不自觉地接触和喜爱本国文化，因此，这可能比一些传统的、硬性的文化输出方式更为有效。

（二）重视对少年儿童进行传统文化教育

之前提到，英、意两国民众的文化自觉性高，这在很大程度上得益于英、意两国对于传统文化教育的重视以及多层次、多渠道的教育途径。

英、意两国各个年龄段的孩子在学校教育中都会接触到许多传统文化的内容。比如，英国自小学伊始就开设历史课，并且历史知识的掌握被作为升学的必要条件之一。同时，历史课的教授形式也很多样化，教师往往鼓励学生多发问、参与文化专案设计，让学生在互动式的氛围中掌握历史知识并能将掌握的知识加以运用。与这些课堂教育并行的是，英、意两国学生还被鼓励参与各种保护和传承传统文化的课外活动。英国政府曾出台了"课外学习"

政策，鼓励学生定期到文化遗产地和各种博物馆进行参观，并接受实地教育。此外，英、意两国还有许多构思巧妙的博物馆、艺术馆和美术馆，免费对学生开放，里面专设了学习室，有专门为孩子办的展览，把一些馆藏精品复制成模型供孩子观看和触摸，还举办各种富有娱乐性和趣味性的传统文化节目，并配有专职讲解员，这种将馆藏丰富的文化艺术遗产转化为不竭的艺术教育资源的做法为孩子们在潜移默化的环境中学习本国传统文化提供了有利场所，有助于孩子们从中得到形象生动的文化教育。除了这些课内、课外教育活动之外，英、意两国还有多种以传承传统文化为目的的大型教育和宣传计划。比如，由遗产彩票基金推行的幼根资助计划，以鼓励和培养13—25岁青少年参与遗产保护和传承相关活动为目的，有助于参加者树立对传统文化的信心，并积极参与当地社区的相关遗产保护和传承活动。又如，由公民信托和英格兰遗产合办的遗产开放日一年举办一次，吸引了大批文化遗产管理者志愿参加，在开放日里，公众可以带着孩子参观各种平时不对外开放的很多古建筑，有利于他们加深对传统文化的认识。

（三）通过多种方式培养传承文化的复合型人才

一是投入大量资金培养文化产业领域的高级人才。英国在这方面是个绝好范本，而意大利政府则由于其公共资金缺乏以及公共支出逐年受限等财政问题，[1]并没有在这方面有突出建树。在英国，文化产业的财务支持系统是非常完备的：成立了风险基金，建立了政府、银行和文化产业之间紧密联系的融资网络；积极为文化产业提供贷款，并有鼓励文化产业投资的政策保障，英国文化、媒体及体育部还制定了专项工作手册，指导文化产业领域的企业和个人如何从金融机构或政府部门获得投资援助。这些措施都为解决文化产业融资困难问题提供了有利途径。[2]二是通过开设论坛、课程等方式为文化产业的可持续发展提供人才储备。英、意两国的很多高校都设立了文化产业的高等教育论坛，并开设文化产业的相关专业课程，充分利用高校资源为业界

---

①彼得罗·瓦伦蒂诺：《意大利文化和文化遗产的经济价值》，兰伟杰、胡敏译，《国际城市规划》2010年第3期。

②卢俊峰：《以文化产业新引擎推动经济转型发展——英国文化创意产业发展的做法与启示》，《江南论坛》2012年第12期。

培养文化产业的创新人才。此外，英、意两国还定期举办人才再造工程，鼓励业界人士与高校学生加强互动，促进了产学研之间的交流与合作，提高了文化产业的创新潜能。

三、对我国保护和传承传统文化的启示

在对英、意两国在城镇化进程中保护和传承传统文化的成果和经验进行上述总结和分析的基础上，反观我国在城镇化进程中保护和传承传统文化的工作，笔者认为，我们可以从如下几方面进行针对性的调整和改进。

（一）完善保护与传承传统文化的相关立法和管理

在保护传统文化方面，我国虽于 1985 年加入了《保护世界文化和自然遗产公约》，并颁布了《中华人民共和国文物保护法》（1982），但是在相应法规的落实上还存在一些漏洞。这除了体现为监管体制的不完善，还体现为保护资金的相对匮乏。一方面，相关监管部门职能相对分散：我国负责文化保护和传承的职能部门分属于住建部、文化部等多个部委，比如自然遗产的管理划归住建部负责，文化遗产的管理则归文化部下属的国家文物局负责，不同部门（如林业、环保、水利、旅游）又在自然和文化遗产地各有其管辖范围，这无形中降低了各部门的管理效率，甚至可能导致各部门不同政策之间的冲突。[①]如果我国能够像英、意两国政府那样设立专门的文化遗产保护机构并明确各自的职能范围，那么之前提到的职能分散所导致的问题就可能得到缓解。另一方面，我国各级政府用于保护传统文化的财政经费投入不够充足。在这一点上，我们可以向英国政府学习，拓宽资金渠道，政府颁布切实有效的激励和奖励措施固然重要，但是其他方面的资金渠道也是不可或缺的，比如采用公私合作的模式，在保证政府对于文化遗产的管理权的基础上，将一些文化遗产的营销、修缮等非核心服务外包给私人管理者；在社会资金管理上采取完全透明的管理模式，保证民众有权获得相关社会资金管理机构的年度账目、财务报告、固定资产总额、善款使用情况等信息，通过电视投票等方式

①马驰：《文化遗产的保护与历史文脉的传承》，《广西师范大学学报》（哲学社会科学版）2009 年第 1 期。

决定重要社会资金的去向，等等。

在传承传统文化方面，我国也存在明显短板。比如，缺乏明晰的文化产业定义，片面追求文化产业的经济效益，缺乏有效整合文化资源的能力，等等。各地形形色色的"文化搭台，经济唱戏"运动就是这种短板的直接体现：政府传承传统文化的措施偏重于实现传统文化的经济功能，而忽视了其人文内涵；侧重于跟风营造文化商演的声势，刻意维持传统文化的表面形式，而忽视了如何将传统文化的精髓融入现代生活，使其在新的历史时期焕发新的生机。相比之下，英、意两国政府的文化产业策略，比如在文化创意产业、文化旅游中统合传统文化的精神内容和礼仪形式，就颇有借鉴意义。

（二）处理好"有效保护"与"活态传承"的关系

与第一点相联系，我国的一些地区尚不能把握保护与传承传统文化之间的平衡。一方面，一些地区或借继承创新传统文化之名过度翻新古建筑，任意改变其内部结构，用现代建筑材料任意修缮，等等；或随意篡改传统艺术，破坏了传统文化的精神内涵及其原真性。另一方面，一些地区又盲目固守传统文化的原貌，人为地将传统文化"化石化"，忽视挖掘传统文化的当代价值。从这个意义上说，我们需要重新进行科学的规划和决策，推行以积极探索保护为前提的区域整体协调发展战略规划，在保证文化遗产不被破坏的基础上，合理布局老城和新城，追求城市建筑的形态完美、区间协调。同时，英、意政府的文化产业举措，比如，通过合理发展旅游业、借助传统文化与现代新型产业对接模式对本国特色文化遗产予以保护性开发，也颇为值得借鉴。虽然我国亦有实践上述两方面举措，但是相关措施的力度和新意相对弱于英、意两国，比如我国的很多文化旅游景点也都有明显的人为造作痕迹，不能生动展现传统文化和风俗。

（三）调动民众自身的文化自觉性，逐渐形成政府主导、民众参与的保护格局

我国尚未形成全社会关注文化、建设文化的大环境，民众保护和传承传统文化的意识相对缺失，对于传统文化的战略意义也缺乏认识。英、意两国民众的文化遗产保护意识启示我们，只有民众认同遗产的文化价值，才会自

觉对其进行保护，否则，附着在文化遗产上的物质特征，比如它的形态和外观，对于民众来说就没有多少意义。要改变这种现状，我们可以借鉴英、意的相关经验，从至少以下两方面着手。首先，教育与文化不能彼此孤立。目前，我国的教育重心仍放在培养科技人才和专业技术人才，教育的功能也停留在传授和普及知识乃至应试的阶段，而其营造传统文化氛围、传播文化理念、提升学生人文素质的功能相对弱化。要改变这一现状，政府可以在教育中适当增加传统文化的比重，并通过组织学生定期参观博物馆、历史遗迹等方式增强学生对于传统文化的认同感，通过鼓励学生参加民俗庆典活动和实践传统礼仪等方式寓教于乐，让学生在潜移默化中接受传统文化的熏陶。其次，通过政策引导民众重视和热爱传统文化。比如，在国家法定假日中增加具有重要意义的民间节日的比重，以便为民俗庆典和节祭活动提供更多的时间和空间条件。目前，我国虽然已经将春节、清明、端午、中秋列为法定假日，但是尚未将元宵、重阳这样具有特殊意义的节日上升到国家保护的层面。但是，仅仅以此很难调动民众了解和保护民俗文化的热情，政府还需要重视整个社会群体在保护文化遗产过程中的重要性。比如，在举办相关活动的进程中坚持与民协力，发动当地民营企业为这些活动提供经费支持，调动各地旅游部门策划和组织这些活动的积极性，招募当地社区组织的居民志愿者和非营利组织成员来参演，等等。另外，政府需要积极扶持、引导民间文化保护社会组织的发展。文化保护社会组织可以由有思想、有建树的考古学家、历史学家、建筑师等人员组成，政府为他们的相关研究和保护组织的运行提供资金援助，并保证他们的相关建议，比如文化遗产的价值认定和保护措施、城区规划等等，能够通过有效渠道影响政府相关决策。而在调动民众保护和传承物质文化遗产的热情方面，政府可以通过以低票价甚至零票价的方式吸引民众参观各种形式的博物馆和文化遗产地、公开演出传统文化仪式、修建历史村庄等方式让民众了解本国文化的悠久历史，增强民众对于传统文化的认同感，进而自觉保护和传承传统文化。

（选自《东南学术》2016 年第 1 期）

中国古代乡村治理资源的价值重估

赵秀玲*

在党的十九大报告中，"乡村振兴"作为国家发展战略被确定下来，可见其重要性、紧迫性和艰巨性。对此，学界从各方面、多角度、跨学科对"乡村振兴"进行研讨，并取得显著成绩。但一个突出问题是，人们较少从历史角度看待乡村振兴，也难从中国古代乡村治理中获得智力智慧支撑，并进行创造性转换发展。本文着重从中国古代乡村治理资源角度切入，思考如何更好地借鉴、吸收、重估、创造和转换诸问题。

一、中国古代乡村治理资源被遮蔽的原因

"乡村振兴"口号的提出，对中国现代化发展至关重要。因为乡村既是中国社会之基石，也是中国发展的关键所在。然而，中国古代乡村治理资源却长期处于被遮蔽和忽略状态。这与一些关键的瓶颈问题直接相关，尤其与那些深刻影响和左右着乡村治理的既成观念有关。不找到遮蔽和忽略中国古代乡村治理资源的原因，很难有根本性进展，甚至可能导致迷失方向的错误。

简单甚至错误理解中国的"城镇化"发展道路，是中国古代乡村治理资源得不到重视的重要原因。不论是乡村治理的实践者还是理论工作者，往往

---

*赵秀玲，中国社会科学院政治学研究所研究员。

都难以真正历史地理解中国国情，对中国"城镇化"道路也缺乏基本认知和根本认同，从而导致"城镇化就是去乡村化"的错误认识，由此出现片面强调乡村拆迁、快速将村民变成市民、强迫农民上楼，甚至让广大村庄以加速度方式消亡等状况。其实，"城镇化"是以城乡统筹发展为前提的，费孝通早就提过"乡土中国"的概念，梁启超也表示"欧洲国家积市而成，中国国家积乡而成"，[①]梁漱溟则说"中国文化是以乡村为本，以乡村为重；所以中国文化的根就是乡村"。[②]要让"乡土中国"一变而为"城镇中国"，这既不可能，也是一种不顾中国历史、国情的盲目行为。即使从世界发展和人类命运看，让"乡土中国"一变而为城镇化国家，也未必就是一种福音。因此，中国的城镇化发展道路一定要合理、自然、健康，那就是在城乡统筹发展中，确立城乡的合理比例。在不失"乡土"之本的前提下，建立具有多层级、有序、现代的城镇结构：既包括超大城市、特大城市、大城市，也有中等城市，更多的则是小城镇。无论如何，城镇化发展不只是追求"城市"，同样也离不开"乡村"，这也是习近平总书记强调的"乡村振兴"的价值意义所在，只有这样理解，才不会忽略中国古代的乡村治理资源。

以西方理念从事中国的乡村治理，势必导致中国古代乡村治理资源不受重视。向西方学习并用其理念观察、分析和解决中国的乡村治理问题，是必要和必需的，但并不等于要用西方理念套用中国现实，甚至将西方标准作为中国乡村治理的绝对标准，并将之作为未来发展的价值选择。譬如，符合西方观念和标准的中国乡村治理就得到充分肯定和高度赞赏，否则就被置于批评和否定之列。最具代表性的是，在村民自治过程中，一直存在用西方观念进行评判的倾向，不论是西方还是中国学者，普遍以纯粹的"自治"标准反对政府推力，贬低中国村民自治的成就。其实，以西方自治标准简单看待中国村民自治，这本身就是一种错位，忽略了中国的历史和现实国情。试想，如无政府推力，只靠村民自己，中国村民自治不可能获得快速、稳定、可持续发展。但中国的乡村治理至今仍受制于西方观念，中国本位与文化自信尚

①梁启超：《饮冰室合集》专集 86，中华书局 1989 年版，第 52 页。
②梁漱溟：《乡村建设大意》，中华文化书院学术委员会编：《梁漱溟全集》第 1 卷，山东人民出版社 2005 年版，第 612-613 页。

未真正确立，导致中国古代乡村治理资源的价值大打折扣，甚至变成可有可无的过去式。

"现代性"是近现代以来中国社会思想文化中的重要概念，它确实具有革命意义，尤其在批判传统方面。中国乡村治理就是在这一观念指导下，取得巨大进步的，如自由、民主、平等意识的培育等。不过，片面强调"现代性"，尤其是将它与传统对立，是乡村治理存在的最大问题。整体而言，现代性比传统性更进步，也有着巨大优势，但这并不等于说传统就没有特长，更不是一无是处。因为现代性与传统性是相互依存、互相转化和彼此推动的。

就如林语堂对中国人的封闭、保守、纯朴、和平给予辩证理解一样，他说："我们一直在讨论中国人三种最恶劣的特点，这些特点使他们失去了组织活动的能力。我们看到这些特点来源于他们对生活的总的看法，这种看法既老成又精明，它的特征是容忍乃至麻木不仁。很明显，这种人生观不无优点，它是老年人的美德，他们既无野心又无欲望地立于世上，他们阅历丰富，时刻准备接受生活所给予的一切，但同时又坚决主张在命中注定的环境下享受幸福体面的生活。"① 在此，林语堂与鲁迅对中国人的看法有所不同，他更趋于包容性理解和辩证性兼容。

另外，在中国乡村治理中，知识精英长期以来一直没找到自己的"站位"，也就不能真正理解和认识农民，居高临下、强烈的自我优越感也必然限制其视野、态度和做法。当前，不少乡镇干部反映，他们处处为农民着想，但农民就是不买账，甚至对他们避之唯恐不及。其实，在这一困局中，农民当然有责任；不过，乡镇干部也要从自身找原因，他们是否站在农民立场真正为农民着想，懂不懂得尊重和欣赏农民，学没学会与农民打交道。为改变干部脱离群众的做法，江苏徐州梁寨镇强调下乡干部一律不准披金戴银、穿高跟鞋，也不准自带水杯，要与农民同住、同吃、同饮，目的就是希望改变脱离群众的形式主义。② 当年开展农村建设运动的梁漱溟说过："我们与农民处于对立的地位；他们是被改造的，我们要改造他。譬如定县从贫、愚、弱、私四大病，而有所谓四大教育；很显然地贫、愚、弱、私是在农民身上，我们要用

---

① 林语堂：《中国人》，郝志东、沈益洪译，学林出版社 2001 年版，第 69 页。
② 资料来源于笔者 2017 年 3 月在江苏徐州梁寨镇的调研座谈。

教育改造他。这怎能合而为一呢？其中最核心的一点问题，就是农民偏乎静，我们偏乎动；农民偏乎旧，我们偏乎新。"[1]这段话很好概括了现代知识分子与农民的沟壑距离，以及"启蒙者"自我的不觉醒，即简单站在价值高位对农民进行审视和否定。可以说，"启蒙者"在物理、心理、情感、观念上很难融入农民，也欣赏不到农民的优点，这是一个世纪以来包括梁漱溟在内的"启蒙者"存在的通病，启蒙的失效由此可想而知。晏阳初曾提出："我们不愿安居太师椅上，空作误民的计划，才到农民生活里去找问题，去解决问题，抛下东洋眼镜，西洋眼镜，换上一副农夫眼镜。换句话说，我们欲'化农民'，我们须先'农民化'。可是'农民化'至不容易。必须先明了农民生活的一切。我们正努力在农村作学徒。几年来工作愧少成绩，亦正以此。"[2]这样的看法颇有价值，只因晏阳初的"洋"限制了其实践性，未能真正达到目的。当时真正了解农民并与农民平等相待的，恐怕只有毛泽东领导的解放区，即通过欣赏农民并与他们打成一片，最后达到克服农民缺点的目的。总之，用现代性简单批判甚至否定传统，势必造成对中国古代乡村治理资源视而不见，弃不足惜。

乡村治理如无中国文化的本位意识，失去了中国乡土之根，不懂农村、农业、农民，尤其是不能以平等、欣赏、理解的态度"启"农民之"蒙"，而是充满西方观念、外在化姿态，注定是不切实际、不接地气、难与农民产生共鸣的，其收效也必不会太大。这就要求从根本上打破中国古代乡村治理资源被严重遮蔽的状况。

二、中国古代乡村治理资源的价值优势

打破既成观念的束缚，以历史意识和发展眼光进行审视，就会发现：中国古代乡村治理资源并非可有可无，而是在今天的乡村治理中有着不可忽略的重要价值。

---

①《梁漱溟全集》第 2 卷，山东人民出版社 2005 年版，第 581 页。

②晏阳初：《在欢迎来宾会上的讲话》，宋恩荣主编：《晏阳初全集》第 1 卷，湖南教育出版社 1989 年版，第 221 页。

一是家教、家训、家风、亲情在乡村治理中至为重要。众所周知，家庭是社会的细胞，没有稳定家庭的社会秩序是不可想象的。尤其是对中国人来说，家庭往往比任何方面都更能深入每个人的灵魂。因此，包括乡村治理在内的国家治理都离不开"家庭"和"家族"，就如顾炎武所言："人君之于天下，不能以独治也。独治之而刑繁矣，众治之而刑措矣……是故一家之中，父兄治之，一族之间，宗子治之。其有不善之萌，莫不自化于闺门之内；而犹有不帅教者，然后归之士师。然则人君之所治者约也。"①这也是为什么，近现代以来的启蒙思想特别强调要打破"家"对于中国人的束缚，希望他能成为一个现代人。不过，也应看到，现代中国人在获得国家意识、集体意识的过程中，又有偏离家庭，忽略家教、家风、血缘之情的不足，这是需要进行调整和重塑的。在中国古代，由家庭组成的家族作用更大，有约束家人、族人和端正其品德之功。如孟母教子有方，曾子家训不允逆子入祖坟，《颜氏家训》《诸葛亮诫子书》的影响都很大，也产生了实效。包拯在《家训》中要求："后世子孙仕宦，有犯赃滥者，不得放归本家；亡殁之后，不得葬于大茔之中。不从吾志，非吾子孙。"浦江的《郑氏家训》也有记载："子孙器识可以出仕者，颇资勉之。既仕，需奉公勤政，毋踏贪黩，以忝家法。""子孙出仕，有以赃墨闻者，生则于图谱上削去名，死则不许入祠堂。"因此，郑氏一门，从宋元到明清，出仕为官者共有 173 人，无一人因贪墨而罢官，被誉为因治家闻名的"江南第一家"。《朱子治家格言》则有这样规定："一粥一饭，当思来处不易。半丝半粒，恒念物力维艰。见贫苦亲邻，须加温恤。重赀财，薄父母，不成人子。嫁女择佳婿，毋索重聘。娶妇求淑女，勿计厚奁。居家戒争讼，讼则终凶。毋恃势力而陵逼孤寡，毋贪口腹而恣杀牲禽。颓惰自甘，家道难成。因事相争，安知非我之不是，须平心再想。施惠无念，受恩莫忘。善欲人见，不是真善。恶恐人知，便是大恶。读书在圣贤，非徒科第。为官心存君国，岂计身家。"这些家训是一笔宝贵财富，对乡村治理和国家治理意义重大，直到今天仍不失有规约作用。对于中国乡村社会来说，有时不能简单将法律条文特别是从西方移植的法规用来解决问题，而应通过"讲理"与"动情"

---

① 顾炎武：《爱百姓故刑罚中》，《日知录集释》卷六，上海古籍出版社 2007 年版，第 366 页。

等中国方式进行化解，这就是"德""教""养""育"和"化"之妙用。关于此，梁漱溟讲得透辟："中国乡村的事却断不能用法律解决的办法，必须准情夺理，以情义为主，方能和众息争；若强用法律解决，则不但不能调解纠纷，反更让纠纷易起……准情夺理，以情义为主，不囿于法律条文，这才是乡村和众息之道……我们是要以代表情理的学长来监督教训大众，把法律问题放在德教范围。"①由此可见尊重乡风民情村俗在乡村治理中的重要性和必要性。

二是精英治理成为中国古代乡村治理的关键，也是人才队伍稳定和发展的坚实保障。现在的中国乡村治理所面临的最大问题是人才流失，这主要包括：农民离开农村到城里打工，大学生毕业后不回农村，退休干部不会选择到农村养老，乡村干部大量外流，以至于不少村庄成为老人、孩子、妇女的留守地，甚至导致空心化。然而，在中国古代，农村却是人才的蓄水池，祖先崇拜意识和叶落归根观念使很多游子纷纷回归故里，成为乡村社会不可分割的一部分。除地方官外，乡村的真正管护者主要是乡绅。这些乡绅既包括那些未取得功名的乡贤，告老还乡的退休官员，还包括因各种原因暂住乡里的官员。最重要的是，乡绅是乡村社会政治、经济、思想、道德、文化之领袖。他们以经济实力、治理智慧等各方面的优势大力支援乡村治理，如以"仁孝"之德成为乡村示范，用聪明才智和广泛人脉抵御外敌，甚至阻止官吏对农民盘剥。《歙潭渡黄氏先德录》载，明万历年间歙县知县张涛访得潭渡乡绅黄时耀"言行足为一乡师表"，遂特举他为一邑乡约正。后辈特地将祖先这一荣誉写进家谱。清末，出任自治的职员多为乡绅，"督抚委其责于州县，州县复委其责于乡绅"。可见，在中国古代，乡村由政治文化精英治理，既可减轻政府繁重任务的压力，又能强化乡村自治，还能弥补自上而下权力管控留下的巨大空白。

三是非正式制度成为中国古代乡里制度的内在特色，也是不容忽略的重要支撑和补充。近现代以来，国家对中国乡村治理投入大量人力、物力、财力，并强化了正式制度的制定，这无疑走出了中国古代乡村制度建设的封闭状态。但另一方面，又在一定程度上忽略了中国古代乡村治理中非正式制度的作用。萧公权认为，"于君政官治之外别立乡人自治之团体"，②可称为非正

①《梁漱溟全集》第 1 卷，第 706-707 页。
②萧公权：《中国政治思想史》第 2 册，辽宁教育出版社 1998 年版，第 496 页。

式制度。与正式制度相比，非正式制度有随意性、个别化、软性和柔性等不足，但其长处则是丰富具体、切近实际、紧贴地气、实用有效。更重要的是，非正式制度的传承性、内在化、微细化等特点使中国古代乡里制度更有弹性、韧性和张力。目前乡村治理的正式制度不少都立意高远、全面系统、条分缕析、辩证统一，但面对复杂多样的广大农村，有时又显得空泛机械和千篇一律。以乡规民约为例，这样的非正式制度在中国古代十分丰富，也凝聚了古人尤其是乡土精英的智慧，还体现了一种"自治精神"。就如有学者所言："研究中国传统社会的乡规民约，我们发现它不只是一套有效的地方治理制度，而且体现出一种自治的精神。"[1]然而，当前的中国乡村治理对村规民约的重视很不够，即使有也往往过于简单、空洞和类同化，成为难以入心的形式招牌。1980年，由广西合寨村自发组织的第一个村委会制定的村规民约，村民都按了鲜红手印，是为自我管理而设的；然而，之后其他地方有限的村规民约就缺乏这种生命力与创新性。

四是村民的互帮互助、患难相恤是中国古代乡村治理的屏障，也显示了乡村熟人社会的内在动能。近现代以来，国家行政力量对于乡村社会的渗透与影响加大，村民所享有的公共产品越来越多，这在国家自上而下实施的精准扶贫中得到了充分体现。但这也导致了部分村民的"私心"和依赖心理有所增长，有的在"公"与"私"上不分，有的即使政府花钱也调动不了村民的积极性，传统乡村社会的内在动能发挥得不够充分。这也是为什么在乡村治理中，除了物质扶贫，还要特别强调"精神扶贫"。中国古代乡村地处偏远，即使在关键时刻往往也无法依靠政府和官员，甚至连灾祸之年和人命关天时也是如此。于是，乡村社会只能靠自己、家族中人、熟人社会的互帮互助。北宋陕西蓝田吕大钧制定乡约，倡导"德业相劝，礼俗相交，过失相规，患难相恤"，这是一种乡村社会自强、自助、自救、自治的精神。宋代范仲淹为报恩宗族乡党自小对他的帮助，成名后续修家谱、创办义庄、内建义宅，自修《义庄规矩》，全力济养族人和乡里，得到了人们交口称扬。清代的乡约、社仓、社学等在华南和华北地区都比较健全，有的地方甚至出现各式各样的社会组织，像青苗会、义坡会、大社、小社、公会、官会，还有水利组

①牛铭实编著：《中国历代乡规民约》，中国社会出版社2014年版，"自序"第2页。

织、仓库组织、自卫组织、宗教组织、娱乐组织等。它们在关键时刻尤其是危难之时，能起到转危为安的积极作用。近些年，我国广大农村也出现一些自助式社会组织，但与古代相比，不论是丰富性、个性，还是创新性、实效性，都还存在很大差距。这是目前乡村治理中存在的最大短板。

当然，中国古代乡村治理资源极其丰富，以上仅是举其要点与取其精华，以此来说明其独特性、重要性和根本性。事实上，家庭家族作用、精英治理、非正式制度、互助友爱精神，作为中国传统优秀文化的内核，已深入渗透到古代乡村治理的制度机制，也是一种深刻的内在精神力量。我们必须突破现代性等观念局限，从被遮蔽状态中将之发掘出来，并以中国思想智慧将其激活，使其焕发更迷人的光彩。

三、继承和转换中国古代乡村治理资源

强调中国古代乡村治理资源的重要性，并不等于说要让当下的乡村治理回到古代。目前，一些强调中国传统的学者就存在这样的局限：希望回归汉服、旗袍、古代礼仪等传统，对中国古代乡里制度强调得也比较过分。因此，如何在继承中国古代乡村治理资源的同时，进行现代性转换，就变得特别重要。

建立德治、自治、法治相得益彰的结构框架，是乡村治理的关键一环。目前，乡村治理比较注重法治建设，并取得了显著成绩，但其中存在西化的倾向，值得引起注意和警惕。有学者这样认为："尽管中国法律与西方的法律仍然有许多差异，但无论在理论层面还是实践层面上，中国当代的正式法律制度都更多地受到西方法律模式的影响。"基于此，"中国的法治之路必须注重利用中国本土资源，注重中国法律文化的传统和实际"。①如在德治、自治、法治的"三治"中，更多地吸收中国古代乡村治理的"德治"和"自治"，再批判性地借鉴西方法治精神，就会改变过于西化的治理模式。第一，高度重视"德治"，并将之作为乡村治理的重中之重加以对待。如秦汉时代，在乡里特设三老：有秩、啬夫、游徼，让他们主管教化。特别是在汉代，三老位尊、权重、声隆，有时可直接向皇帝举贤任能，并得到高度重视。顾炎武曾表示："汉世之于三

---

①苏力：《法治及其本土资源》，北京大学出版社 2015 年版，第 36—37 页。

老，命之以秩，颁之以禄。而文帝之诏，俾之各率其意以道民。当日为三老者，多忠信老成之士也，上之人所以礼之者甚优，是以人知自好，而贤才亦往往出于其间。新城三老董公，遮说汉王为义帝发丧，而遂以收天下。壶关三老茂，上书明戾太子之冤，史册炳然，为万世所称道。"①这也是为什么，中国古代对那些能化解乡村矛盾的"老人"特别尊重。改革开放后，村民自治中多设"老人协会"，可见其承续性。不过，也要注意，在中国乡村包括依法治理的过程中，一直存在以"人治"干预"法治"的缺憾，许多本该行之以法的案件，往往都被协商与"和解"了，从而有损于法治精神。这就需要"依法治理"进行调整和规范，不能让"德治"回到中国古代的范式中。第二，在强调中国古代"自治"时，注意吸收西方的自治优长，特别是保持开放性和创新性。中国古代乡村"自治"往往偏于自然而治，感性因素较多，乡村治理可取其所长，避免西方"自治"的形式主义局限，获得一种自足性和柔性治理；但其最大的不足是封闭和僵化，特别是惯性思维，这就需要吸收西方自治的刚性定则以及开放精神。在自然"自治"和理性"自治"之间建立一种平衡互动关系，避免失去活力的低效无效弊端。第三，在"三治"中建立科学良性关系，从而达到融通后的创新性善治。目前，乡村治理存在着各说各话的困局：有人讲"依法治理"，有人说"以德治理"，还有人强调"自治"。其实，在中国乡村，这三者缺一不可，但又不能将之绝对化。科学的理路应该是："德治"为先，但离不开"法治"保驾护航；"自治"为主，但它必须是开放的、发展的、创新性的；"法治"是保障，但在"人治"面前，特别是人情无所不在时，它又是刚性和坚如磐石的。总之，新时代的"乡村振兴"应在德治、自治、法治之间，建立既有传统性又有现代性的科学结构，而不能偏于一极。乡村善治要基于下列原则：一切都是为了"人"，为了"人性"的健全发展，为了国家的富强、民主、文明和社会主义核心价值观的充分实现。

正确理解个体、家庭、社会、国家、人类的辩证关系，是未来乡村治理的发展方向。中国儒家追求的是"修身、齐家、治国、平天下"，这既是中国古代的政治智慧，也是一种人生哲学和理想。但中国古代很难做到这一点，

①顾炎武：《乡亭之职》，《日知录集释》卷八，上海古籍出版社2007年版，第475-476页。

反而形成了强烈的"家庭家族至上"意识，个体和公民的身份往往隐而不彰，更不要说社会国家意识和人类情怀。近现代以来，个体、社会、国家意识在我国有所加强，但"家庭"和"家族"意识却逐渐被淡化，这与长期以来的家庭伦理受到强烈的批判和根本的抑制有关。林语堂就曾认为："家庭制度恰好是个人主义的反动。它拉着人往后退。""在以父母为中心的独裁家庭中，这种制度使年轻人失去了事业心、胆量与独创精神。笔者认为，这是家庭制度在中国人性格形成上最具灾难性的影响。""家庭制度作为一种社会制度，是前后一贯的，它坚信一个好兄弟好朋友组成的国家一定是个好国家。然而，在现代人看来，儒学在社会关系中忽略了每个人对自己不认识的人所应有的社会职责，这种忽略的灾难性是严重的。"①这样的看法是现代性批判的结果，它忽略了中国家庭和家族巨大的正能量和积极功能。这也是为什么在村民自治中，家庭和家族的"德治"教育功能变得越来越淡，有时甚至被理解为恶势力干扰民主选举的代名词。事实上，"家庭"和"家族"在中国有着重要的价值意义。"家庭式教育，或为中国的特殊教育方式。家庭在中国社会尤其是农村社会里，占极重要地位。家庭式教育是联合各个家庭中地位相同的分子施以相当的训练。一方面是要使家庭社会化，一方面是见到教育必须以全民为对象，要使在家庭中的老少男女，都能得到相当的教育。不过在实施方面，多与社会式与学校式联络进行。"②家庭和家族的"德治"教育功能为古代村民自治奠定了良好基础。然而，当前的村民自治中，全国各地家族干预村民选举的事确实不乏其例，但也应正视和发挥其正能量，尤其要积极引导家庭和家族成为乡村治理的道德模范和自治楷模，成为社会、民族、国家的"公民"和"大我"之载体，以克服长期以来中国传统文化中存在的"只扫自家门前雪，不管他人瓦上霜"的困局，这样才能真正获得成效。如山西运城争做五星级"模范家庭"的乡村治理与山东莱州以"孝"治村，都产生较大作用。不过，也要注意在"二十四孝"上墙时，将那些有违现代观念的糟粕清除，即使保留也是将之作为反面教材予以解释和警示。未来，中国乡村治理要建立以"家"

---

①林语堂：《中国人》，学林出版社 2007 年版，第 182、185 页。

②晏阳初：《中华平民教育促进会定县实验工作报告》(1934 年 10 月)，《晏阳初全集》第 1 卷，第 330 页。

为圆点，以家族、社会、国家、人类为大小半径，不断地划圆，以增强其向心力，并突破长期以来形成的忽略、无视"家庭"这个"圆心"乡村治理局限，同时也要改变"家庭"和"家族"的"小我"格局。

处理好自治、他治以及外在环境条件的复杂关系，是未来乡村治理的有效路径。中国古代乡村"自治"主要是自然无为的，是在官僚体制难以达到的神经末梢所做的智慧选择，这对于改变过于强调行政干预的制度机制是有益的。另外，中国古代乡村的非正式制度发挥的作用较大，其灵活多样、富有弹性和张力、比较符合当地实际的优点，是今后中国乡村治理应加以重视和发扬光大的。有学者认为："在中国法治的追求中，也许最重要并不是复制西方法律制度，而是重视中国社会中的那些起作用的，也许并不起眼的习惯、惯例，注重经过人们反复博弈而证明有效有用的法律制度。否则正式的法律制度就会被规避、失效。"①这是在考虑"他治"的过程中，重视"自治"特别是乡村治理中那些非正式制度的价值功用。另外，更要发挥作为自治主体的村民的民间智慧和创新能力，以"自种"改变长期以来过于强调外援式的"他种"模式。梁漱溟表示："乡村问题的解决还要靠乡下人自己的力量；我们的教员只是一种副力，主力还是乡下人。"②自治绝不是封闭的，也不可能做到完全自足，更不可以形成强烈的排他性，尤其不能脱离中国国情而奢谈摆脱政府推动，以及忽略社会参与和市场的力量。但需要注意的是，没有"自治"的"他治"，即使再有力量也难以持久；而只强调"自治"，不重视"他治"的巨大推动力量，就难以获得快速可持续发展的可能。可以说，在向中国传统吸取"自治"资源时，一定要坚持和遵循多元主体共同参与、协调发展的有效路径。尤其要注意，在坚持党的领导作用前提下，政府应从指导、引导和服务角度发挥更大作用，市场具有平衡调适作用，社会组织成为最好的润滑剂，再以广大乡村干群为主体，这样就会使"自治"变得更加开放和内在，乡村治理就能获得更加良性、有效、可持续发展的动力。

对于中国当下的乡村治理而言，还需要强调以下三点：第一，外国乡村治理及其文化传统具有外在化特点，它永难成为我们的主体和根本，其价值

---

①苏力：《法治及其本土资源》，中国政法大学出版社2004年版，第39页。
②《梁漱溟全集》第1卷，山东人民出版社2005年版，第688页。

主要是借鉴作用和激活功能，即所谓的"他山之石可以攻玉"，因此要改变长期以来将西方包括所谓的"现代性"奉为圭臬的做法。只有克服了这一点，才能避免对于西方概念、理论、价值观、路径简单征用和套用的情况，真正找到自己的正确站位。第二，中国古代乡村治理及其文化传统是内在的本源，它代表我们的血脉与基因，今后所有的变化、创新、发展都不能不建基于此，这是"固本培元"的关键之所在。梁漱溟认为："天下事无论什么都要靠他本身有生机有活气；本身有生机有活气，才能吸收外边的养料……所以想要乡村向上生长，必先让他本身有生机。可这生机又从那里去开呢？这就要靠启发农民自觉了。"[1]这样的认识是清醒理性的，对今后中国的乡村治理具有重要的启发性。第三，中西传统不管怎么好，它们都不能成为我们今天的范式，也不能代表现在和未来，因此，融通和再造以及返本开新就变得特别重要。只有在继承传统中开拓创新，批判借鉴包括西方在内的一切外来文化，我们才能真正实现新时代的"乡村振兴"。所以，珍视中国古代乡村治理资源，并在开放进取的前提下进行现代的创造性转换，未来的乡村治理之路就会越走越宽阔。

（选自《东南学术》2020 年第 3 期）

---

① 《梁漱溟全集》第 1 卷，第 618 页。

非物质文化遗产生产性保护探索

杨亚庚　陈　亮　贺正楚　陈文俊[*]

一、研究背景

非物质文化遗产是指各种以非物质形态存在的与民众生活密切相关、世代相承的传统文化表现形式，包括口头传统和表述、传统表演艺术、民俗活动和礼仪与节庆、有关自然界和宇宙的民间传统知识和实践、传统的手工艺技能等，以及与上述传统文化表现形式相关的文化活动。

因为绝大多数非物质文化遗产不能依靠自身发展而生存，故需要保护。为什么非物质文化遗产生命力如此脆弱，不能依靠自身发展而得以生存并且传承下去，主要是因为以下两个因素的存在。

第一，非物质文化遗产的人身依附性，导致不少非物质文化遗产项目"人亡艺绝"。一些非物质文化遗产项目，往往是传承人（包括持有者、传授人与继承人）一去世，该非物质文化遗产项目也就在世界上不复存在。非物质文化遗产依靠传承得以一代一代地生存下去，非物质文化遗产的这种传承性需要依托传授人和继承人这两代人的密切合作，两代人构成的"传承链"不能出

---

*杨亚庚，长春师范学院教授；陈亮，博士，桂林理工大学管理学院教授；贺正楚，博士，桂林理工大学管理学院教授；陈文俊，博士，中南林业科技大学经济学院教授。

现中断；传承过程当中，传授人愿意传授、继承人乐意继承，否则"传承链"就要中断，非物质文化遗产失传。

因此需要完善非物质文化遗产保护机制，必须从两方面考虑保护问题，既要重视非物质文化遗产传授人的保护，也要关注继承人的培养和保护。

第二，非物质文化遗产的物质性与非物质性共存，决定其保护的复杂性，以及保护方式的相对困难。非物质文化遗产中的技艺、传承人（包括持有者、传授人与继承人）等非物质化的内容，决定其保护方式与保护文物的方式不一样：保护文物时，可以通过博物馆式收藏、陈列，非物质文化遗产的非物质性决定博物馆式保护方法不适用。非物质性特性的非物质文化遗产，既决定其一旦失去或者破坏之后重新修复或者维修的可能性都很小，甚至还决定其完全不能像工业化产品一样无限制地规模化、批量化、标准化生产。

近年来，如何保护濒临失传的非物质文化遗产日益受到社会各界广泛关注。我国不少非物质文化遗产目前处于濒危状态，令人担忧。以北京为例，北京市入选国家级非物质文化遗产保护名录的项目72个，市级非物质文化遗产保护名录216个。然而，不论是国家级还是市级，这些众多的非物质文化遗产项目所依托的企业，其中不少企业亏损严重或者濒临破产倒闭。而有些企业则是因为对传承人保护不力而导致传承人流失或者技艺后继乏人，传承人才链条面临断裂的危险。例如，北京传统雕漆工艺是中国漆工艺的一个重要门类，雕漆工艺所蕴含的高超技艺和聪明才智，是中华民族传统工艺的瑰宝。市级非物质文化遗产保护企业北京雕漆厂，自20世纪50年代初到20世纪末，发展一直还算顺利，雕漆工艺以及雕漆产品的非物质文化遗产在该企业得到了较好的传承和发展。然而进入21世纪以来，由于雕漆产品出口受阻、内销不畅，北京雕漆厂职工人数锐减，企业陷入消退的境地。全国各地类似北京雕漆厂上述情况的，举不胜举。

二、问题的提出

充分利用和遵循非物质文化遗产生存和发展规律，依托物质产品的生产、流通和销售等方式，将非物质文化遗产及其资源中的精神因素凝固于物质产品或者转化为文化类型的物质产品，使非物质文化遗产在创造物质财富和精神财富的生产活动中得到积极保护，这就是非物质文化遗产的生产性保护。近年来，在我国非物质文化遗产保护的理论与实践中，生产性保护模式已经引起人们注意，如果进一步经过理论探索与生产实践的不断检验，生产性保护可能成为符合非物质文化遗产自身特点及规律的重要保护方式之一。

国内外不少学者对非物质文化遗产的生产性保护进行了讨论和研究，但存在不同的看法。保守派认为现代记录技术的"物化"手段和生态区建设的"环境不变"方法可以确保非物质文化遗产"活着"存在；激进派则认为非物质文化遗产的活态性、资源性证明与时俱进地产业开发是保护的有效手段。其实生产性保护是对这两种观点的折中，它强调从非物质文化遗产发生本质即生产中去探索保护方法，是一种符合非物质文化遗产本质的可持续性的保护方式。但在使用这种方式时，要注意非物质文化遗产的特殊性，要因项目制宜，要尊重传承人的愿望，要充分考虑遗产产权等问题。

在我国非物质文化遗产的保护实践中，一般依靠事业化模式管理和保护非物质文化遗产。目前，事业化模式弊端丛生且难以为继。由于是以政府拨款为非物质文化遗产经营单位的主要经济来源，所以绝大多数经营单位只好也只能以维持简单经营为基本目标，这就导致大多数非物质文化遗产经营单位发展极为缓慢，不少单位甚至长期在日趋萎缩、濒临倒闭的破产边缘上挣扎。纯粹依靠事业化模式进行非物质文化遗产的传承和保护的路子，已经越走越窄，必须拓宽思路，开辟生产性保护模式的新路子。生产性保护就是对传统事业化模式的扬弃，由于不再单纯依靠政府财力支撑，在政府政策扶持之下，通过市场力量增加非物质文化遗产经营单位的生产力量和发展能力，为保护和传承非物质文化遗产提供物质基础。在部分非物质文化遗产项目中引入生产性保护机制，使部分非物质文化遗产项目产业化，达到以产养产、促进建设和发展的目的，缓解甚至根本改观非物质文化遗产经营单位入不敷出、难以为继的尴尬局面。

通过生产性保护模式对非物质文化遗产进行产业化运作，满足了人们心理需求和精神需求这一新时代的经济主旨，为经济社会发展提供了新途径。非物质文化遗产产业作为文化产业的一种重要表现形式，蕴藏着巨大的生产力和文化竞争力。对部分非物质文化遗产进行产业化运作，既可以凝聚非物质文化遗产蕴涵的丰富地域文化功能，还可以充分发挥文化产业的品牌效应、经济效益及社会效益。因而非物质文化遗产的产业化，已经成为地方软实力在地区综合竞争力比拼之中的一项重要内容。非物质文化遗产实现生产性保护、产业化经营，有利于文化资源的合理配置，形成新的衍生产品，延长产业链，壮大文化产业，同时也符合当前经济社会的可持续发展要求。

另外，国外对我国非物质文化遗产的生产性开发、产业化利用，一方面对我国利用和保护本国非物质文化遗产形成了竞争和挑战，另一方面也给我国生产性保护本国非物质文化遗产提供了思路与产业化实践启迪。随着全球文化产业经济时代的到来，以及世界各国对本国文化全球影响力的日益关注和重视，我国非物质文化遗产的传承与发展正面临着日益严峻的挑战。例如，2005年，韩国成功抢注"端午"为世界文化遗产；2006年，日本公司抢注我国古典四大名著游戏商标；2005年，韩剧《大长今》在中国内地热播，剧情反复强调"针灸"源于韩国；2008年，美国梦工厂把中国的"功夫"和"熊猫"拍成动画电影《功夫熊猫》。上述原本属于中国非物质文化遗产的中国元素和中国文化，遭到恣意剽窃和盗用，一些非物质文化遗产项目被国外申请了商标、专利保护，而反过来限制了我国的正当使用，这就可能带来我国千百年流传下来的文化遗产一下子变成外国人东西的严重后果。可见，我国生产性保护、产业化运作非物质文化遗产任重道远。

因此，生产性保护、产业化运作应该是保护我国非物质文化遗产方式的一种重要选择。通过这种选择，既设法阻挡经济全球化趋势下外来文化的强势冲击，也可以利用产业化经营以便有效承载中华民族五千年的文化渊源，使民族精神得到更强的凝聚，民族文化得到更广泛的认同，以此促进民族团结、维护国家统一。历史文化悠久、非物质文化遗产资源丰富的中国，是国际产业资本重点开发对象，尤其是那些在我国名气很大、社会民众广为接受、市场容量很大的非物质文化遗产资源，已经成为全球产业资本重点争夺的领域。不少国家利用其产业开发能力，开发我国一些非物质文化遗产资源，在形成带有开发国文化色彩和民族观念的文化产业之后，又大量向我国输出产品。例如，《西游记》中的孙悟空、猪八戒等我国古典名著中的形象，被日本有意识地纳入其动漫作品中，然后又将这些动漫作品大量销往中国市场。美国产业化运作了不少我国的非物质文化遗产。例如，"功夫"本来是我国的传统文化，"熊猫"更是我国的国宝，然而在2008年，"功夫"和"熊猫"这两大中国元素却被美国打造出动画电影《功夫熊猫》，该电影出口到中国影视市场后，赚取了中国消费者 1.85 亿元人民币。又比如，我国民间文学作品《花木兰》，也被美国创意加工为其影视产品，并把关于《花木兰》的影视产品大量销往我国。美国、日本等国利用我国《西游记》《花木兰》等非物质文化遗产资源开发的非物质文化遗产产品，既使我国失去了开发这方面产品、发展这方面产业的机会，也使我国消费者被动接受甚至认同西方文化思想和价值观念，反作用或者在一定程度上抵消了我国消费者对本国传统文化的理解、吸收和发扬。可见，我国若不及时主动生产性保护、产业化运作部分非物质文化遗产项目，通过产业化开发和保护非物质文化遗产，国外就有可能抢先进行商业开发和利用。因此，生产性保护、产业化运作非物质文化遗产，是我国应对非物质文化遗产国际挑战的需要。

三、现有保护模式的积极作用与弊端

我国对非物质文化遗产的保护，遵循"保护为主、传承发展、合理利用"的方针，在非物质文化遗产保护与开发实践过程中，目前存在着两种主要模式：一是博物馆式静态控制保护模式(简称博物馆保护模式)，二是产业导向型开发模式(简称产业导向开发模式)。这两种保护与开发模式各有侧重点，在非物质文化遗产保护实践中都发挥了积极的作用。

(一)博物馆保护模式

该模式对相当一批非物质文化遗产的保护卓有成效。一些文物古迹例如古建筑、石刻壁画、古遗址、古墓葬、历史文献等，作为历史遗留的产物，是特定历史时期社会政治、经济、文化、军事状况的体现。为了真实地保存其历史原貌，防止历史原貌走样、扭曲、变形或者变调，在其保护的过程中，一般适宜通过博物馆保护模式使其原封不动地得到保护。

博物馆保护模式并不适宜全面推广，该模式很容易把保护非物质文化遗产的文化属性、本体意识与挖掘其经济价值和市场功能对立起来，长久而言会因为无止境的公共管理造成财政压力，最后流于形式；单纯给非物质文化遗产项目代表性传承人补助金、兴建非物质文化遗产纪念馆等，则容易割裂与民众日常生活和文化消费需求的天然联系。事实上，由于博物馆式保护模式使项目传承人远离生产实践，民众接受和欣赏非物质文化遗产的艺术环境也因之受到人为的隔离，非物质文化遗产的传承与发展容易失去生存的土壤和发展的环境。近些年国家依托博物馆式保护模式，对非物质文化遗产投入了大量经费，但仅凭政府投入不能从根本上改善其传承发展的瓶颈问题，还必须探索其他科学有效的保护方法。

博物馆保护模式只是可以在短时期内强制性留住那些如不抢救式保护就会彻底消失的非物质文化遗产，并可以有效促进非物质文化遗产资源的系统搜集、有序整理，方便宣传展示，提供研究平台和基础。不过，从长期来看，该模式显然存在严重缺陷。因为非物质文化遗产的传承载体是人群而不是器物，传承人的存在寿命是有限的，只要某个项目的传承人没有了，则该项目的传承载体就失去了活力，失去了存在的巨大价值，也发挥不了影响。所以如果非物质文化遗产仅仅依靠保存文本、图片、实物、影像资料等物质载体，而忽略传承人的培养和扶持，就极有可能出现创作群体和传承人轻易消失和人际失传的严重后果。因此，如果让博物馆保护模式成为保存和开发物质文化遗产的主要方式，则是得不偿失之举和本末倒置的做法。

（二）产业导向开发模式

不少非物质文化遗产项目具有一定的经济价值，有些项目的产业开发价值还很巨大。非物质文化遗产项目的商品化开发现象很普遍，产业化发展的路子也很常见，产业导向开发模式在全世界各国都流行。据估计，单就非物质文化遗产中的手工艺制作这一商品化产品而言，在全球就已经形成了300亿美元的市场价值。秘鲁的传统手工艺品，其生产和销售额占据该国国内生产总值的一半；美国新墨西哥州的印第安手工艺，被开发成年产80亿美元的产业。

由于不少非物质文化遗产项目具有较高的经济开发价值，因此通过产业导向开发模式容易使其开发步入泛商业化误区。一些地区打着开发的幌子，不惜歪曲非物质文化遗产的真实面目，利用非物质文化遗产的独特价值和特殊魅力，一些开发企业树立广告和招徕游客的招牌，将其作为谋取利益的重要手段。一些地方政府对非物质文化遗产的申报相当重视，待其申报成功之后，却多是比较随意地把非物质文化遗产项目交给企业进行商业开发，保护措施不得力，监督管理也不到位，这种产业导向开发模式严重损害了非物质文化遗产的传承和保护。

我国在非物质文化遗产保护方面的产业导向开发模式，主要存在以下两方面的问题：

一是非物质文化遗产项目开发方式的粗放导致产品的空壳化、庸俗化与同质化。近年来，各地纷纷将非物质文化遗产开发列为重点发展的特色文化产业项目，但由于非物质文化遗产资源开发比一般经济项目、文化项目更需要整合资源，对人才素质要求更高，因此真正进入实质产业开发的项目并不多，能够产生规模效应的则更少。

非物质文化遗产项目一般多在经济欠发达地区，且一般为经济状况不够理想的人群所传承。所以，欠发达地区的非物质文化遗产开发项目，有些基本没有经过规划就被急功近利的开发商盲目开发、随意发展，甚至出现某些开发商"挂羊头卖狗肉"的现象。而在一些已开发的非物质文化遗产文化旅游项目中，由于开发方式的粗放、高端人才的匮乏以及资源整合提炼的欠缺等原因，不仅难以形成产业规模效应，许多产品还成为文化鸡肋。凝聚非物质文化遗产精华的杰出技艺、基本上以家庭作坊式生产经营的各种传统手工艺品不断被边缘化。例如广东省佛山市的木刻年画、陆丰的皮影以及潮州的剪纸、泥塑、麦秆画等，虽然历史悠久、工艺精湛，但一方面是自身将传统手工艺品向旅游商品转化的意识和力度不足，另一方面是大量机械复制的现代工艺品打着非物质文化遗产的旗号挤占其市场空间，这样不仅难以形成产业规模，甚至面临技艺失传的危险。

二是重视开发利用、忽视保护传承。一些地方政府把非物质文化遗产项目的开发等同于一般经济、文化项目，往往没有经过专家的严格论证就匆匆上马。在开发主体上，往往存在政府、专家与村民缺位的现象，任由开发商为追逐利益的最大化将非物质文化遗产碎片化、拼盘化、非民间化制作，不仅对文化空间造成破坏，而且常借创新之名随意篡改民俗艺术的本质，损害了非物质文化遗产的本来面貌。此外，政府、开发企业、社区民众、传承人之间分配机制也没有理顺，导致各方保护非物质文化遗产的积极性不高。

四、生产性保护在非物质文化遗产生产运作中的实践案例

生产性保护涉及非物质文化遗产产品。非物质文化遗产产品是指与非物质文化遗产有关的一切提供给社会的可见产品，既包括物质形态产品，也包括精神形态产品。生产性保护可以充分利用市场这个传播非物质文化遗产的强大手段，将非物质文化遗产产品推向社会、推向民众。非物质文化遗产产品中，各种实践、表演、表现形式、知识和技能等很大程度上属于精神形态产品，而与非物质文化遗产有关的工具、实物、工艺品和文化场所等则属于物质形态产品。由于非物质文化遗产具有历史、艺术、科学、文化多样性、维护族群关系与社会秩序、满足人们心理和精神的需求等多方面的物质价值和精神价值，因此无论是精神形态产品还是物质形态产品，都值得传承和保护。

通过生产性保护模式，对部分非物质文化遗产项目实施传承和保护，实乃迫不得已之举，这里有两个生产方面的案例，可为例证。蜀锦是我国四大名锦之一，一幅长 1.5 米、宽 0.8 米的蜀锦《百子图》，其市场售价为 1.2 万元。蜀江锦院在生产《百子图》时，若按照传统的方式织锦，通过手工织机需要 2 个工人工作 2 个月，按照每个工人的月工资为 3000 元计算，《百子图》的人工成本就为 1.2 万元，其人工成本与其市场售价等同，这就意味着《百子图》的生产毫无利润可言。蜀江锦院为了降低成本、求得生存，只好同时使用 3 种机器进行生产：数码织机、木织机和传统手工织机。3 种机器生产同样的蜀锦产品，由传统手工织机生产的产品精细效果最好，木织机次之，数码织机最差。数码织机生产的蜀锦与印刷机生产的效果差不多。蜀江锦院是通过数码织机的生产，来维持企业生存，让传统手工织机的生产得以在数码织机的生产产品带来的利润之下得到保护。

"印象·刘三姐"以世界级风景区——桂林阳朔的漓江山水为舞台，以脍炙人口的刘三姐民歌为素材，以文化产业的方式进行运作，以人与自然协调发展的理念进行生态环境整治和保护，形成核心项目"印象·刘三姐"，连同刘三姐歌圩、山水剧场、阳朔东街、书童山休闲度假区在内形成"锦绣漓江风景区"，将民歌艺术完美地展现出来，并加以推广。本项目资金概算，包括土地征集、基础建设、设备购买、落实排练、广告宣传等费用总计需投资

7600 万元。仅灯光加上音响的实际投入就达到 2500 万元。每场演出成本高达 3 万元。"印象·刘三姐"大投入、大制作也带来了高回报：据官方统计，演出从 2004 年 3 月 20 日正式公演至 2005 年 11 月共演出 571 场，观众 77.5 万人次，票房收入 7600 万元；"印象·刘三姐"的推出，已将游客在桂林停留时间延长了 0.34 天。2010-2012 年净利润分别为 5492.83 万元、8372.77 万元、9592.87 万元，有力地拉动了相关产业蓬勃发展。

生产性保护也为一些非物质文化遗产行业带来了生机。例如四川泸州的油纸伞，以往只能卖十几元、几十元，但是经过加入中国的剪纸、蜡染等元素的设计，价格就能够达到 200 多元。又比如传统的鼻烟壶一度很难找到市场，冀派内画传承人为了适应新的消费需求，在工具、题材和材料等方面进行创新，开发肖像鼻烟壶，以及盛香水的鼻烟壶，就使这些产品畅销海外市场。

生产性保护要求在具有生产性质的实践过程中，以保持非物质文化遗产的真实性、整体性和传承性为核心，将非物质文化遗产及其资源转化为物质形态产品。这一保护方式主要是在传统技艺、传统美术和传统医药药物炮制类非物质文化遗产领域实施。生产性保护非物质文化遗产，主要目的不是在于其经济价值，也不是要通过非物质文化遗产的经济价值来实现生产性保护的目标，而只是以生产性保护为手段，使非物质文化遗产物质形态产品的工具、实物、工艺品和文化场所等，能够得到及时添置、补充、修缮和更新，也使非物质文化遗产中的精神形态产品依靠自身发展而得以生存下去。例如，中国藏族的唐卡、美国西北海岸印第安人的艺术，这些非物质文化遗产都形成了制作产业，无论是商业化的唐卡还是已经成为全球最重要旅游资源的印第安人艺术，都在生产性保护中得到了保护、传承和发扬。

生产性保护甚至涵盖部分非物质文化遗产项目的生存和发展全部过程或者整个环节。例如，一些传统医药药物炮制类型的非物质文化遗产项目，一直需要依靠长期的生产实践才能得到生存和发展，对它们的保护与传承也只有在生产实践中才能真正实现，因此生产性保护模式应该是传承和保护这部分非物质文化遗产项目的一种有效模式。关于这一点，已经为我国的实践所证明。在我国公布的首批国家级非物质文化遗产保护示范基地公示名单中，衡水内画、热贡艺术、土族织绣、绵竹木板年画、庆阳香包等多数项目，都采用了生产性保护模式。

五、理顺和完善生产性保护模式

（一）对生产性保护理论进行深化

当前亟须加强对非物质文化遗产生产性保护的理论探讨，探索生产性保护的文化产业经济发展规律，形成生产性保护理论体系。探讨方向主要集中在六个方面：第一，构建非物质文化遗产项目生产性保护的实施标准函数和选择标准评价体系，论证哪些非物质文化遗产必须要进行生产性保护，建立覆盖全国非物质文化遗产项目的生产性保护项目目录。第二，生产性保护型非物质文化遗产项目的经营理论。探索生产性保护型非物质文化遗产项目依靠市场进行生产性经营的纯市场化理论或依靠"市场＋市长"的方式进行半政府半市场经营的半混合经营理论。第三，生产性保护型非物质文化遗产项目的生产者理论。研究"利润非最大化"前提下生产性保护型非物质文化遗产项目、企业和产业的生产者行为的特殊性，构建生产性保护型非物质文化遗产项目资源配置效率理论、成本核算理论、收益理论等有关在特定性目标导向之下的有特色的生产者理论。第四，生产性保护型非物质文化遗产项目的管理理论。探索生产性保护型非物质文化遗产项目产业化过程中的管理机制，实现生产性保护型非物质文化遗产项目存续与发展的良性循环。建立生产性保护型非物质文化遗产项目市场化后的评估、监测、规范等管理机制与收入分配体系。第五，生产性保护型非物质文化遗产项目产业化的案例研究。研究生产性保护型非物质文化遗产项目产业化的成功案例和失败案例。第六，生产性保护型非物质文化遗产项目产业化的政策研究以及对策研究。从生产性保护型非物质文化遗产项目资源禀赋利用、传承人保护、政府介入、旅游开发等方面，探讨产业化对策。对生产性保护型非物质文化遗产项目产业化发展规划、政府政策手段扶持、应用数字技术等现代科技手段改造非物质文化遗产、生产性保护型非物质文化遗产项目产业化经营的服务平台、旅游开发与非物质文化遗产产业化主体的利益协调等问题，提出具体对策。

（二）预设生产性保护界限和约束制度

生产性保护的核心，在于对传统技艺的传承和保护，而且要把保护放在首位。生产性保护的界限是不能破坏传统核心的技艺，特别是要强调"留住手工"，保护是生产目的和基本原则，开发工作要服从和服务于保护的需要，开发的重点和中心工作是面对广大的市场和庞大的消费者群体。在尊重历史、保护传统的前提条件下，坚持传统工艺流程的整体性和核心技艺的真实性，适当对非物质文化遗产的生产方式进行创新性设计、新颖式改造，但绝不能随意变通、恣意改变非物质文化遗产的传统文化内涵。

在非物质文化遗产产品的生产和销售过程当中，尽量保留通过历史习惯和文化积淀形成的生产方式和销售方式，这些方式主要由非物质文化遗产传承人或者非物质文化遗产产品制作人的手工工艺而得以体现其非物质文化遗产产品价值，不能因降低产品成本和单纯追求产业规模的缘故，而在非物质文化遗产产品的生产中大量使用机器进行机械化流水线生产，导致机器加工产品泛滥，占据市场，使非物质文化遗产产品手工制作所特有的差异化个性特征和独特品位价值难以得到体现。

非物质文化遗产的生产性保护，必须得到政府部门的严格管理。政府部门对非物质文化遗产的生产，包括生产者的资格准入、生产要素的投入、生产环境的变化、产品的市场流通和产品销售以及市场空间的拓展，都要置于政府相关部门的严格管理之下。要充分利用地方政府、行业协会或者民间组织的力量，制定针对各类项目的管理规范和认定标准。通过建立一整套关于生产的预警、监控、处罚的制度约束体系，确保生产性保护功能的发挥服从服务于"非物质文化遗产传承与保护"。

（三）合理开发并避免生产性破坏

生产性保护的根本任务还是保护非物质文化遗产，而不是产量最大化或利润最大化。生产性保护不能作为非物质文化遗产保护的目标导向和最终目的。源于经济利益的驱使，生产性保护过程当中，容易出现过度产业化、商品化、机械化现象，而忽视保护。政府管理者以及企业经营者更应该着眼于建立非物质文化遗产产业和生产性保护之间的互惠互利机制，促进生产性保护和非物质文化遗产产业发展的良性循环。

生产性保护项目的生产主体是家庭作坊和个人、个体劳动者，多元化的非物质文化遗产的生产和产品流通方式中，纯手工生产以及手工与简单机械相结合的生产、自产自销或产销分离家族小作坊式生产，应占据生产的主流方式和重要位置，公司化专业化生产只是生产性保护的一部分生产方式，而绝对不能成为主流方式。

家庭作坊和个人、个体劳动者在生产性保护的具体经营中，往往会陷入因为"无法获得足够的经济效益以支撑项目生存"的境地，占据生产主流方式和重要位置的家庭作坊和个人、个体劳动者等生产主体，在生产过程中常常遇到场地缺乏、资金短缺、设备陈旧、传承人年老体衰、各种税费征收沉重等困难。这就要求政府出面鼓励和帮助他们保持核心技艺，为他们在打开市场方面提供销售、展出和宣传机会，同时协调原材料管理、投融资、税收等多方面关系，为他们的生产性发展创造良好的生产和经营环境。

（四）创新企业非物质文化遗产设施投入模式

与一般生产企业在生产运作管理当中对基础设施投入不同的是，实施非物质文化遗产生产性保护的企业和单位，必须建立自己的非物质文化遗产展示设施和传习基地。非物质文化遗产生产性保护的企业、单位，在建设非物质文化遗产展示馆（室）和传习所的过程当中，要创新生产性保护企业设施投入模式。目前，主要的创新模式有两种：一是对那些处于地域偏远、生产规模小、制作工艺简单的项目企业、单位，纳入当地公共文化服务体系，进行非盈利保护扶持式生产、群体性社会传承，实施"生产作坊 + 传习所 + 社区文化服务中心"生产性保护模式。二是对有一定产业规模的非物质文化遗产保护企业、单位，通过建立规范的传习基地和文化展示馆或博物馆，并对社会公众和游客开放，实施"工厂 + 博物馆 + 传习所 + 文化观光旅游线"生产性保护模式。

参考文献：

[1] 岳青：《生产性保护：活态传承的有益探索》，《中国社会科学报》2012 年 2 月 13 日。

[2] 李昕：《可经营性非物质文化遗产保护产业化运作合理性探讨》，《广西民族研究》2009 年第 1 期。

[3] 贺正楚、张蜜、吴艳：《非物质文化遗产的产业化模式：以"二人转"为案例》，《广义虚拟经济研究》2012 年第 4 期。

[4] 王松华、廖嵘：《产业化视角下的非物质文化遗产保护》，《同济大学学报》(社会科学版)2008 年第 1 期。

[5] 贺正楚、张蜜：《非物质文化遗产产业化研究——以隆回县为例》，《广义虚拟经济研究》2012 年第 2 期。

[6] 蒋多：《再谈非物质文化遗产走出去——兼论生产性保护的理念与方式》，《中国社会科学报》2013 年 1 月 8 日。

[7] 李阳：《金融危机下非物质文化遗产产业品牌的创建》，《文化学刊》2010 年第 3 期。

[8] 马莹：《论非物质文化遗产的产业化保护——以衡水冀派内画产业为例》，中央民族大学出版社 2010 年版。

[9]Nelson Graburn：《人类学与旅游时代》，赵红梅等译，广西师范大学出版社 2009 年版。

[10] 陈波：《北京市珐琅厂入选非遗生产性保护示范基地》，《首都建设报》2012 年 2 月 3 日。

[11]孙志国、钟儒刚、刘之杨等：《武陵山片区少数民族非物质文化遗产的保护与传承》，《重庆与世界》（学术版）2012 年第 9 期。

（选自《东南学术》2014 年第 1 期）

文化产权和文化安全

颜纯钧[*]

最近，关于韩国准备向联合国教科文组织申报端午节为本国文化遗产的消息，在媒体上闹得沸沸扬扬。许多国人对中国的传统节日被其他国家抢先申报纷纷表示了隐忧和警惕。中国民族民间文化保护工程专家委员会委员、中国民间文化遗产抢救工程专家委员会副主任、中国民俗学会副理事长乌丙安教授在接受媒体采访时却指出：非物质文化遗产的申请和品牌的注册不同，不存在抢注，更不存在保卫战之说。"我们一直很重视自然遗产的申报，但'人类口头遗产和非物质遗产代表作'具有'共享性'，和自然遗产的独有性是有区别的。他国申报了，我们还可申报，即使联合国批准了，我们也可以。"[①]

乌教授是这方面的专家，他对文化遗产申报中的有关情况肯定是更为熟悉的，其观点当然也更具有权威性。但耐人寻味的是——既然非物质文化遗产具有"共享性"，不存在抢注，更不存在保卫战之说，为什么韩国还是急于把可能和中国存在权属争议的项目申报为本国的文化遗产呢？看来，有一点韩国比我们更清楚：文化遗产虽然具有共享性，但它的权属问题仍然非常重要，被共享的是文化遗产的成品，但这成品属于谁所有却是另一个问题；并

---

[*]颜纯钧，福建师范大学新闻传播学院教授、博士生导师。

[①]雅虎中国资讯网 2004 年 5 月 11 日转载《北京娱乐信报》文章《韩国爆出"申遗"消息端午节不存在保卫战之说》。

不能因为文化遗产可以共享，它属于谁所有的问题就没有一点价值，也没有一点意义了。颇为简单的事实是：即便可以共享，也还有一个由谁拿出来共享的问题。埃及的金字塔毕竟是埃及的，是埃及拿出来给全人类共享的；中国的京剧毕竟是中国的，是中国拿出来给全人类共享的……文化遗产除了作为人类共有的精神产品之外，更有围绕着它的一系列精神价值和利益预期，包括民族文化传统、民族国家形象、民族自豪感、民族文化的保护和利用等等。这就不是所有人都可以共享，也不是所有国家都应该利益均沾的。尤其是"人类口头遗产和非物质遗产代表作"，因为都属于无形的、精神性的存在，它的权属关系就更难以界定和保全，于是界定和保全也就更为重要。在全球化语境中，文化的跨国界传播正在把更为复杂、微妙和不平等的文化关系摆在我们面前。包括联合国在内的各种国际组织，在国际公约的制定和执行上，效率不见得高，态度也不见得公平。在这种情况下，以自己的天真、浪漫和一厢情愿，去应对其他国家在"共享"的名义下对民族文化遗产实施巧取豪夺，这就不能不引起我们的高度警惕了。

布尔迪厄对资本的问题有自己独特的理解，他认为资本是一种权力形式，它包含了对自己的未来和对他人的未来施加控制的能力。他指出："任何特定的文化能力（例如，在文盲世界中能够阅读的能力），都会从它在文化资本的分布中所占据的地位，获得一种'物以稀为贵'的价值，并为其拥有者带来明显的利润。"[1]值得注意的是，文化产业所生产的商品是文化商品。文化要真正成为商品进入市场，不仅需要考虑经济资本，更需要考虑文化资本。对一个民族国家而言，其在全球性文化资本的分布中所占据的地位是不尽相同的：这同样取决于它原本所拥有的文化能力，具有多少"物以稀为贵"的价值。在尚未进入产业化运作之前，文化资本一般只是以文化资源的形式潜藏着；于是一个国家越是拥有稀缺性的文化资源，便越能拥有更为强大的文化能力，并在文化的产业化运作中转换为文化资本的相对优势。文化经济时代的民族国家文化资源，不再仅仅具有文化价值，而且还具有经济价值；或者说，因为其拥有文化价值，已经进一步具备了转化为经济价值的潜能。问题只在于，如何把这样的文化资源加以资本化的运作，然后以文化产品的形式去换取经

---

[1]布尔迪厄：《文化资本与社会炼金术》，上海人民出版社1997年版，第196页。

济上的收益。进入文化经济时代之后，文化遗产的价值和功能都发生了深刻的变化。文化遗产不仅是全人类可以共享的文化成果，而且还是民族国家宝贵的文化资源。这些文化资源除了是文化的之外，还可以通过资本化的运作把文化价值转化为经济价值；而且随着全球性文化需求的上升，其经济价值还在不断提高，直至出现这样的趋势——文化产业取代制造业成为支柱产业。在全球化语境中，文化资源已经成为民族国家文化能力的体现，民族国家正是据此在全球性的文化竞争中去争取文化资本不均衡分布中的优势地位。

当民族文化遗产在全人类共享的名义下输出文化价值时，其所潜在的经济价值也会同时被夹裹而去。这已不仅仅是可能性，而成了文化全球化中的现实。最典型的例子便是好莱坞对中国古典文学名篇《花木兰》的改编，中国的民族文化遗产就这样轻易地被好莱坞转化为自己的文化资本，并在全球范围内毫不羞惭地收取经济上的丰厚利润。除此之外，日本动画大师手冢治虫也把中国的古典文学名著《西游记》改编为动画片《我的孙悟空》，开始以音像版的形式来华全球首映。更令人感到吃惊的是：有消息报道，好莱坞已经把《狄仁杰》《孙子兵法》《天仙配》《成吉思汗》《杨家将》《西游记》等中国的文化遗产列入拍摄计划。很显然，中国的文化资源正越来越面临大量流失的危险。如果以为文化遗产因为共享的原因可以忽视它的权属问题，如果以为联合国教科文组织签订的相关条约，有可能出面主持公道，有能力保障我们的文化安全，那我们将会付出惨痛的代价。

乌丙安教授在接受采访时还透露，除了韩国申报"江陵端午祭"为该国文化遗产，在公布的联合国非物质文化遗产目录中，在内蒙古流行的马头琴，去年已被蒙古国申报成功为该国的非物质文化遗产，在中国家喻户晓的皮影戏，印度尼西亚也申请为该国的文化遗产。此外，新疆地区的玛纳斯（三大游牧史诗）也正在被吉尔吉斯斯坦申报为该国的非物质文化遗产。与评书、大鼓齐名的一种新疆说唱艺术——阿肯弹唱也在去年被吉尔吉斯斯坦国申报。[①]尽管这些国家都不可能不明白，文化遗产具有共享性，但仍旧不约而同地以民族国家的名义去申报。这无异于表明：没有一个国家在决定这些文化遗产

---

①雅虎中国资讯网 2004 年 5 月 11 日转载《北京娱乐信报》文章《韩国爆出"申遗"消息端午节不存在保卫战之说》。

项目的权属关系时，愿意把它奉献给全人类所有。这些急于为自己申报文化遗产项目的国家，不管出于什么动机，都仍然是把民族国家作为利益主体的。毫无疑问的是，文化遗产的权属问题被看作是它们的利益之所在。

那些急于申报世界文化遗产项目的国家，毫无疑问都是出于保护本国文化经济利益的目的。这里，有一种发展战略上的考虑：因为文化遗产是可以转化为文化资本的，于是一个国家拥有多少文化遗产，将决定它在全球性文化资本不均衡的分布中占据怎样的地位，并且将最终影响该国人民的利益。在全球化进程中，民族国家的利益清晰地显示在全球性的文化产业竞争中。西方发达国家的文化产品，大量进入发展中国家的文化市场。一方面挤迫发展中国家文化产业的发展，另一方面更为自己获取大量的利润。这其中，由于国际规则的制定总是有利于发达国家，发展中国家的文化资源可以肆无忌惮地巧取豪夺，在这种情况下，发展中国家越是试图参与全球性的文化竞争，便越是处于不利的地位，文化产业也越是不可能快速地得到发展。

在地区和国际的层次上，跨国联盟却总是控制在西方发达国家手里，跨国联盟制定的规则总是更有利于发达国家而不是发展中国家的利益。"把仅仅适合发达国家乃至个别发达国家的知识产权制度强加给全世界，是发达国家的一贯做法。发展中国家的抗争从制度总体的层面上从未奏效过。"[1]即以世界贸易组织所制定的《知识产权协定》为例，尽管它与以往的知识产权方面的国际公约相比，在立法体例上已有很大的变化，但仍然"仅要求各成员充分保护知识产权中具有可贸易性的财产权利，而几乎不涉及对知识产权中的精神权利的保护问题"[2]。也就是说，当某种知识被制作成文化产品的时候，那些具有可贸易性的财产权利是必须充分保护的，但文化产品中具有非物质性的文化资源，其精神价值的权利却不涉及保护的问题。这就出现了一种奇怪的现象，当好莱坞利用中国的文化资源去制作文化产品时，它不必在乎什么产权问题，不必为产权的问题给中国付任何费用；而当它把文化资源制作成文化产品具有了可贸易性之后，在对中国出口时就大讲财产权利了。

①郑成思：《中国需要怎样的知识产权战略》，中国知识产权研究网，2004 年 10 月 22 日。
②赵生祥：《WTO 对知识产权国际保护制度的继承和发展》，中国知识产权研究网，2004 年 7 月 11 日。

于是，与知识产权同样重要的文化产权问题，就提到了我们面前。文化产权的概念并不是什么新的发明。在《联合国可持续发展二十一世纪议程》中就提出了："推行或加强适当的政策和（或）法律文书，以保护土著人民的知识和文化产权以及维护其习俗和行政制度和办法的权利。"①在这个文件中，文化产权已经和知识产权分离出来。2002 年 10 月 20 日至 24 日在上海召开的以"博物馆、非物质遗产与全球化"为主题的国际博协亚太地区第七次大会上，来自亚太地区博物馆界的 150 多个专家发表了"上海宪章"，呼吁在保护人类无形文化遗产的活动中发挥更大的作用，其中在讨论到"博物馆与无形遗产的管理"时，也提出了"保护知识产权和文化产权"的问题。②把文化产权从知识产权中分离出来，尤其是强调文化产权保护的重要性，应该是发展中国家在不尽平等的全球性文化竞争中急切需要解决的问题。由于拥有文化在跨国界传播方面的诸多优势（如制作、广告、发行、传媒等），西方发达国家为自己的知识产权产品制定了细密而严格的国际条约（各种知识产权协定），也由于调用发展中国家的文化资源来制作文化产品的需要，出于自身经济利益的考虑，西方发达国家并不急于为文化产权的保护制定国际条约，反倒有意让文化资源的全球性流动处于毫无约束的状态。更可怕的是，由于文化产权得不到保护，发展中国家的文化资源在经济价值被窃取和利用的同时，其文化价值也在传播的过程中被破坏、被贬抑、被糟践，进而对文化资源在本国的持续挖掘和利用带来不利的影响——这不折不扣地成了发展中国家一个相当严峻的文化安全问题。

像《花木兰》、孙悟空这些文化遗产，属于公共的文化资源。一般而言，公共资源的产权主体属于全体公民所有。但由于公民的高度分散，它的所有权根本无法切实拥有和加以实施，于是只能由公共权力机关来代行产权的主体。问题在于，公共权力机关是否把属于全体公民所有的文化资源视为一种公共产权；问题还在于，公共权力机关是否把保护这样的公共产权视为自己的行政责任和文化责任；问题更在于，公共权力机关是否为保护文化资源的

①《联合国可持续发展二十一世纪议程》第 26 章：确认和加强土著人民及其社区的作用方案领域。

②《我院组织人员参加国际博协亚太地区第七次大会》，河南博物院网站"院内动态"。

文化产权制定切实有效的政策、制度和法律，并努力在全球性的文化竞争中为民族国家争取更有利的地位和更大的利益。如果公共权力机关尚未意识到这个问题的重要性，甚至认为没有为此费心的必要，或者虽然有所认识却尚未从政策和制度的制定上去加以确保，那就完全有可能把原本属于自己的文化产权拱手相让，造成文化资源不应有的流失和对自身利益的严重损害。尽管在全球范围内，已经有了世界贸易组织和联合国教科文组织这样负责管理、协调跨国文化交流和处理国际贸易争端的国际组织，但不平等的话语权利还是决定了不可能有平等的经济和文化权利。即便是处于经济和文化强势的美国，为了保护自身的利益，仍然制定了美国本土的"综合贸易竞争法"，其中著名的"特别301条款"就是专门针对知识产权保护的。[1]因为美国没有太多的文化产权需要保护，所以文化产权的问题就尚未提到议事日程。但对中国这样的发展中国家来说，情况恰恰相反：相比较而言，我们没有太多的知识产权需要保护，却有太多的文化产权需要保护——遗憾的是，它们都尚未得到充分保护。

最近，有消息报道，"昭君文化"品牌经国家工商局、商标局正式批准注册，成为独立自主的文化品牌得到产权保护，并向国内外公开发布。"经过国家工商局、商标局一年多的周密调查了解、论证，认为'昭君文化'品牌具有极为丰富的政治思想内涵，又有目前发展文化产业前景极为广阔的重大经济价值，同意注册。"[2]显然，一些地方政府已经开始意识到保护文化资源的产权对于保护文化安全和经济安全的重要意义，并采取切实有效的法律步骤。在这方面，作为代行产权主体的公共权力机关有着不可推卸的责任；尤其是在全球性的文化竞争中，关于文化产权保护的问题更是关涉民族国家的文化安全和经济安全，需要制度建设积极跟上，需要认真制定长远的文化发展战略。

（选自《东南学术》2004年第1期）

---

①《美国的"超级301条款"与"特别301条款"》，北京WTO事务网，2004年11月16日。

②《"昭君文化"注册成功获产权保护》，内蒙古新闻网，2003年12月15日。

设计创新视角下的
非物质文化遗产保护研究

李少宏　邓碧波　范圣玺*

一、非物质文化遗产保护的缘起

（一）非物质文化遗产的概念

联合国教科文组织在《保护非物质文化遗产公约》指出，非物质文化遗产是"被各群体、团体、有时为个人视为其文化遗产组成部分的各种实践、表演、表现形式、知识体系和技能及其有关的工具、实物、工艺品和文化场所"。[1]由此可见，非物质文化遗产是在区域自然环境、传统文化、宗教信仰、生产活动、生活方式与习惯、民间习俗的约束与影响下产生的，并与此息息相关。[2]

国务院办公厅根据我国的实际情况，在 2005 年颁布的《关于加强文化遗产保护工作的通知》中对非物质文化遗产的概念和内容进行了更详细的界定，指出非物质文化遗产主要包括：口头传说和表述（以及作为非物质文化遗产载体的语言），传统表演艺术，民俗活动、礼仪、节庆等，有关自然界和宇宙的

---

　　*李少宏，沈阳航空航天大学副教授；邓碧波，博士，辽宁科技大学讲师；范圣玺，同济大学教授、博士生导师。
　　①文化部外联局：《联合国教科文组织保护世界文化公约选编》，法律出版社 2006 年版，第 22 页。
　　②王文章：《非物质文化遗产概论》，文化艺术出版社 2006 年版，第 68 页。

民间传统知识和实践，传统的手工艺技能和与上述表现形式相关的文化空间等六个方面。[①]

而且，基于某民族或某地域的非物质文化遗产常常会生动地体现和表达着该民族或该地域传统的文化根源、其文化身份的原生状态，以及它们标志性和符号化的思维方式和审美观念。[②]因此，非物质文化遗产也生动地体现出了人类文化的多样性。

（二）非物质文化遗产保护概念的提出

非物质文化遗产的保护是指"通过对遗产各个方面的确认、立档、研究、保存、保护、宣传、弘扬、承传和振兴"等活动确保非物质文化遗产的生命力。[③]

文化多样性是一种客观存在。然而，经济全球化和民族文化交流使得以美国为首的西方发达国家凭借政治、经济和文化的强势在全球范围内推行西方价值观念和生活方式，使得曾经多样性的文化逐渐趋同和单一化。所以，在 20 世纪后半叶，"保持文化的多样性发展以及像保护濒临灭绝的稀有种属一样挽救正在消亡的民族文化"具有特别重大的现实和历史意义。虽然全球化的发展趋势可能推进世界各民族的关系的进一步密切，但是我们不应该让原本多样化的世界文化最终呈现出一体化的态势，也不能让某一种或者几种文化去支配和取代原本丰富多彩的各种文化。[④]

在这样一种背景下，各国政府和学界提出了非物质文化遗产保护的概念，提倡"在经济全球化进程中，通过各具特色的传统文化和地域文化的保护，增强文化认同感，促进文化多样性和创造性"。[⑤]

[①]刘魁立：《论全球化背景下的中国非物质文化遗产保护》（汇编），《河南社会科学》2007 年第 1 期。

[②]周和平、王文章：《非物质文化遗产保护国际学术研讨会(2004)》（论文集），文化艺术出版社 2005 年版。

[③]文化部外联局：《联合国教科文组织保护世界文化公约选编》,法律出版社 2006 年版，第 22 页。

[④]刘魁立：《论全球化背景下的中国非物质文化遗产保护》（汇编），《河南社会科学》2007 年第 1 期。

[⑤]单霁翔：《从"文物保护"走向"文化遗产保护"》，天津大学出版社 2008 年版，第 22 页。

二、非物质文化遗产保护的现状

在经济全球化加速发展和多样性的文化形态逐渐趋同的环境下，世界各国纷纷制定相应的保护措施对非物质文化遗产进行保护。联合国教科文组织先后在《保护传统和民间文化的建议》（1989）、《人类口头非物质文化遗产代表作计划》（2000）、《世界文化多样性宣言》（2001）、《伊斯坦布尔宣言》（2002）等文件中多次强调保护非物质文化遗产的重要性，并于2003年缔结了《非物质文化遗产保护国际公约》。实践方面，日、韩、美、法、意等国对相关立法的重视、对保护机构的科学设置、对传承人的充分关注以及对非物质文化遗产的整体保护、活态保护都取得了丰硕的成果。以日本为例，他们早在1950年就颁布和实施《文化财保护法》，将无形文化遗产及其保护纳入国家法律的范畴。1955年又公布认定"个项认定""综合认定"和"持有团体认定"等三种形式的"重要无形文化财"。而且，被称为"人间国宝"的无形文化财传承人在传承"绝技"的时候要对其进行记录、保存和公开，以保证这些遗产能真正实现其艺术和历史的价值。日本这种做法得到了联合国教科文组织的大力推广，并被纳入联合国教科文组织"人类口头及非物质遗产抢救与保护"的整体框架中。[①]

在这种背景下，我国在非物质文化遗产保护方面也做了大量的工作。2004年文化部、财政部联合颁布《中国民族民间文化保护工程实施方案》，2005年又颁布了《关于加强我国非物质文化遗产保护工作的意见》，2011年正式实施《非物质文化遗产保护法》，把保护"非物质文化遗产保护"工作提升为政府的法律责任、上升为国家意志。目前，我国非物质文化遗产保护工作已进入全面展开和重点保护的阶段。"留住民族文化的根""别忘了回家的路"等话题深入人心，各地深化和拓展非物质文化遗产的抢救、保护、传承与利用问题的研究和实践活动如火如荼，各类民俗艺术展、民俗园、民俗活动遍地开花，呈现出一派欣欣向荣的景象。

---

①王文章：《非物质文化遗产概论》，文化艺术出版社2006年版，第246—248页。

三、我国非物质文化遗产保护的困境

然而，生产方式和生活方式的改变是社会发展的必然趋势。而且，人类赖以生存的自然环境也会在人们的生产方式和生活方式改变的过程中随之发生改变。当前非物质文化遗产的传承与保护显然是与此相悖的，如发展与保护之间的矛盾、结构性保护手法与对结构性保护对象之间的矛盾、市场经济体制与大多基于农业社会条件的非物质文化遗产之间的矛盾等。因为非物质文化遗产传承与保护的核心在于营造适于其生存和发展的自然环境与文化生态，这种自然环境与文化生态应该是"被遗产化"之前的文化活动、文化形态及文化现象所处的时代、环境和生态。但是，历史的脚步总是向前的。因此，从某种意义上而言，非物质文化遗产保护的难点与疑点便在于其与社会不可逆转的发展趋势之间的矛盾。①

（一）丢失的环境

非物质文化遗产是一种活态的文化系统，只有在相对完整和系统的文化空间和文化生态中才能得到有效的保护、传承和发展。如果缺少原生态的生存环境，非物质文化遗产的保护与传承就只能成为无水之源。也正因为此，20 世纪中叶以来，工业化大潮、现代工业文明和信息革命的冲击导致世界各族人民在历史长河中所创造的丰富多彩的物质和精神文明因为失去了其生存和发展所依赖的"土壤"和生态环境而急剧消失，变成了被"遗产化"的非物质文化。这一现象正如某些学者所言："我们现在的社会就像一个飞速前进的列车，而我们的非物质文化遗产就是一张白纸，它飘在车窗旁边，只要车窗一打开，'嗖'的一声，我们就再也找不到这张白纸了。"②随着"土壤"的流失，古老的非物质文化自然也就难以获得现代人的认同。被遗产化的非物质文化脱离了其生存所处的时代背景和发展所需的社会环境，也就脱离了其

---

①韩宇宏：《非物质文化遗产保护传承的根本难点》，《徐州工程学院学报》（社会科学版）2010 年第 4 期。

②田青：《中国传统文化与传统音乐》，《南京艺术学院学报》（音乐与表演版）2007 年第 2 期。

文脉，因而失去了其生存和发展的环境。

而且，实际上我们对大多数非物质文化遗产的保护都是在急功近利心理的作用下进行的，因而存在着盲目性和机械性的错误，常常忽视非物质文化遗产的活态性和生态性，在保护的同时往往又造成新的破坏。

（二）迷失的生态

另一方面，非物质文化遗产的核心在于其文化性。文化又与时代密切相关。不同的时代背景和社会环境会催生不同的文化现象、文化活动和文化形态；而不同的文化现象、活动和形态也只能在当时的时代背景和社会环境下才能萌芽、生成、存活和发展。也就是说，不同时期、不同地域的非物质文化都有属于它的生态环境和生态系统。

然而，从当前全世界范围内的文化发展态势来看，文化的商品化、单一化及标准化发展趋势明显。文化个性化被压制、文化多样性及传统的农业文明和农耕文化被破坏等问题的冲击对非物质文化遗产的影响也不容忽视。[1]因为，其后果必然是传统的文化观念、事象、现象和物象急剧走向消亡，同时又不断催生基于现代工业文明的新的文化观念和现象。

因此，文化遗产应该是一个活态的、文化的系统，只有当它具备了完整的上下游产业链和适宜的生态系统后才能得到健康的发展。它应该是不断前进的产物，它应该是运动的而不是静止的。

（三）缺失的传承

说到底，非物质文化遗产的最终主体是这些遗产的传承人和他们所代表的该地域和文化区域内的广大民众。[2]而所谓非物质文化遗产，则是指传承人头脑中保存的各种传统技术和技艺。如果传承人不在了，技术和技艺又该如何保留和传承？

非物质文化遗产这种"民间文化"的知识体系，并不是通过文字或者书本的形式来传播的；而是以身、口、耳相传作为文化链，通过口传心授、耳

---

①王文章：《非物质文化遗产概论》，文化艺术出版社 2006 年版，第 31 页。
②刘魁立：《论全球化背景下的中国非物质文化遗产保护》（汇编），《河南社会科学》2007 年第 1 期。

濡目染和潜移默化的方式来传习的。因此，这种传承也就成了非物质文化遗产"活"的文化中最脆弱的一个环节，"人活艺在，人亡艺绝"是我国非物质文化遗产所面临的一种很真实、很普遍的现象。非物质文化遗产及其保护必须依托人本身而存在，而且与人的活动息息相关。如果从事这些文化活动、拥有这些文化技艺的人越来越少，传承活动便将式微，这一非物质文化遗产也势必随之走向消亡。

四、基于设计创新视角的非物质文化遗产保护

设计是一种为传统的物品、人与物品的交互过程、物品所提供的服务以及它们在整个物品生命周期中所构成的系统等因素建立起基于全球道德规范、社会道德规范、文化道德规范、语义学和美学等多方面品质的创造性活动。[①]其目的及其在文化道德规范和美学等方面的任务与非物质文化遗产保护的出发点和目标是吻合的，因此，我们可以从设计创新的视域去解读非物质文化遗产的保护活动。

目前，基于设计创新视角的非物质文化遗产保护，大体做法有二：其一，从文化解析入手，对非物质文化遗产进行历史性的阐述，即保存。其二，通过"再发现"与"再设计"，不仅寻找设计之源，同时推进非物质文化遗产在现代社会中的生活化、大众化和时尚化，即创新。选择前者，就意味着可能再也见不到活的、原生态下的非物质文化遗产；选择后者，恐怕又会在"创意"的旗号下将非物质文化遗产弄得面目全非。这两种做法或者忽视了非物质文化遗产保护需要面对的现代社会语境，或者忽视了非物质文化遗产保护的历史遗产价值，都是不可取的。只有回归设计活动的本源，以需求为导向、以环境为依托、以产品（或服务）为载体，才能真正发挥设计对于非物质文化遗产保护所具有的价值和意义。

（一）产品的视角：物质化的非物质文化遗产

"非物质性"是非物质文化遗产的本质。但是，非物质文化遗产必然要与

---

① 《2006年中国工业设计协会理事会会议召开》，中国工业设计在线，2006年11月5日。

物质形态的物发生联系。正如温家宝 2007 年 6 月 9 日在中华世纪坛视察湘西土家族织锦时所说："非物质文化遗产也有物质性,要把非物质文化遗产的非物质性和物质性结合在一起。物质性就是文象,非物质性就是文脉。人之文明,无文象不生,无文脉不传。无文象无体,无文脉无魂。文化文化,文而化之,化而文之,两者要很好地结合起来。人类文明只有代代相传,才能不断丰富发展;只有相互交流,才能文物化成。"[①]显然,织锦作品是物质形态的文化,而其中所蕴含和体现出来的构思、工艺及艺术的传承则是无形的、非物质的文化,只有把上述二者综合在一起形成的文化事象,才能算得上完整的非物质文化。但是,大多数时候人们看到的、听到的和接触到的非物质文化遗产却仅仅只是其中包含的物质的文化,而很少去关心、也常常无法理解其中所蕴含的非物质的文化内容。

因此,我们可以尝试通过设计师的设计活动,将非物质文化遗产演绎为跟我们生活息息相关的物品(或服务)。一方面,促使我们通过产品更多地去关注非物质文化遗产,从而达到传承和发展非物质文化遗产的目的;另一方面,可以借助设计的力量使非物质文化遗产更多地出现在人们的日常生活中,以非物质文化遗产为理论指导、以设计为表现形式、以产品或服务为载体,对非物质文化遗产进行多角度的思考和表现,将非物质文化因素合理地融入产品中并将其转化为具体的产品或服务,这样既能唤起人们对地域文化、民族文化和传统文化的记忆,同时又能因为文脉和情感的共鸣而使产品更好地被人们接受和广泛传播,从而更好地发挥非物质文化遗产的历史价值、文化价值、审美价值、教育价值和经济价值。非物质文化遗产毕竟还要走出博物馆,走向市场、走进社会。

还是以湘西土家族织锦为例。目前,其产品品种和种类很少,设计和包装都缺乏现代气息,很难体现出土家族织锦的特色和文化价值,从而导致只有少数人以艺术品的形式去购买和收藏,很难融入大多数人的日常生活。为了让更多的人认识和了解土家族织锦,就必须进行创新。我们可以在保持和传承其原貌与特色的基础上,以人们日常生活的用品(如织物、服装、箱包等)为载体,将织锦的创作构思、制作工艺和艺术价值融入其中,从而使其以物

[①]《温家宝、李长春参观中国非物质文化遗产专题展》,新华网,2007 年 6 月 9 日。

质（产品或服务）的形式得以呈现和得到传播。

当然，这种将非物质文化遗产"物质化"的做法，如果过分地强调所谓的物质形态（或载体），就会忽略其技艺过程或艺术传承中的非物质性。那么，非物质文化遗产的本质就会被消解，从而变成"舍本逐末"的保护。

（二）生态的视角：非物质文化遗产的现代化

文化生态是指一种文化与赖以生存的其他文化形态以及自然生态、自然地理等环境及其关系的互为依存的整体生态环境。[1]文化生态的任何改变或变迁都可能导致文化事象、现象和形态的变迁甚至消亡。因此，不能脱离其生存环境和生态系统来保护非物质文化遗产，否则就会动摇其生存和发展的根基，进而影响其自我更新、自我发展和自我创造能力。所以，不但要保护非物质文化遗产外在的、物质的表现形式和内在的、非物质的文化内容，还要保护其所依赖和因应的环境。也就是说，可以借鉴设计活动中"人—产品（或服务）—环境"的系统观，从文化生态（也就是"环境"）的角度对非物质文化遗产进行保护。

当然，一味地依照其原生态的生存环境去保护和传承非物质文化遗产，显然只能是一种美好的空想，因为社会总是向前发展的。所以，应该从文化生态的角度出发，使其更好地适应现代社会的"土壤"，通过更密切地接触现代社会和更直接地接受自然、社会与文化环境的改造，才能真正解决非物质文化遗产的发展困境。

而且，传统的非物质文化遗产也有其"现代"的意义。它既是传统的保护与延续，又是现代的生成与创造。一方面，它是传统文化在现代社会的存留，也就是我们称之为"遗产"的内容，作为遗产，我们应该保护；另一方面，它又是现代的文化资源，可以作为现代文化活动取之不尽的原材料，我们应该大胆加以利用并积极进行创新。只有当我们在现代的语境中对"遗产"生成了新的、当代的价值后，我们才有可能去保护它、传承它，也就是将非物质文化遗产"非遗产化"。近年来，大量"中国风"的设计和基于传统文化的

---

[1]刘魁立：《文化生态保护区问题刍议》，《浙江师范大学学报》（社会科学版）2007年第3期。

设计创新的流行就说明这种将非物质文化遗产"现代化"的做法是可取的。

需要注意的是，这种"现代化"的做法不能改变非物质文化遗产原有的基因。用一个比较形象的比喻，原生态环境中的非物质文化遗产就像是大自然环境中的花朵，原本它是不需要保护的。但是，全球经济一体化和现代文明及外来文化的冲击使其生长所依赖的原生态环境被破坏了。于是，我们为这些濒危的非物质文化遗产搭建一个遮风避雨的"玻璃花房"。但是，如果这一人工的"花房"缺少原生的"土壤"和生态环境，恐怕就只会变成一间"温室"。所谓保护，不但不能完成，甚至还可能适得其反。

（三）文化的视角：非物质文化遗产的系统化

无形的文化遗产常常反映出某些现象、过程和一定的事件，而不只是那些具体的物质形态。[1]所以，非物质文化遗产的保护还应从建立起一个涵盖"现象""过程""事件""生产者""享用者"及"特定群体的生活"等要素的系统，如同工业设计需要从"人—产品—环境"的系统出发展开设计活动一样。只有这样，才能使它在危机中继续传承下去，而不至于被碎片化、空洞化、静止化和固化。

首先，由于非物质文化遗产有着一定的混元性和共生性，而且与生活有着密不可分的关系，[2]因此，在保护中不能破坏保护对象的完整性，不能将它们孤立在一个"孤岛"上进行保护，也不能以解构性的手法将它们肢解为若干个"碎片"进行保护；而应该以系统的观念将其作为一个完整的文化体系进行整体性的保护。

其次，非物质文化遗产是流动的、发展的，因此很难从活态的文化传统中剥离出来，并被强制地固化和进行保存。所以，联合国教科文组织强调要"确保非物质文化遗产的生命力"。也因此，我们不能仅仅停留在非物质文化遗产的历史形态上，将其固化在既有的历史形态上而忽视其当下的状态和未来的流变，甚至扼杀它们在新的生存时空下存活与发展的新的可能性；而应该以发展的、活态的观念和方法对这一系统进行保护。

---

① 王耀希：《民族文化遗产数字化》，人民出版社 2009 年版，第 251 页。
② 刘魁立：《论全球化背景下的中国非物质文化遗产保护》（汇编），《河南社会科学》2007 年第 1 期。

最后，传统的非物质文化遗产在现代社会中的保护与传承，都应基于当下的"生产者"和"享用者"而进行。如果脱离当下和将来的人、环境和生态而只在上述"现象""过程"和"事件"等要素构成的系统内进行"圈护"式保护的话，这种保护恐怕只能是书桌上的历史研究或者博物馆里的展品陈列，变成一种没有"生命力"的保护。所以，我们应该正视系统的开放性，在保存其原有基因的前提下，在现代社会的背景下培育合理的生存"土壤"和文化"生态"，从而保护非物质文化遗产所承载的人类过去、现在以及将来的创造力。

五、结语

正如马克思所言，没有消费就没有生产。要保护和传承非物质文化遗产，遵循和运用创新设计的理念和方法，对非物质文化遗产的内容进行创新的、时尚的、应用的设计活动是可取的途径之一。首先，应该更新非物质文化遗产的文化理念和遗产观念，在现代社会的背景下进行新的诠释和解读，以使其适应现代社会日新月异的审美观念、生产方式及生活方式；其次，需要明确当前我国非物质文化保护的困境在于时代的变迁和西方文化及现代工业文明的冲击导致其丢失了曾经赖以生存的社会环境和文化生态，并进一步导致传统的"师徒"传承方式不再可行；最后，应该明确设计创新视域下非物质文化遗产保护的本质是为其寻求一种理想地存活于当代社会的生存方式，以使其在生产与消费、传统与现代、民族与世界以及精神与物质之间得到协调和发展。也就是说，借助现代化、系统化和物质化的观念和思路为非物质文化遗产创造合理的文化生态、生存环境、生存方式及传承方式，进而发挥其在当代社会中的物质功能和精神功能。

（选自《东南学术》2014年第3期）

遗产思辨研究视阈下的
非物质文化遗产传承

吴晓静*

中华民族在漫长的历史发展过程中，创造了多彩璀璨的非物质文化遗产（简称非遗）和以物质形态存在的有形文化遗产。党的十八大以来，以习近平同志为核心的党中央高度重视文化遗产的历史意义与作用，从留住文化根脉、守住民族之魂的战略高度关心推动文化遗产事业。实现文化遗产的活态传承，是党和国家对文化遗产事业提出的新要求，习近平总书记强调："要系统梳理传统文化资源，让收藏在禁宫里的文物、陈列在广阔大地上的遗产、书写在古籍里的文字都活起来。"[1]面对新的时代命题，本文将从文化遗产思辨研究视阈中观照新的关注点背后的理论逻辑转向及实践问题，在充分认识非遗特性的前提下，探讨非物质文化遗产有效传承的路径，并启示及推动地方非遗传承实践。

一、非遗保护"物化"倾向及其反思

20世纪90年代以来，从国际到国内非遗保护运动相继兴起。中国自2004年加入《联合国保护非物质文化遗产公约》后，从中央到地方层面相继

---

*吴晓静，福建师范大学文学院博士。

[1]习近平：《习近平谈治国理政》，外文出版社2014年版，第161页。

出台了有关非物质文化遗产保护的法律法规及政策，从代表性项目界定、名录建立、传承人认定及其权利义务、法律责任等，确立了保护活动的目标、原则、职责和责任，在相关部门、专家、传承人等共同努力下，非遗保护工作取得了令人瞩目的成就。但仍存在不少问题亟待厘清，最核心的问题是如何传承。表现在认识上，是关于"保护"与"发展"的争论，部分专家认为："敢不敢明确地提出来，遗产是不能发展的，实际上决定了我们保护工作的成败；在非物质文化遗产的领域里，保护是唯一的，我们没有发展的任务；发展的结果就是不同文化的同质化。"[1]基于这种观点，还有所谓"本真性"问题，即认为与非物质文化遗产密切相关原料资料、传统工艺流程和核心技艺都应该是"原汁原味"，以确保其"本真性"，而发展非物质文化遗产势必会涉及利用现代科技、工艺、艺术手段进行创新或者开发原料资源替代品，都与"本真性"相悖故不可取。在实践领域，立法中往往对非物质遗产的项目界定、风貌、材质、工艺等要求比较容易取得共识，可一旦涉及如何利用的问题，就陷入各种不同意见的争论中，最后只能是原则性条款一笔带过；对非遗的利用不够重视，非遗在当下社会可发挥的作用还有待深度挖掘；社会参与度有限，对非遗涉及的其他多种社会群体的权益保障不足；对非遗的社会及其文化价值认识不足，无法通过价值评估链接其文化与社会的联系；而社会缺乏参与也淡化了对非遗的利用。上述问题，交织反映了当下非遗保护领域令人忧心的情况：遗产保护越来越脱离民众，成为一个仅与遗产保护专家有关的狭窄领域：遗产的叙事日益窄化，只有遗产是国家象征物这一意义维度得到了强调，遗产对于民众、地方的意义被边缘化，本来具有多层次意义的遗产变得叙事单一化；遗产事业中一味地坚持静态的博物馆式保护，与民众生活、社会可持续发展呈对立状态。[2]

这种强调非物质文化遗产的"遗产"特性并将之"博物馆化"，使其本质上"物化"的倾向，可溯及现代遗产保护的发展历程。现代遗产保护源于欧洲，其哲学基础是17世纪法国哲学家笛卡尔的二元论，其特征是"以物为

---

[1]田青：《保护传统音乐需重塑文化自觉性》，赵辰昕主编：《唱响：非物质文化遗产保护专家访谈录》，中国发展出版社2012年版，第39页。

[2]马凯、程庆乐：《从"以物为本"到"以人为本"的回归：国际遗产学界新趋势》，《东南文化》2019年第2期。

本"，体现出对物质追求客观性的科学观念和文化研究采取的本质主义方法。随着 19 世纪以来民族国家建构和集体身份认同塑造的深层次需求，一种封闭的、逻辑自洽的话语生产体系逐渐形成，认为传统是恒定的，遗产的价值是客观的并且脆弱，大众的参与往往被认为是具有破坏性而被摒弃，使其成为特定专家群体的权力。在建构主义理论兴起后，这种话语体系遭到了批判和反思。霍布斯鲍姆和兰格合著的《传统的发明》对静止的、固态化文化传统研究做出了颠覆性的批判，认为"习俗"并不是永恒不变的，因为即使在"传统"社会，生活也并非永恒不变的。他们尖锐地指出："那些表面看来或者声称是古老的'传统'，其起源的时间往往是相当晚近的，而且有时是被发明出来的。"譬如，苏格兰人通过穿格子呢做的苏格兰百褶裙、吹奏风笛等载体来颂扬其民族特性并归于伟大的古代遗风，但它在很大程度上是现代的，这种独立的高地文化与传统的整套观念都是一种追溯性发明，不过是发生在 18 世纪末 19 世纪初的事。"被发明的传统"这一说法，既包含那些确实被发明、建构和正式确立的"传统"，也包括那些在某一短暂的、可确定年代的时期中（可能只有几年）以一种难以辨认的方式出现和迅速确立的"传统"。无论是相对稳定的旧的传统实践，还是为了新的目的将旧的模式旧的传统进行调整、仪式化和制度化的"被发明的传统"，它们都共同塑造传统的风貌，这反映出传统既是稳定的，也是流动的辩证发展观。[1]德国民俗学家沃尔夫冈·卡舒巴则指出"本真性"概念源自欧洲 17 世纪"文物遗产保护"思想，是欧洲文化在整合中对传统文化的一种想象，以一种"古物"的理念将实物文化博物馆化，划分"文化场景"，确定"典型的"象征符号和仪式，然而有关文化的变化和偶然性的所有观念都被去除了。[2]

　　随着反思和批判的深入，国际遗产学界对于遗产的认识发生了重大的变化，文化遗产思辨研究兴起，国际思辨遗产研究协会（ACHS）成立。2018年，第四届文化遗产思辨研究国际会议在我国召开，来自全世界 40 多个国家，200 多所著名大学和文化遗产研究机构的 460 多名学者参加了会议，集中展现

---

① 霍布斯鲍姆、兰格：《传统的发明》，顾杭、庞冠群译，译林出版社 2004 年版，第 1、3 页。
② 沃尔夫冈·卡舒巴：《文化遗产在欧洲：本真的神话》，杨利慧译，《民俗研究》2010 年第 4 期。

了过去十多年来迅速崛起的"文化遗产思辨研究"成果。遗产思辨研究提倡反思性、跨学科性的遗产研究以及不同的遗产实践方式，关注遗产的产生过程、遗产发挥的作用、对各利益攸关方的影响以及不同群体与遗产的互动。[①]遗产思辨研究是对现当代遗产保护事业叙事日益窄化趋势的反思和批判。事实上，联合国教科文组织 2003 年通过的《保护非物质文化遗产公约》也是这种反思和批判的结果。但遗产保护自身权威化话语体系由来已久，并未消弭。当前我们需要以新的理念重新认识非遗事业，从遗产思辨研究的视阈中观照当下的非遗实践。

二、文化遗产思辨研究视阈中非遗传承的价值考量

文化遗产思辨更多地将非遗视为一个动态的、意义生产的过程，其内在价值并非天生具有，而是经由社会的、文化的、话语的动态复杂动力机制形成；认为非遗传承是多元社会群体的文化实践，是各社区、群体和个人之间共同参与、确认、建构、协商的结果，应在非遗与社会群体的互动中重新理解非遗的本质。

在我国，绝大多数非遗是农业社会生产生活的产物，是根植于农耕自然经济结构、社会分工、宗族制度、人际关系、传承方式所建立起来的。伴随着现代化国家的工业进程，社会生产方式、文化传播方式、人们生活方式都发生了翻天覆地的变化，非遗生发的土壤早已改变。如果非遗保护仍停留在所谓的原生态，难免有故步自封之疑。严格说来，一种文化的原生状态究竟怎样已很难厘清。现在能够审视的对象就是活态文化，究竟它的活态性该怎么养，目前存在的核心要素和核心价值是什么。[②]以遗产思辨的眼光看，非遗既是历史的，也是历时的。一方面，非遗的生命之根深植于历史之中。以福建省的南音为例，其 2009 年入选联合国人类非物质文化遗产代表作名录，是中国现存最古老的乐种之一，保留了自晋起至清历代不同类别的曲目，被誉

---

①马凯、程庆乐：《从"以物为本"到"以人为本"的回归：国际遗产学界新趋势》，《东南文化》2019 年第 2 期。

②邱春林：《技艺因人而存在：民间美术活态传承的关键》，赵辰昕主编：《唱响：非物质文化遗产保护专家访谈录》，中国发展出版社 2012 年版，第 196 页。

为"中国民族音乐的根",其演唱形式、乐器形制、宫调旋律、曲目曲谱及记谱方式独特,保留了中国古代音乐丰富的历史信息。另一方面,不依靠物质载体而呈现的文化传统,或者是物质载体无法涵盖的文明形式,其形态并非固态的,而是流变的。如南音在千年的发展历程中,既融合了汉朝"相和歌"、宋词的曲牌名、元曲、南戏、佛曲、昆曲、民歌、戏曲及闽南地区独特的艺术风貌和音乐风格,是中原文化衣冠南渡和闽南地方音乐相融合流变的范本,也是古代国际商贸往来和历史变迁中多元文化碰撞交融的结晶。如今的南音在扎根传统的前提下尝试创新,引入现代舞台设计元素,用唐诗宋词谱写新曲,等等。作为一种仍活跃于闽南地区的艺术,南音不仅仅是剧场里的高雅艺术,更重要的还是街头巷尾、与当地群众生活不可分割的民间曲艺。演职人员不仅有专业的艺术家,还有来自民间的业余戏迷,在其表演发展过程中,既有不同艺术家的演绎与创造,也有演员与观众、台上与台下的交流互动、相互影响,共同塑造了其发展面貌,印证了联合国《保护非物质文化遗产公约》所强调的:"非物质文化遗产世代相传,在各社区和群体适应周围环境以及与自然和历史的互动中,被不断地再创造。"不断创造转换、不断传承发展,既是南音的传承历程,也是大多数非遗的生命历程。

从思辨的视角考量传承,不执着于原有技术化的遗产研究路径,关注的是其与同时代文明产生对话的可转化的"创造性",呈现出"当代性""时代性",在每一代群体的再创造中持续演变。而每一次再创造都可能在表现形式、内容或者工具使用上,受到时代和周边环境的影响,这既是自然演化,也是时代给予的创新发展机遇。无形的、传承的非物质文化遗产与有形的、固态的物质文化遗产区别在于,非物质的形态时在变。比如现代挖掘出汉代的玉的形态已经凝固,反映的是当年的模样、彼时的审美。但是关于造玉的非遗技艺和审美追求历代演变,体现的是不同朝代的美学思想和精神追求。这个特点传统在口头文学以及作为其载体的语言中尤为明显。[①]口头文学每一次演绎都是一次再创作的过程,而作为载体的语言同样如此。中国现代语言学奠基人罗常培在《语言与文化》一书中从词语的语源和演变、借字、地名、姓

---

① 《中华人民共和国非物质文化遗产法》第二条以列举的方式将"非物质文化遗产"分为六大种类,其中的第一类为"传统口头文学以及作为其载体的语言"。

氏和别号等角度，推溯过去文化的遗迹、不同文化的接触、民族迁徙的足迹、民族来源和宗教信仰，认为语言是社会组织的产物，跟着社会发展的进程而演变。"凡是稍微知道一点汉语变迁史的人都应该明白，中国从周秦到现代，语音是随着时代变迁的。"[①]语言像文化一样，是由不同年代的各种因素组合成的，文化的变迁有时也会影响语音或语形。摈除有关文化的变化和偶然性，简单机械的文化保守主义不可取也不现实。"周虽旧邦，其命维新"，其命维新既是古典精神重要的内核，也是中华文明得以绵延不绝、源远流长的根本所在。正如《保护非物质文化遗产伦理原则》所指出的："本真性和排外性不应构成保护非物质文化遗产的问题和障碍。"[②]这是非遗传承的核心。

三、遗产思辨研究的现实意义

从思辨视角观照遗产实践，意识到非遗文化承载人的需求始终是推动文化发生变化最重要的动力。文化的发展要顺应文化主体的要求，在现代化历史进程中，只有满足文化传承主体的自由选择权，尊重他们的生存权和发展权，才能更好地处理传统文化面对现代变迁传承的困境。如福州脱胎漆器，它是第一批国家级非物质遗产项目，是中国传统工艺的代表之一。曾经传统的脱胎漆器因逐渐脱节于现代生活，随着经济体制和文化体制改革而凋敝，脱胎漆器厂相继关闭，从业人员纷纷改行。但近些年，脱胎漆器又重新回归公众的视野，以纯手工方式制作的漆器以其散发出来的精神气韵逐渐吸引越来越多的民间力量介入其保护、传播的领域。这种现象是个缩影，其深层次的社会心理背景是：进入后工业时代，人们对现代消费社会大量充斥的机械产品、爆炸的信息以及人本质的异化的批判和反拨。回归自然、回归本质、回归自我是新时代的物质和精神诉求，非物质文化遗产保护也迎来新的契机。然而，这不是简单的返古，从思辨的角度思考这种"回归"，是一种融入当下叙事、融进当下审美的新生。恰如新时代漆器作品在保持使用天然大漆和髹饰这一

①罗常培：《语言与文化》，北京出版社 2011 年版，第 43 页。

②2016 年 UNESCO 保护非物质文化遗产政府间委员会第十届常委会通过的《保护非物质文化遗产伦理原则》第 8 条。

技艺的前提下，既体现技艺的传承和一丝不苟的工匠精神，又展示出立足当代艺术、立足现代审美性的新面貌和审美风格，新生代的非遗传承人的创作姿态也不因循守旧，更加多元独立。哈佛大学人类学系迈克尔·赫兹菲尔德教授在"关于传统知识传播的思考"的演讲中，从人们通常对"工艺"和"艺术"进行区别看待的现象入手，探讨有形遗产与无形遗产的二元划分的局限性以及全球价值等级。实际上任何有形或无形的遗产都是将人的思想物质化，是匠人将自己的思想尤其是想象，物质化而形成物件的过程。在这个过程中，身体与思想产生较多的密切联系，融合在思想的形成之中，如果只是遵循统一的思想、审美，工匠会逐渐丧失自我的个性与思想。①非遗不是陈列在博物馆固态的文物，作为一种技艺和记忆的传承，其历史轨辙、现实境遇、地方知识、美学品格、传承规律、实践方式、社会功能、文化意义不断变迁。非遗的生命力要延续和激活，回避不了传统与现代的交融、过去与未来的交互，只有发展并融入当下的生活，链接过去、现在与未来之间的联系，使之成为活的文化遗产才有生命力，才能得到更多的受众、更好地传播，并实现可持续保护。

公共机构组成的遗产知识生产和管理模式往往容易忽略了当地民众的声音和利益。思辨视角中的遗产实践，与人相关的各种社会实践、观念表述、表现形式、知识、技能被置于中心位置观察，关注非遗在社会生活中发挥的作用对于民众意味着什么。非物质文化遗产以"人"为基础，其传承离不开生活本身。2007 年，文化部在福建省设立了我国首个国家级文化生态保护实验区——闽南文化生态保护实验区，包括厦门、泉州、漳州三地。这是在借鉴建立生态博物馆的经验基础上符合国情的特色创制。福建是非物质文化遗产的资源大省，不仅拥有七个联合国教科文组织的非物质文化遗产名录项目，也是在国际非物质文化遗产保护人类非物质文化遗产代表作名录、急需保护的人类非物质文化遗产名录、非物质文化遗产优秀实践名册三个系列全部入选的中国唯一省份。在多年的保护实践中，福建探索并形成了可复制的经验模式，"当地人"得到尊重，拥有更多的遗产权利。生态文化保护实验区与"当地人"的生产生活融为一体，闽南地区保存完好的民间信仰、人生礼

①周紫嫣：《跨学科视角下的"遗产思辨研究"》，《中国文物报》2017 年 6 月 27 日。

俗、传统节庆成为闽南地方戏曲、歌舞、音乐生存的沃土，民间艺术与民俗共生共荣，以普遍丰富的群众日常文化生活为线，串联起完整的文化链，在见人、见物、见生活的状态中自然而然地实践并保存了众多非遗项目。中国特色社会主义进入新时代，社会主要矛盾从"日益增长的物质文化需要同落后的社会生产之间的矛盾"转化为"日益增长的美好生活需要和不平衡不充分的发展之间的矛盾"。从客观的硬需求到包括在硬需求基础上衍生出来的获得感、幸福感等主观的软需求，非遗蕴含着深刻民间智慧、富有广度的文化形态、保留了民族地区的差异性以及社区对自己文化的珍惜和热爱，是提供软需求的极佳载体。习近平总书记在十九大报告中提出，要"推动中华优秀传统文化创造性转化、创新性发展"，这是今后一个时期我国文化建设事业的发展方向。创造性转化、创新性发展是遗产思辨内在逻辑的应有之义，需要多层次、全方位地深化对非物质文化遗产内涵的认知，阐发、挖掘和转化其精神内涵，释放其所蕴藏的物质、精神和制度潜能，赋予其新的时代含义和文化价值。同时要警惕，这绝不是随意的建构，要把握好度，保护其基本特性。从个体层面来说，具体的非遗项目往往在长期发展历史过程形成了相对完整的技术规范或表演形态。就其总体而言，是一个民族长期积淀形成的审美品格，是一个民族的文化生命和精神信仰，是一个民族的每一个成员文化认同的依据，是整个民族情感的"最大公约数"。①它以存留在广大民众心中的文化印记的方式，使得民族的传统文化绵延而不曾中断，是一个国家、民族的成员形成身份认同的文化基础和心理保障，赋予社会成员之间共同的价值观和思维方式，也促进了成员内部的团结，进而为建构当下的生活实践提供文化解释、象征体系和意义支撑，是文化自信生成的思想根源和精神动力。相较于精英文化，非遗是没有被经典化也不应被经典的文化，具有杂糅、质朴而丰富的生命力，也是启发创新思维的丰富资源。新时代的非遗思辨实践是立足于民族本土文化交融的艺术、生活实践，透过具体的非遗项目——音乐、舞蹈、美术、工艺品、民间艺术，寻找本民族的文化基因，把握民间性、生活性、多质性，挖掘时至今日仍影响人们日常生活的文化元素和文化力量，进而促

---

①刘魁立：《论全球化背景下的中国非物质文化遗产保护》，《河南社会科学》2007年第1期。

进叙事认同、情感认同和审美认同；同时又是对当代中国特色思想文化和社会现实富有意味的反映，使之能够从文化历史的发展过程中着眼，与时俱进地对非物质文化遗产文化进行基于现代性的价值重构。

近年来，遗产思辨研究者们开始更多地讨论世界遗产体系中的西方文化霸权主义，思考世界遗产体系形成、演变环节、评估机制中的西方中心主义倾向。非遗本身是一个庞杂繁复、种类多样的集合，代表不同时期不同民族不同文化的概念体。人类文明发展形成多姿多彩、千差万别的文明，聚焦一个文明的内部同样也是复杂异质。如果变成单一的文明，后果不容乐观。应对工业文明日益抹平文明的多样性、差异化的焦虑，非遗保护作为一种国际社会文化保护运动，其初衷和建立的原则是尊重并共同认可"文化多样性"，通过这个平台展示出来的非遗项目，无论令人感到多么陌生，都在这一基本理念的规约下得到承认和尊重。这与中国"和而不同"的传统思想不谋而合，它意味着面对他者文明应保持自信和平等的凝视，也意味着面对自身庞杂繁复内部应秉持兼容并包、美美与共的态度。

每个时代的文化塑造有每个时代的使命，一个民族、一个国家的核心价值观，必须同自身的历史文化相契合，同自身正在进行的奋斗相结合，同自身需要解决的时代问题相适应。非遗传承离不开核心价值观的指引。联合国《保护非物质文化遗产公约》中"保护"，是广义的概念，指"采取措施，确保非物质文化遗产的生命力，包括这种遗产各个方面的确认、立档、研究、保存、保护、宣传、弘扬、承传（主要通过正规和非正规教育）和振兴"。而《中华人民共和国非物质文化遗产法》对保护的认定则是采取了狭义的概念，在第一条就明确将"保护"和"保存"作为不同的概念并置，这个区别代表的是立法鲜明的态度，即"保存"与"保护"存在差别。该法第三条明确规定："国家对物质文化遗产采取认定、记录、建档等措施予以保存，对体现中华民族优秀传统文化，具有历史、文学、艺术、科学价值的非物质文化遗产采取传承、传播等措施予以保护。""保存"是适用于所有对象的手段，"保护"则是针对特定对象、体现价值观的措施。这个立法价值取舍在大多数省份的地方性法规修改中得到了体现，也显示了遗产思辨研究在地方非遗传承实践的落实。必须正视的是，历史自有其逻辑和选择，不是所有的非遗都能够传承，它们其中也不乏糟粕，有相当数量已经或即将在历史的长河中消解，对于这些非遗项目，采取保存的方式记录、建档，目的是为后人留存记忆的资料。而那些在漫长的发展进程中传承下来的，有顽强生命力的非遗，也要有所区别、有所侧重，分类别、分层次，其中承载传统文化优秀品格的非遗要积极加以保护，挖掘传播优秀文化，结合时代特点加以继承、发扬、升华精神内涵，使之与培育践行社会主义核心价值观相契合，使得人们能深刻认识和理解并自觉传承，从文化自觉走向文化自信，增强人们用传统文化精髓解决当代面临难题的智慧，增强民族凝聚力和向心力。

（选自《东南学术》2020 年第 2 期）

作为人群聚合与社会交往方式的节日

——兼论节日对基层社会建构与治理的价值

王加华 *

　　节日是世界各民族所共有的一种社会文化现象。在长期的历史发展过程中，我国也形成了一套极富民族特色的传统节日体系。而所谓节日，也就是时间的"截点"，是年度周期中具有标志性和特殊意义的日子，具有周期性、循环性等特点。一年之中，节日庆典及其相关仪式，有规则地穿插于民众日常生活之中，从而形成一种"非日常"与"日常"交替变换的节奏起伏，使人在紧张忙碌的工作之余获得身心的愉悦与放松。与此同时，节日还是具有"神圣性"的时间节点，是民众精神信仰、伦理关系、娱乐休闲、审美情趣与物质消费等的集中展现，承载着丰富的精神文化内涵。事实上，正是诸节俗活动本身及其所承载的丰富精神文化内涵，才赋予了作为年度重要时间节点的节日以"神圣性"，也由此奠定了其不同于"日常"的"非日常"性。[①]正因为节日包含有丰富的精神文化内涵，因此"传统节日是一宗重大的民族文化遗产"。[②]故而，对今天而言，保持传统节日的良好传承与发展仍具有极为重

---

　　*王加华，历史学博士，山东大学儒学高等研究院副院长、教授、博士生导师。

　　①王加华：《传统节日的时间节点性与坐标性重建——基于社会时间视角的考察》，《文化遗产》2016 年第 1 期。

　　②萧放：《传统节日：一宗重大的民族文化遗产》，《北京师范大学学报》（社会科学版）2005 年第 5 期。

要的价值与意义。

节日之所以能承载并具有丰富的精神文化内涵，归根到底还在于过节的"人"——没有人便没有节日。人们之所以"创造"节日，除标记时间、娱乐休闲、祭拜神灵、表达情感等目的外，还在于创造一个人与人之间交流、交往的媒介与平台。故相较于平日，人们在节日期间的相互聚合与社会交往频率总是会大大提高。故而，就性质而言，节日不仅是一种时间制度与充满丰富内涵的社会文化现象，也是一种重要的人群聚合与社会交往方式并具有明显的"公共性"特征。这便使节日具有了参与基层社会建构与治理的积极作用与意义。

作为"一宗重大的民族文化遗产"，传统节日研究一直受到历史学、民俗学、人类学等诸学科的广泛关注，对中国诸传统节日的形成与流变、习俗与惯制、文化与内涵、价值与意义、传承与保护等问题进行深入探讨，相关研究可谓俯拾皆是，无须一一列举。尤其是近些年来，随着传统节日的日益淡化与式微，如何对传统节日进行更好地保护、传承与利用，更是成为一个热门话题，相关研究更是不胜枚举。[①]不过，纵观已有之研究，虽然对节日仪式活动、参与群体等多有论述，但从"社会交往"层面展开探讨的却相对不多。已有之少量研究更多地关注于少数民族传统节日的交际交往功能，如张秋东对贵州反排村苗年社会交往功能的讨论、吴良平等对新疆石河子市六宫村回族古尔邦节期间的族际互动与交往网络的探讨等。[②]但是，社会交往功能实际上是所有节日[③]所共有的特性，不单单少数民族节日如此。有鉴于此，本文将在已有研

---

① 兹举数例，如萧放：《中国传统节日资源的开掘与利用》，《西北民族研究》2009年第2期；郝晓静：《全球化背景下中国传统节日文化的保护和发展》，《青海师范大学学报》（哲学社会科学版）2010年第4期；张士闪等：《中国传统节日的传承现状与发展策略——以鲁中寒亭地区为核心个案》，《山东社会科学》2012年第1期，等等。

② 张秋东：《从社会交往角度看苗年——以贵州反排村为例》，西南民族大学硕士学位论文，2010年；吴良平等：《节日互动与民族关系调控研究——以新疆石河子市六宫村回族古尔邦节族际交往网络为例》，《西南边疆民族研究》2015年第1期。

③ "节日"有广义与狭义之分。广义的节日即生活中值得纪念的重要日子，除我们一般观念中的春节、元宵节、清明节、端午节、中秋节、重阳节、"五一"节、国庆节、元旦，以及雪顿节、泼水节等少数民族节日与圣诞节等西方节日外，庙会、灯会、社火、书会，以及现代的电影节、音乐节、文化节、旅游节等也都包含其中。狭义的节日则仅指一般概念上的春节、雪顿节、圣诞节等节日活动，不包括庙会、灯会、社火，以及电影节、音乐节等节日形式。本文所讨论的"节日"就是就广义节日而言的。

究的基础上，对节日所具有的人群聚合、社会交往功能及在这一过程中所表现出的"公共性"特征进行重点论述，进而在此基础上对节日之于当下基层社会建构与治理的价值意义略做分析与讨论。

一、节日的"群体性"与"神圣性"特征

节日，本质上是一种由"人"所创造并践行的社会文化活动。而人作为一种社会化的"动物"，具有群集、交往的本能需求，故无时无刻不处于社会关系的浸淫、包围之中，所以马克思说："人的本质不是单个人所固有的抽象物，在其现实性上，它是一切社会关系的总和。"[1]作为"一切社会关系的总和"，出于社会生存的需要，每个人都处于不断地与他人的互动与联系之中，并随之在其周围形成一个社会网络体系。而节日作为年度周期中具有标志性和特殊意义的日子，恰为人群聚合与社会交往提供了一个良好契机。

节日之所以能为人群聚合与社会交往提供一个良好契机，首先在于节日的时间制度安排，即总是处于一年之中相对闲暇的日子，从而为人们群集并开展密集社会交往活动提供了可能。传统中国以农为本，农业不仅是国民经济的最主要部门与民众衣食之源，还深刻影响着民众社会生活的方方面面。一年之中，受自然节律的影响，农业生产也会表现出一定的节律性特征，即呈现出明显的农忙、农闲相交替的节奏，与之相适应，乡村社会生活也会表现出一定的节奏性，从年初到年末，各种活动各有其时。[2]节日作为社会活动之一种，亦表现出强烈的节奏性特征，即在节期安排上总是处于农事活动的空闲期内。这一特点在我国社会早期表现得分外明显，只是后世随着节庆体系的日渐完善与发展，这种一致性才渐有偏离。[3]不过，固然如此，这种分布态势却并未发生根本改变。以唐宋以后我国最为重要的经济区江南地区为例，

---

①马克思：《关于费尔巴哈的提纲》，《马克思恩格斯选集》第1卷，人民出版社2012年版，第135页。

②王加华：《被结构的时间：农事节律与传统中国乡村民众年度时间生活》，上海古籍出版社2015年版。

③刘宗迪：《从节气到节日——从历法史的角度看中国节日系统的形成和变迁》，《江西社会科学》2006年第1期。

在传统节日的节期选择上就表现出农闲多、农忙少的明显特征。①至于各种庙会、社火等，亦基本都处于农闲期内。如在吴江："佛会，是乡间迎神赛会中的一种，尤其在盛区四乡，每于田事告终之际，差不多没有一村不举行的。"②桐乡乌镇："烧香市宛如我国北方的庙会。从清明起到谷雨止，要闹上半个月。所有娱乐班子是闹过练市含山香市之后才转到乌镇来的。'谷雨两边蚕'，谷雨是收蚕季节，烧香市时正是农闲时，组织起来热闹一番，是文化生活上的一种巧妙安排。"③当然，随着工业化、信息化的迅速发展与农业生产重要性的日渐降低，绝大多数民众的生活安排开始逐渐脱离农忙、农闲的时间节奏而日益表现出一种均质化特征，因此单纯从时间层面来说，节期安排与"空闲"时间正日益相脱离，但好在国家与地区法定节假日制度④的实施又保证了这一点，使人们（虽然不是每一个人）仍有大量空闲时间参与到各种节日活动中来。

节日通常总是处于空闲期内，这为人们群集并参加各种节日活动提供了可能，从而保证了节日的"群体性"特征。所谓节日的"群体性"特征，就是指各种节日活动的开展，必须是以群体而非个体为基础进行的，"任何节庆活动都必须是由至少两个以上的社会成员共同参加才能成立"。⑤这种"群体性"，具体来说又可表现为两个方面。首先，某个家庭、家族、社区或区域性的某次具体节俗活动，总是由多个个体共同参与进行的。小到一个家庭内部的节俗活动，比如除夕之夜的全家围坐、中秋之夜的团圆饭、清明时节的上坟祭扫等，人群规模从几人到十几人不等。中到家族、村落与跨村落层面的习俗活动，如大年初一的聚会拜年，春节、清明、中元节的敬宗祭祖，元宵节的舞龙舞狮与灯会展演，清明节的游春踏青，端午节的赛龙舟，等等，参与人数可从十几人到几十人不等，加上现场观众等更是可达成百上千人。如

①王加华：《农事节律与传统节俗：以江南地区为中心的探讨》，童芳素主编：《"嘉兴端午论坛"论文集》，浙江人民出版社 2010 年版。

②春蚕：《农村素描之五：佛会》，《吴江日报》1932 年 11 月 4 日。

③徐家堤：《乌镇掌故》，上海社会科学院出版社 2003 年版，第 142 页。

④国家法定节假日制度已为人们所熟知。除此之外，很多地方政府还设定了本地区的法定节假日，如广西壮族自治区与云南文山州就分别将"壮族三月三"设为本地区的法定节日，分别放假 2 天与 3 天。罗树杰：《"壮族三月三"：促进各民族交往交流交融的大平台》，《中国民族报》2016 年 4 月 29 日。

⑤王霄冰：《节日：一种特殊的公共文化空间》，《河南社会科学》2007 年第 4 期。

清明踏青，"人如织，夕阳在山，犹闻笑语"。①至于各种庙会、灯会、书会等区域性地方节俗活动，地域影响范围往往达几十、几百华里，更是能在短时间内聚集起成千上万的人流，形成"一国之人皆若狂"②的盛大局面。如清末上海龙华四月初八（浴佛节）庙会，"四月初角人尚闲，游踪如海复如山。不知客舫来多少，停遍龙塘水一湾"。③入选第一批国家级非物质文化遗产名录的山东省惠民县胡集镇胡集书会，在如今正月十二"正日子"这一天，聚集的听众往往可达 10 万人。④

其次，节日作为一种传统习俗，也即民俗，是指"一个国家或民族中广大民众所创造、享用和传承的生活文化"。⑤而民俗文化，"作为一种人类社会文化现象，它们大都有共同特点。就是这种现象，首先是社会的、集体的，它不介入有意无意的创作。即使有的原来是个人或少数人创立或发起的，但是也必须经过集体的同意和反复履行，才能成为风俗。其次，跟集体性密切相关，这种现象的存在，不是个性的，大都是类型的或模式的"。⑥作为一种集体性、模式化的社会现象，"民俗"对浸淫于其中的俗民大众具有某种"强制性"的规范与控制作用。在习俗化过程中，"民俗"会对俗民个体施加潜移默化地影响，促使俗民在生活实践中恪守其约束，形成一种自然而然的控制力，一旦违背，就会在心理与精神上产生巨大的压力。⑦而节日，作为习俗活动之一种，本身就具有群体性、模式性的特征，并会对每个节日传承主体产生一种过节的"强制性"约束力。每个节日（充满了地域差异性），都有其特定的

---

① 《乡志类稿》卷六《风俗》，《中国地方志集成》编委会：《中国地方志集成·乡镇志专辑》第八册，江苏古籍出版社、上海书店出版社、巴蜀书社 1992 年版，第 181 页。

② 《礼记》卷七《杂记下》，陈澔注，金晓东校点，上海古籍出版社 2016 年版，第 494 页。

③ 金凤虞：《浴佛会竹枝词》，顾炳权编著：《上海历代竹枝词》，上海书店出版社 2001 年版，第 477 页。

④ 刘仕超：《胡集书会 800 年传承曲艺盛景十万群众享文化盛宴》，大众网，2013 年 2 月 22 日。

⑤ 钟敬文主编：《民俗学概论》，上海文艺出版社 1998 年版，第 3 页。

⑥ 钟敬文主编：《新的驿程》，中国民间文艺出版社 1987 年版，第 395 页。

⑦ 乌丙安：《民俗学原理》，辽宁教育出版社 2001 年版，第 138 页。以笔者为例，若春节不回老家过，内心就会产生一种内疚与不安之感。这种心理的产生，一方面来自对陪伴父母、亲朋团聚的期待，另一方面则来自族人、邻里等"连过年都不回家"的舆论品评。这种舆论品评正是"民俗"发挥其社会控制力的重要方式与手段。

习俗活动与规约惯制，要求其所有社会成员都必须要予以遵守与践行，并将每个个体的节日活动安排纳入群体性框架中去。"节日的时间是公共的时间，'小我'（个体的我）必须服从'大我'（社会的我）。"[①]由此，节日也在一个更高的层面上成为一种"群体性"活动：一个地区甚至一个国家的绝大多数人会共享相同的节日文化心理，并在大体相同的时间段内进行大体相同的节日习俗活动。

节日的"强制性"约束力及民众由此在心理上产生的"必须"过节的观念认知，正是节日成为"神圣性"时间节点的一个重要体现。这种"神圣性"不单单是因为人们会在节日期间举行诸如送旧迎新、迎神拜祖等"神圣性"的活动，还在于人们对节日及其习俗本身的认同、重视与尊崇之情，"每逢佳节倍思亲"就是这种心理的典型体现。以春节为例，之所以会出现规模庞大的"春运"大军，就与这种必须要"回家过年"的心理认知有着直接关系。而节日具有的"群体性""强制性"与"神圣性"等特征，正是其区别于假日的最核心内涵。作为一种社会全体成员共同参与的文化实践活动，节日时间不是私人时间，节日期间每个个体的活动都必须要考虑"公共性"面向，必须要"随大流"地进行相关节俗活动。相比之下，假日作为一种可由个人自由支配的剩余劳动时间，主要是个体性的，可由个体自由支配而无须考虑其他大众主体之行为与安排。[②]今天，随着传统节日的日渐式微与国家法定节假日制度的施行，许多"节日"有向"假日"转变的趋势，也由此使得传统节日所具有的"群体性""神圣性"特征出现了某种被消解的趋向。

二、节日中的人际互动与社会交往

作为一种社会化的"动物"，人"离不开社会，生活于一定社会之中"，且"必须与他人进行交往"。[③]正是依赖于人与人之间的交往，社会才得以产生与不断发展，"现存制度只不过是个人之间迄今所存在的交往的产物"。[④]因此，不

①王霄冰：《节日：一种特殊的公共文化空间》，《河南社会科学》2007年第4期。
②李松：《节日的四重味道》，《光明日报》2019年2月2日。
③《马克思恩格斯选集》第1卷，人民出版社1995年版，第82页。
④《马克思恩格斯选集》第3卷，人民出版社1995年版，第79页。

论从个人生存还是社会发展的角度来看，人与人之间的交往都是必不可少的。而节日作为一种"群体性"的社会文化活动，在其具体开展过程中，会有大量的人参与进来，由此为人们开展各种社会交往活动及建立心理认同提供了重要契机。与平日相比，节日期间，人们会有更多的闲暇时间，加之会有各种各样受惯制约束而"必须"参与的群体性习俗活动，于是不论在交往频率还是交往范围上都会大大增加。如据吴良平等人对新疆石河子市六官村回族古尔邦节族际交往网络的调查发现，节日期间的平均族际交往规模为 4.38 人，其中 6 人以上者占 50%；互动频率上，几乎每天聊天的占 50.7%；所交往成员，涵盖朋友、同事、邻居与同村人、领导及老板、老乡、表兄妹及其配偶等。可见，节日确实起到了促进交往的作用，增加了民族间表达友好关系与情意的机会，拓展了民族间交往的空间与平台。[①]

　　节日期间所进行的社会交往活动，从群体规模与交往范围来看，存在一个从家庭到社区，再到区域甚或跨区域的扩展过程。其具体开展则是依托丰富多彩的节日习俗活动进行的，其背后心理既有对情感交流的本能需求，也有习俗规约本身的"强制力"要求，还有建构与维持社会关系的实际需要。节日既是社会的，也是家庭的。就中国传统节日而言，大多是以家庭为主的内聚性节日。[②]因此，节日期间的人际交往首先体现在家庭各成员之间，相对也更为注重的是家庭成员间的团聚、交流与协作，"团圆"也由此成为我国传统节日的一个重要内涵，这其中最具代表性的就是春节与中秋，身处远方的人也纷纷回到家中，老幼、兄弟、子侄齐聚，一起参与祖先祭祀等节俗活动，一起准备节日饮食并吃团圆饭，谈谈地里的收成、工作的境况、孩子的成长、家庭的趣事，或者一起玩玩扑克、打打麻将、看看晚会。其他一些节日，如冬至、中元节等也都是重要的家人聚合的日子。比如在江浙等地，素有"冬至大如年"之说，是日家家户户聚集一堂并祭祀祖先。再比如在山东省济南市莱芜区，七月十五（中元节）是一年之中仅次于新年的重要节日。这天，儿子们都聚集于父母之家（若父母亡故，则一般聚集于长兄之家），举行迎家堂、拜祖先、

---

　　①吴良平等：《节日互动与民族关系调控研究——以新疆石河子市六官村回族古尔邦节族际交往网络为例》，《西南边疆民族研究》2015 年第 1 期。

　　②萧放：《中国传统节日资源的开掘与利用》，《西北民族研究》2009 年第 2 期。

送家堂等仪式活动，晚上则一起围坐聚饮，忙忙碌碌、说说笑笑间，人伦亲情得到了强化，家规家风获得了传承。

家庭之外，家族则是节日期间人际交往的另一个重要场域与平台。受父系血缘制建构的影响，中国人有着浓厚的家族意识与观念。为了维持这种意识与观念，我们进行了一系列物质与行为层面的建构，诸如修家谱、建祠堂、拜祖先等。节日则是突显与强化家族意识的重要契机，其中最主要的方式就是共同祭祖与相互间的节日拜贺。这一点，在新年期间表现得最为明显，其他如清明、中元、冬至等节日，往往也会有隆重的祖先祭祀仪式与人情往来活动。翻阅古代文献，相关记载可谓比比皆是。兹举一例。在浙江鄞县（现鄞州区），"元日先夕，泛扫室堂及庭。五鼓而兴，设香烛，男女礼服拜上下神祇，陈果饵、酒馔以祀其先，序拜尊长。男子则出拜宗族、亲戚、邻里，谓之'贺岁'。各家具酒食以相延款……冬至，各家具香烛礼神祇。巨族有宗祠者，洁牲醴祀其先，用乐演剧"。[①]而为了突显家族组织与观念，祖先祭祀、聚会拜节等往往要采取集体行动的方式。如在山东潍坊寒亭禹王台村，拜年时一个家族的子孙都要集体行动，即使人再多也不能分开。[②]当然，节日具有强烈的地域性特征，即使同一节日在不同地区也往往会有不同的习俗表现。相较之下，宗祠聚拜更多发生于我国南方地区，北方地区由于祠堂等物化的宗族建构形式相对不太发达，因此更为注重的是族人间的拜贺往来。

家庭、家族是我国传统节日的依托核心，大量节日期间的社会交往活动发生于此一范围内。与此同时，在超越家庭家族的村落社区、跨村落社区的更大地域范围内，在不同的节日期间也存在着频繁的人际互动与往来。首先是村落邻里间。俗话说"远亲不如近邻"，节日期间，邻里间往往会进行频繁的社会互动，如串门拜贺、馈送食品、相互帮扶、相聚饮酒等，所谓"乡里交拜履新，互相请客，名曰吃年茶"。[③]而在村落社区或超越村落社区的范围内，交往方式也是多种多样。比如"走亲戚"，这是新年、中秋等节日时非常重要的习俗活动。如在山东惠民胡集村，过年期间，从大年初二开始一直到初五，

---

① 光绪《鄞县志·岁时》，丁世良、赵放主编：《中国地方志民俗资料汇编》（华东卷），书目文献出版社 1995 年版，第 766 页。

② 王加华、吴美云：《禹王台村》，山东大学出版社 2017 年版，第 88 页。

③ 光绪《惠民县志》卷十六《风土志·民俗》，清光绪二十五年柳堂校补刻本。

人们最主要的社会活动就是走亲戚。其中，初二是走姥姥家的日子，初三是走岳父家的日子，初四、初五则是走姑家与姨家的日子。走亲戚的时间顺序和亲属关系的亲疏程度紧密相关，并且这种先后顺序一般不能被打乱。八月十五中秋节之前几天，亲友之间也会携月饼等礼物相互串门走动。① 再比如参加戏曲演出、舞龙舞狮、玩社火、划龙舟等集体性节日活动。这些活动很多都是由村落社区组织进行，往往有严密的组织与分工。比如划龙舟，十几个人同坐一条船，有划桨的，有敲锣打鼓的，有指挥的，等等；玩社火，道具准备、现场演出等，也都需要多人之间有效的分工与协作。至于各种庙会、灯会、书会等节日，则会把一个更大地域范围内的民众聚集在一起，通过逛庙会、听大戏、赏花灯等方式强化人与人之间的情感认同与联系——虽然绝大多数参与之人不会发生直接的互动与交往。与此同时，逛庙会、听大戏活动本身，还会起到密切家庭关系、加强亲朋往来的作用。因为在这些节日场合，往往都是一家人一起出动，并且还能为分处不同村落的亲戚往来提供良好契机。如同样是在山东省惠民县胡集村，在每年正月十二胡集书会与九月十五真武庙会期间，胡集村几乎家家户户都会有亲戚来访，很多人家也会主动请外村的亲戚前来，尤其是已出嫁的女儿们。由于所来客人实在太多，为了做饭招待，很多胡集村村民反而自己无法参与到书会与庙会活动中去。②

总之，在各个节日中，可以说无时无刻不充满着人与人之间的互动与交流。就目的而言，这种互动与交流更多是出于一种精神层面的需求，主要在于强化伦理亲情与情感认同，而不过多涉及权力、经济等方面的考量——虽然不是说绝对没有。不过，今天随着生产、生活方式的急速变化，我们的节日体系及过节方式亦发生了越来越多的变化。与传统农耕时代相比，很多传统节日正在变得日渐没落与式微，"年味越来越淡了"就是一个真切体现，随之附着于节日之上的诸如舞龙舞狮、社火等集体性节俗活动也失去了依托。与此同时，随着我们工作、生活节奏与轨迹的变化，越来越多的人因为工作等方面的原因而无法在节日期间与家人团聚；节日期间，人与人交流的方式也正在发生巨大改变，越来越多地由传统的面对面交流变成通过短信、电话、视

---

① 王加华：《胡集村》，山东大学出版社 2017 年版，第 50 页。
② 王加华：《胡集村》，山东大学出版社 2017 年版，第 114-117 页。

频等方式交流；受亲属文化堕距、城乡二元结构以及礼俗观念等因素的影响，在节日期间的亲属交往上，很多年轻人更是出现了逃避、伪装与应付等现象。[①]而受商业化等因素的冲击，节日越来越成为一种"被消费品"，成为各种商业活动的最佳推销日，由此使传统节日的"神圣性"内核被日益消减——这正是造成今天年味越来越淡的一个重要原因。[②]同时，随着"节日"向"假日"的转变，节日的"个人性"日益突出，休闲购物、外出旅游日益成为今天人们过节的一种重要方式，而不再如传统那样以"家"与"家乡"为过节的核心之地。但另一方面，也恰因为工作与生活方式的变化，节日尤其是春节正越来越成为一年之中家庭成员团聚交流的最重要契机。正如有受访者说的那样："我在离家比较远的地方工作，大部分亲戚只能在过年见到一次，像我的外公外婆。其实包括我的父母，一年也就两次和他们团聚，春节一次，国庆一次。"[③]这反而更突显了节日在当下家庭人际交往中的重要性。事实上，受当下时间制度与工作节奏的影响，节日尤其是法定节假日正日益成为大多数民众走亲访友、家庭团聚的最主要时机，就连结婚这种人生大事也越来越多地被安排于节日期间举办。至于外出旅游等过节方式，在有些学者看来，对于人际关系的建构也并非毫无意义，而是在传统的血缘、地缘、业缘等社会关系之外，建立起一种游缘关系，并反过来促进了中国整体社会关系的优化。[④]

三、节日"公共性"与当下基层社会建构与治理

节日为人群聚合及开展各种社会交往活动提供了重要契机，表面看来这是一件再平常不过的事，但对社会建构与共同体意识培育来说，却有着极为重要的功能与意义。而这一社会功能与意义的发挥，又与节日本身所具有的"公共性"价值直接相关，故有学者将节日称之为一种"特殊的公共文化空间"：作为民众日常生活中的一种非日常状态，节日带有集体"着魔"的特征。其以公共时间和公共空间为基础，所追求与创造的是集体的文化认同、公共的

---

①郑杭、方青：《节日背景下当代青年的亲属关系研究》，《青年探索》2019年第1期。
②文军：《春节年俗变化的社会学反思》，中国社会科学网，2017年2月23日。
③郑杭、方青：《节日背景下当代青年的亲属关系研究》，《青年探索》2019年第1期。
④于风贵：《游缘建构与当代中国社会关系的优化》，《民俗研究》2014年第3期。

价值观与和谐的社会环境。①

何谓"公共性"？谭安奎认为，公共性，顾名思义指的是"公共"的性质、性格与属性、特性等，是与私人性、个人性、私密性等概念相对而言的，强调的是某种事物与公众、共同体（集体）相关联的一些性质，具有公有、公开、公益、公享等多方面的意义。②不过，作为一个被广泛应用的概念工具，"公共性"其实并没有完全统一的内涵与界定，而是在不同的语境之下会有不同的理解与运用。具体到本文来说，"公共性"主要强调的是公共参与性和在此基础上所实现的群体性认同。具体来说，节日的"公共性"主要体现在以下四个方面：首先，节日是一种全社会参与的社会文化实践，每个人都是节日的参与者；其次，节日是一系列公共文化事项的组合，所有个人活动都必须要在群体框架与习俗规制所规定的范围内展开进行；再次，节日的运行与组织以公共文化服务为主要特征，节日活动的组织者更多是出于公益等层面的考虑，而与经济利益无关；最后，节日是群体文化记忆共享与群体性文化身份认同的重要载体，能够在个体、家庭、家族、村落社区、跨村落的区域间，建立起一种文化与心理认同机制。③就四个层面来说，前三个方面是表现与手段，而其最终目的则在于建立民众间的文化与心理认同机制。

那节日究竟是如何建立起民众间的文化与心理认同机制的呢？节日期间面对面的人群聚合与社会交流是其最基础、最根本的动力所在。人与人之间建立情感联系的基础与依托有很多种，比如血缘、地缘、业缘等。就传统中国来说，血缘与地缘是两种最为基本、最为主要的形式。但就本质来说，血缘、地缘等只是人与人之间建立关系的纽带与基础。有了这一纽带与基础，人与人之间的关系能否真正建立起来，关键还在于作为主体的人相互之间是否有定期或不定期的互动与交流。即使关系再亲密的人，若相互之间长期没有联系与交流，也会变得生分与疏远，尤其是建基于地缘与业缘基础上的人际关系。事实上，即使是至亲的兄弟姐妹、父母子女间，若长时间没有互动与交往，也会出现类似的问题，很多完全由爷爷奶奶看大的孩子往往与自己的父母在

①王霄冰：《节日：一种特殊的公共文化空间》，《河南社会科学》2007 年第 4 期。
②谭安奎编：《公共性二十讲》，天津人民出版社 2008 年版，"编者序"第 1 页。
③李松：《节日的四重味道》，《光明日报》2019 年 2 月 2 日。

关系上相对疏离便是一个明证。中国传统节日之所以大多是以家庭为主的内聚性节日，应该与此直接相关。故而，共同的血缘或地缘只是建立关系的基础与前提，若不"走动"，联系也就不会真正建立起来。在这方面，现代城市社区就是一个典型例证：虽然大家居住在相同的小区，具有地缘上的巨大优势，但由于相互间缺乏必要的互动与联系，因此关系总是十分疏离，即使对门的邻居往往彼此间也不清楚姓名。因此，通俗一点来说，所谓的认同性机制其实就是"亲密感"的建立，而没有交流与互动，亲密感也就不会建立起来。对此，古代"親"字的字形可谓表现得淋漓尽致，即"亲"必须要"見"。《说文解字》，"親，至也"。段玉裁注曰："《至部》曰：'到者，至也。'到其地曰至，情意恳到曰至。"[1]也就是说，要"到其地"才能"情意恳"，"情意恳"才能"親"，这其中"到其地"（"见"）是基础与关键。所谓"见"，也就是"到其地"的面对面互动与交流。

节日通过将人们聚集起来并进行频繁的面对面活动与交流，从而加强了人们的亲密感，建立起民众间的相互心理认同，增强了身处其中广大民众的"共同体"意识。所谓"共同体"，在滕尼斯看来，就是以血缘、感情和伦理团结等为纽带，建立在自然情感一致性基础上的、紧密联系、他性的社会联系或共同生活方式。共同体的类型主要是在自然基础之上的群体（家庭、宗族）、小的与历史形成的联合体（村庄、城市），以及思想的联合体（朋友、师徒关系等）里实现的，相关人员的本能中意、对习惯制约的适应或者共同记忆是共同体得以实现的基础所在。血缘共同体（亲属）、地缘共同体（邻里）与精神共同体（信仰、友谊等）是其基本形式。[2]而传统节日的开展就是以血缘（家庭、家族）为基础，进而扩展到地缘（邻里、村庄、区域）、思想联合体（友谊、业缘群体）等范围的。广大的节日参与者正是以血缘、地缘等为基础与纽带，依托共同的家庭、家族、区域节日文化"记忆"，通过彼此间的交流与互动，自然而然地建立起相互间的认同感。与此同时，在一个更高的层面上，基于长期形成的节日习俗规约本身的"强制力"要求，所有个人的活动，都必须要在群体框架与习俗规制所规定的范围内展开进行，使"小我"服从"大

---

①段玉裁：《说文解字注》，上海古籍出版社 1981 版，第 734 页。

②费迪南·滕尼斯：《共同体与社会：纯粹社会学的基本概念》，林荣远译，商务印书馆 1999 年版。

我"，由此在超越家庭、家族、村落社区的更大地域范围内建立起一种心理上的认同与联系——虽然没有建基于家庭、家族、社区上的联系那样紧密，使节日成为一个地区甚或国家的共享符号。如在山东济南莱芜区，七月十五（中元节）就被成功建构为一个地域认同的符号，"莱芜人都过七月十五""过七月十五的都是莱芜人"的说辞就是最明显的体现——这也是笔者在此地多年田野调查中感受最深刻的话语之一。春节作为我国传统最隆重、盛大的节日，更是被成功建构为中华民族认同的一个重要符号，被认为具有凝聚中华民族的伟大作用。①

20世纪80年代以后，随着我国工业化、信息化、数字化进程的飞速推进，我们的国家与社会发生了翻天覆地的变化。与之相伴随，基层社会结构与民众生活方式也发生了很大改变。这其中更多是令人振奋与欣喜的现象，但也随之出现了一些不尽如人意之处，比如在人与人之间的关系与交往模式上出现了越来越疏离化的倾向，不论城市、农村皆如此。一方面，随着城市化进程的快速推进，越来越多的人涌入城市居住，②城镇越来越成为我国人口的主要居住地。在这一过程中，相应产生了大量的城市社区。与传统农村社区民众间关系紧密、以熟人为主的熟人社会模式不同的是，现代城市社区虽然居住更为集中，但由于居民背景不同、来源各异，基本是一种陌生人型的社会生活模式，相互之间来往很少，也没有多少社区共同体意识，而这显然不利于城市基层社会治理与和谐社会建设。另一方面，随着今天工业化、城市化、信息化的快速发展与农业生产的日益式微，传统村落社区亦发生了巨大变化并出现了越来越多的问题，其中一个重要方面即是"公共性"的被消解：传统农耕文化蕴涵的道德价值理念被严重冲击，乡村共同体意识被削弱，由此导致村落凝聚力涣散、村民相互间认同感大大下降。③这使得当下的乡村基层

---

① 赵书等：《春节：凝聚中华民族的节日》，《中国民族》2007年第2期。

② 据智研咨询发布的《2016—2022年中国人口市场深度调查及发展前景预测报告》显示，2015年我国城镇化人口为7.7亿人，城镇化率为56.1%，预计2020年将达到60%。《2017年中国人口总量、城镇人口比重、城镇化率发展趋势预测》，中国产业信息网，2016年12月14日。

③ 姜德波、鹏程：《城市化进程中的乡村衰落现象：成因及治理》，《南京审计大学学报》2018年第1期；严火其、刘畅：《乡村文化振兴：基层软治理与公共性建构的契合逻辑》，《河南师范大学学报》（哲学社会科学版）2019年第2期。

社会建构与治理亦面临了一系列的问题。

面对当下城市与乡村基层社区人与人之间关系越来越疏离，进而导致基层社会治理面临诸多难题的问题，我们应采取何种有效解决措施呢？复兴或重塑社区"公共性"，加强社区居民间的社会联系，强化社区居民的共同体意识，应是一种有效的解决之道。而节日作为一种人群聚合与社会交往的重要方式，具有独特的凝聚人心、增强认同感的功能与意义，理应在当下的人际关系搭建过程中发挥其积极作用。正如"我们的节日·南京"工作坊首席专家季中扬所说的那样："社会分工、互联网技术、虚拟空间、宅文化等因素加剧了人与人之间的隔绝，但人们在内心深处需要聚集。传统节日是一种惯性的聚集，内在的、习俗的力量可以打破人际隔膜。"①虽然在实际的基层社会建构过程中，节日并不能如特定的政治、经济政策与法令那样发生直接作用并产生立竿见影的效果，但作为一种柔性的文化与心理方式，却可以在"润物细无声"之间，通过对人的心灵与精神的影响与塑造，从而间接发生其作用。所谓人心齐，泰山移，人心凝聚了，队伍也就好带了，各种政策、措施等也就易于实施了，从而助力于基层社会的组织、建构与治理。

具有强大人群聚合与社会交往功能的节日，是解决当下人与人之间关系疏离的一个理想选择。而正是因为注意到节日所具有的强大聚合功能，为解决城市社区人际关系淡漠、认同感不强的问题，从21世纪初开始，我国各地城市都举办了一系列丰富多彩的社区文化节活动。这些社区文化节通过举办诸如趣味竞赛互动游戏、放映露天电影、主办文艺晚会、提供便民服务、公益活动等，有效拉近了社区居民关系、增强了社区居民认同感。比如2019年6月28日，"我和我的祖国"主题文艺晚会在长沙市开福区鹅羊山社区举行。作为鹅羊山社区文化节的开篇之作，本次主题晚会是在社区组织下，由社区党员干部、草根艺术团和居民一起创作和排演的，不仅为社区居民提供了一个展现自我的舞台，更重要的是拉近了社区居民间的距离，增强了社区认同感。②在乡村基层社区亦是如此。传统时代，节日在加强村落认同感方面曾发挥了

①陈洁：《传统节日如何在5G时代生长》，《新华日报·人文周刊》第118期，2019年12月27日。

②《长沙鹅羊山社区：人人享受全民参与社区文化节好热闹》，东方资讯网，2019年6月29日。

积极作用，今天也仍有其发挥作用的巨大空间，诸多村庄的节日实践也充分证明了这一点。如在山东济南章丘区三德范，一个被分为 4 个行政村、11 条街巷、20 多个姓氏、常住人口超过 6000 人的大村，通过一年一度以街巷为组织单元的扮玩活动，成功建立起一种具有共同体意识的"公共性"观念与机制，弥合了村落社会中的各种矛盾、强化了村落认同感。①在贵州台江反排村，通过苗年期间的"牛打架"与"跳芦笙"等习俗活动，强化了民众社会交往，促进了村民相互间的心理认同；在新疆石河子市六宫村，古尔邦节成为不同民族间族际交往的良好平台，促进了良好民族关系的建立。②

总之，不论过去还是当下，不论城市还是乡村，节日都具有动员民众、凝聚人心，增强群体、社区、地域甚至国家认同感的积极价值与作用，从而有利于基层社会的整合、建构与治理。而这一功用与价值亦被党中央认同。中央五部委在《关于运用传统节日弘扬民族文化的优秀传统的意见》中指出：中国传统节日，凝结着中华民族的民族精神和民族情感，承载着中华民族的文化血脉和思想精华，是维系国家统一、民族团结和社会和谐的重要精神纽带……大力弘扬民族文化的优秀传统，对于推动形成团结互助、融洽相处的人际关系和平等友爱、温馨和谐的社会环境，对于进一步增强中华民族的凝聚力和认同感、推进祖国统一和民族振兴，对于不断发展壮大中华文化、维护国家文化利益和文化安全，具有重要意义。③

四、结语

以上，我们对传统节日的人群聚合与社会交往特性及其对当下基层社会建构与治理的价值意义做了简要论述。从中我们可以发现，节日绝不仅仅只是一种时间制度与充满丰富内涵的社会文化现象，也是一种重要的人群聚合

---

① 朱振华：《扮玩：鲁中三德范村的年节生活》，齐鲁书社 2019 年版。

② 张秋东：《从社会交往角度看苗年——以贵州反排村为例》，西南民族大学硕士学位论文，2010 年；吴良平等：《节日互动与民族关系调控研究——以新疆石河子市六宫村回族古尔邦节族际交往网络为例》，《西南边疆民族研究》2015 年第 1 期。

③《五部委关于〈关于运用传统节日弘扬民族文化的优秀传统的意见〉》，《人民政协报》2015 年 8 月 24 日。

与社会交往方式并表现出明显的"公共性"特征，具有动员民众、凝聚人心，加强亲情与友情，增强群体、社区与地域认同感的积极价值与作用，是家庭、家族、社区、地域认同的重要体现与载体。今天，随着社会的飞速发展与变化，不论城市还是农村，人与人之间的关系变得日益疏离，如何加强民众间的社会联系、强化民众的社区共同体意识，成为当下基层社会建构与治理的一个重要考量与面向。在此大背景下，具有强大人群聚合与"公共性"特征的节日或许是一种理想选择。

节日文化是一种民俗文化。民俗文化的价值可以从"内价值"与"外价值"两个方面来理解。"内价值是指民俗文化在其存在的社会与历史的时空中所发生的作用，也就是局内的民众所认可和在生活中实际使用的价值。外价值是指作为局外人的学者、社会活动家、文化产业人士等附加给这些文化的观念、评论，或者商品化包装所获得的经济效益等价值。"[1]大体言之，"内价值"更为强调民俗的主体性与民俗文化的精神层面内涵，"外价值"更为强调"外在性"与实际经济利益层面。传统节日对当下基层社会建构与治理效用的发挥，就是"内价值"发挥的一种典型体现。这也提醒我们，在今后的节日文化建设中，不能只强调其对于带动消费、促进经济发展的功用（"外价值"），还应该发挥其对于国家与社会建设在精神层面的深层次价值与功能（"内价值"）。

节日文化是一种民俗文化，亦是中华优秀传统文化的重要组成部分。

习近平总书记曾在很多场合阐发并强调了中华优秀传统文化在当下国家建设中的重要作用。他指出，中华优秀传统文化是"中华民族的基因""民族文化的血脉"和"中华民族的精神命脉"，能有力增强民族自信心、民族自豪感和民族凝聚力，为治国理政、实现中华民族伟大复兴注入强大精神力量，彰显中华民族的"文化自信"。[2]因此，发挥节日在当下基层社会建构与治理过程中的积极作用，也就是在响应并践行党中央与习近平总书记的号召与要求。

（选自《东南学术》2020 年第 2 期）

---

[1]刘铁梁：《民俗文化的内价值与外价值》，《民俗研究》2011 年第 4 期。
[2]薛庆超：《习近平与中华优秀传统文化》，人民网，2017 年 12 月 21 日。

从闽台民间美术的传衍看
非物质文化遗产的生产性保护

李豫闽[*]

　　民间工艺美术的行会组织由来已久，由从事同一行业或与此职业相关人员组成的同业公会在古代中国社会是一个普遍的现象。民间工艺的性质决定了它属于"村民手艺"，有"其性野，是故俗"[①]的特点，故往往不为主流社会所关注。同业公会的成立，其目的是为了维护自身利益，防止同业恶性竞争，排除异己，因此也往往有了行业各自的行规、行例以及长期形成的习俗，并以此敦促同业之间的和睦相处、循规守矩，共同发展。

　　古代闽台两地民间工艺行业习俗自唐代陈元光开发漳州，大力发展手工业生产，北方匠人南来，也带来了先进的手工业生产技术。

　　与此同时，漳州地区各种手工业同业公会纷纷成立。业者逢年过节，都要祭祀行业的祖师爷和保护神。祭祀在神庙、作坊、家中进行，供奉的神像或者是木雕，或是画像，或是纸马，也有供牌位者；每月的初二、十六日，业者都要备牲醴祷祭神明，称为"牙祭"，特别是每年的头、尾两个牙祭更为隆重，需备猪头三牲供奉；另外，在祖师爷的生日或忌日，还要举行特别的祭祀仪式。[②]同业公会一般是定期或不定期举行聚会（过会）。会首（会头）率

＊李豫闽，福建师范大学教授、博士生导师。
①黄汝亨：《储山人文序》，见《晚明小品选》，百新书店 1934 年版。
②《漳州民俗风情》，海风出版社 2005 年版，第 69—71 页。

众举行祭祖、议事、聚餐等，协调行会中存在的权益纠纷、切磋技艺、相互"牵神"（介绍业务）、介绍入行工匠和主持拜师仪式等。

旧时，少年拜师学艺须备名帖和见面礼，托熟人带到师傅面前，引见人介绍学徒的家庭及个人情况，师傅盘问一番，观察对方灵巧与否，若感到满意，就会收下礼物，倘若看不上眼，师傅就婉言谢绝。[①]学徒见师傅收礼允诺，便要磕头致谢。师傅以四色礼品祭祀行业祖师爷，并召集其他徒弟参加，先由师傅焚香向祖师报告什么时辰又收了什么弟子，然后全体学徒跪拜祖师神位，聆听师傅训诫，新学徒在祖师像前叩拜师傅并拜见众师兄，正式确立师徒关系。

学艺期限一般为三年四个月，从师期间，学徒按俗例无偿为师傅干活，包括为师傅一家打杂、做家务，并要照料师傅的个人生活。学徒学艺只能在干杂活之余向师兄讨教技术，平时师傅只让学徒干些简单、基本的行活，如木工，主要是磨刀、做些取料、粗绝等。学艺期间，师傅只供应伙食，有时也给些零用钱。学徒对师傅、师母须毕恭毕敬，事事顺从。

第三年始，师傅开始教一点功夫，但仅限于基本的技能，看家本领是不轻易传授的。[②]只有师傅特别看重的高徒，或乖巧的学徒，才会特别"放步"（授以技术诀窍）。学艺期满，学徒在祖师神位前焚香跪拜。通常，师傅会送徒弟一套基本工具，让其自立门户开业；同时，徒弟也要回送礼品，俗称"谢师礼"。徒弟备办酒席宴请师傅、师母和师兄弟，俗称"满师酒"（出师宴）。满师后，徒弟可留在师傅处干活，工钱只能拿一半。师傅还是当师傅头，负责揽活，统筹施工等。如果想自立门户，则不得与师傅抢生意，必须到别处另辟天地。当然，如果生意太好，活计忙不过来，师傅也乐意将生意介绍给已经"出师"的徒弟。徒弟另立门户后，逢年过节，亦常来看望师傅，互相问个好。

学徒习艺期间，若违犯行业规矩或与师傅相处不好，被师傅逐出师门，解除师徒关系，称为"破门"。这样，学徒在行业里难以再找第二个师傅。[③]因为"口碑"不好，通常情况要么改行，要么到外地"搛吃"（揽活）。

古时，漳州民间普遍认为，功夫人的工具是"搛吃家什"（维系生计的工

---

①《漳州民俗风情》，海风出版社2005年版，第69-71页。

②昔时，闽南地区民间艺术行业讲完师承关系，故，师带徒的过程，许多诀窍、技艺"结果不传女"，如师傅无子，一般愿传给女婿，使手艺能长久地传承下去。

③《漳州民俗风情》，第69-71页。

具），如：工匠的墨斗、曲尺，泥水匠的瓦刀，石匠的凿子等均可用以治鬼制煞。因此，工匠都认为自己使用的工具是神圣不可亵渎的，一般不肯借给他人使用，更不许摆弄、跨越，尤其忌讳被妇女跨过，那样便会触犯祖师神灵，使自己的技艺退化。"大木作"师傅的斧头每次使用过都要用红布包起来，以表珍重，故有俗谚："师傅斧，恰惜某（比疼爱妻子更甚）"，"小木作"师傅的工具种类繁多，装在专用的箱中随身背着，平时最忌讳别人随便翻动。墨斗或曲尺若被外人触摸，要咒符点着火烧其一圈，谓之"焚净"。①木瓦匠每到工地，晚上睡觉前，往往将自己的鞋子在床前置一正一反（鞋底朝上），表示和邪鬼互不相犯。如果这样做还不清净，就将墨斗绳绕床沿一周，并把瓦刀、钳子置于枕边，把木尺子放在床沿，以镇邪物。木匠禁忌别人跨过墨斗和曲尺，忌讳在梁柱上钉钉子和挂绳索，也忌讳做活时受伤，流血沾在木料上，必须立即擦干净，以免血碰上木神变成精怪作祟。

故时，漳州地区建陶窑或瓷窑要择吉日良辰，也要靠"罗庚"选定吉地。通常不在江边或社、坛、庙旁建窑。窑门不能朝向住宅，以免对人家不吉利。破土时，在窑地祭祀神明，严禁儿童、孕妇进入，也不许有人挑粪桶从前面经过，避免触犯神灵、降祸于窑。此外，在窑旁都立"窑公"（窑神）神位，神龛上用红纸书写"火中取财产，窑门出真金"之类的对联，每月初二和十六要祭神"窑公"。入窑要择吉日，并要祭祀祖师、山神、土地公，入窑的过程都要讲吉祥语，忌讳孕妇到场，严禁秽物经过，以免秽气入窑，影响烧窑。陶瓷工匠在生火和熄火时，都要杀鸡宰鸭祭祀"窑公"和土地神。烧窑前，将鸡鸭血洒滴在窑炉四周以驱邪祛灾，陶瓷工匠封窑烧火前，要点三炷香祭风火神，忌讳生人旁观，以为有生人在旁，陶瓷会烧得半生不熟，火候不合。烧窑时，窑门旁要安放一张小桌子，桌上点一盏长明灯，桌旁摆一张太师椅。这椅子只让大师傅坐。大师傅会根据窑炉的情况指挥窑工添加柴薪。烧窑时，禁忌乱讲话，以免触犯窑神，尤其忌讳讲污言秽语，否则，烧出的瓷器会开裂和变形。升火烧窑或起窑等关键时候，不能让妇女及服孝者或家中有产妇的男人介入，以免亵渎火神，影响窑中成品质量。自封窑到开窑期间，即使遇到大节日，

---

① 刘浩然：《闽南侨乡风情录》，闽南人出版有限公司（香港）1998年版，第129页。

也只能点香烛，烧纸钱，严禁放鞭炮，以免使窑里成品破裂或成色降低。烧窑期间，窑工在窑场吃饭时不能说话，不能碰响桌子，也不能把筷子架在碗上。窑工奉太上老君为祖师，农历二月十五日为老君生日，届时要到老君庙祭奠，祭毕集资宴饮，尽兴而去。

漳州地区民间美术行业都有本行所供奉祖师爷：木瓦工供奉鲁班、杨公，金银铜铁锡匠供奉老君、窑神；陶瓷匠供奉老君或范蠡、窑神；织绣工供奉嫘神、织女；伞匠供奉女娲和鲁班之妻荷叶先师；印染匠供奉葛洪；画匠供奉吴道子。各行业敬奉的神明保佑行业的繁衍生息，工匠们遵循行规行矩，精湛的技艺世代相传。

根据田野调查、文献考证的结果显示：闽台民间美术，属于文化一体的产物，经历了古代中原汉族文化对福建（包括闽南）的传入，并与闽越文化相互融合形成以中原文化为主体，兼有独特的地域文化特质的闽南民间美术。

伴随着明、清两朝漳、泉移民台湾，闽南文化传播到海峡对岸，来自闽南的民间工匠将传统技艺输入当地，从而使台湾地区民间美术逐步发展起来。由此可见闽南民间美术与台湾民间美术之间的关系，是传播主体与传播客体之间的关系。闽南民间美术作为台湾民间美术的原发形态，在其传播和衍化的过程中，无不深刻地影响着台湾民间美术的发展。同时还应看到台湾民间美术在其自律性发展过程中，受到外来文化的影响，不仅表现在规制、形态上的变化，还在题材和内容与原乡传统工艺的主题表达上亦产生差异，这种异质的出现应该在文化一体的范畴被定义，即某个特定时期所产生的形态蜕变，是在不脱离本原文化根基的情况下，由社会变迁、市场需求所造成。

民间美术的研究，涉及的事件、人物、作品由于年代久远，且因民间美术的民俗文化特征与技艺传承的"私密"性习俗所致，或是史籍、方志往往记载较少，或是碍于传承人的秘而不宣，使得对历史遗存和民艺事象的分析比较困难，依靠推测或一味沿用前人说法，可能造成误读和偏差，于是针对研究对象的田野调查，实地观摩、访谈、取证、比对是唯一的方法，这种方法可能避免主观臆想和武断，对某些不符合客观事实又被证实是错误的说法予以纠正。

处在转型期的当今社会，这一优秀的民族文化遗产正面临着濒危与消弭的境地，一方面是由于自然灾害等不可抗拒的因素对其造成的摧毁，社会经济发展带来的负面影响和城市改造对其造成的破坏。另一方面由于工业化进程造成手工艺行业的萎缩，失去市场的民间美术传人陷入后继无人的窘境。深层原因有二：一是社会发展带来人民生活方式的改变，直接冲击了民俗文化，影响了民间美术的命脉与生机。二是价值观的改变，"快餐文化"附带低级趣味的充斥，民众对传统习俗的陌生化和鄙视，使民俗艺术价值不被认可，岁月流逝，逐渐走出人们的记忆。如果说前者是社会发展带来必然结果，那么，后者所生发的深层意识则引人深思。既然我们肯定民间美术是民俗文化，是社会心理的反映，其寄寓民族意识与人的情感和审美，属于民族传统精神一部分，是"一种伟大的存在"。同样，我们有理由相信民俗艺术与现代生活不仅可以并存，而且可以包容，在日益加快的生活节奏，忙碌的时空，只要注入优美的民俗艺术，有助于生命的深化与展开，文化智慧的启迪，从而提升人们的生活质量。

民间美术的研究、保护和传承任重而道远。令人欣慰的是，海峡两岸同胞已有共识：维护传统艺术弘扬民族传统，造福子孙万代。如何有效地保护民族传统艺术，前人实践的经验应予以总结、借鉴。

一、研究带动保护

半个多世纪以来，两岸学者对民间美术研究不辞辛苦，倾心投入。展开了针对民俗文化与民间美术的田野调查，通过实地考察、访谈、拍摄、记录，收集到许多珍贵的第一手资料，建立档案和数据库。随着一大批研究成果相继出版发行，既扩大了台湾地区历史文化遗迹的知名度，让民众了解到民间美术精湛的技艺和文化内涵，同时对散落在城镇乡村的民间美术进行价值评估，由于调查研究工作的科学性和系统性，为政府制定政策提供了理论支撑和科学依据。

三十多年来台湾地区"开展文化资产保护"活动值得关注。20世纪70年代开始，由于经济的快速发展，台湾的传统文化保护研究和传承问题凸显出来，首先是文化工作者反思台湾人文现况，"呼吁抢救濒临灭绝的文化资产"，"维护民俗艺术，传承民间艺人的精神技艺，以提高民俗文化的学术价值，充实精神生活"成为社会各界的共识。

二、机制与法规建设为保障

目前我国文化遗产保护方面还面临着诸多困难，例如，文化遗产的调查评估与规范管理理念落后；不当的城乡建设和土地利用造成文化遗产无法逆转的损毁；盲目过度的旅游开发和不当的修复、发掘造成的损失等，这些问题都暴露了我国在文化遗产保护与利用中相关法律体制不完备的薄弱环节。基于上述问题，总结吸取国外文化遗产保护的经验教训，确立我国文化遗产保护法规政策的理念，建立文化遗产保护机制是十分重要的。

例如，希腊、法国、意大利等国都分别制定了针对历史文化古迹保护的法令条文，其中，法国是文化遗产大国，也是文化遗产保护的先进国家。在文化遗产保护方面，该国一直走在世界的前列。据不完全统计，法国在一百多年的法制建设中，仅文化遗产法一项，便颁布过 100 多部，为法国人依法保护自己的传统文化遗产奠定了坚实的基础。然而通过对其相关法规的解读，我们发现法国"文化遗产法"的制定，主要针对历史建筑、历史街区及历史遗迹、自然景观和小型有形文化遗产进行的，而在无形文化遗产保护方面，法国在法律层面与操作层面上都还没有实质性的行动。与之不同的是，日本及韩国对文化遗产的保护更加关注对无形遗产的保护，韩国于 1962 年颁布的《文化保护法》，开始了全方位的文化遗产保护运动。例如，韩国建立了严格的管理体系，施行严格的专家决策制度；建立严格的奖惩制度，量刑标准极严；其强调法律的可操作性等做法都是值得国人借鉴的。

在我国台湾地区，文化遗产又被称为"文化资产"。台湾于 1982 年 5 月 26 日公布了文化资产保存规定。该规定的公布对台湾地区的文化遗产提供了坚实保障和制度支持。

我国自 1998 年以来，全国人大教科文卫委员会做了大量的立法调研工作，并于 2003 年 11 月组织起草了《中华人民共和国民族民间传统文化保护法（草案）》，提交全国人大常委会审议。这部法律（草案）主要涉及民族民间文化传承人的保护、民族民间文化遗产的保护和相关的精神权利、经济权利等方面问题，明确规定民间文化遗产在国家社会生活中的法律地位，从而为处于濒危状态的民族民间传统文化的保护提供法律依据。借鉴联合国教科文组织《保护非物质文化遗产公约》的基本精神，2004 年 8 月全国人大常委会把法律草案的名称改为《中华人民共和国非物质文化遗产保护法》，经过广泛征求意见和反复修改，该草案已列入全国人大立法规划。

2005 年 3 月 26 日，国务院办公厅颁发了《关于加强我国非物质文化遗产保护工作的意见》，要求建立国家级和省、市、县级非物质文化遗产代表作名录体系，逐步建立起比较完备的、有中国特色的非物质文化遗产保护制度。2005 年 12 月 22 日，国务院发出了《关于加强文化遗产保护工作的通知》，确定我国文化遗产保护的指导思想、基本方针和总体目标，要求建立完备的文化遗产保护制度形成完善的文化遗产保护体系。

三、表彰、宣传与全民参与

台湾自 20 世纪 80 年代开始遴选一批具有代表性传统艺术传承人，授予"中华传统艺术薪传奖"，至今已进行了 6 届，获得这一台湾地区传统艺术最高奖励的民间艺人有 100 余人。

改革开放之后，以闽南地区为例，就先后有诏安的"中国书画之乡"，龙海、晋江的"中国农民画之乡"，漳浦的"中国剪纸艺术之乡"等获得命名。我国各级政府授予了一大批历史遗产国家级文物保护单位，省级文物保护单位及市级、县级、乡镇级文物保护单位。2005 年中国文化部公布了"首批非物质文化遗产名录"项目；2007 年公布了"首批非物质文化遗产传承人"。

2005 年，国务院正式公布：每年 6 月第一个星期日为"世界文化遗产日"。该日要举行一系列大型的纪念，宣传活动，以表彰、展演、互动形式宣传文化遗产保护。

2007 年 6 月 5 日，国家文化部正式向福建省人民政府授牌，成立"闽南文化生态实验保护区"，预示着文化遗产的研究、保护、传承进入了重要的时期。以政府主导，重视社会宣传与推广，人民群众积极参与成为文化遗产保护的基本策略。

四、文教推广与技艺传承

台湾对文教推广与技艺传承重视社会参与主管部门主导。1979 年成立"中华民俗艺术基金会"等机构，各种民间团体纷纷参与民俗艺术的维护。1981 年建立台湾文化建设主管机关，以落实文化教育的推广和文化观念的沟通工作，并策划出版"文化资产丛书""传统艺术丛书"等大系。自 20 世纪 80 年代以来，台湾一批高质量、高规格的博物馆、美术馆、文物馆、民俗村相继建成，为急剧转型的台湾社会留下许多珍贵的人文资源。

20 世纪 80 年代，台湾各界针对现有教育制度和传统文化教育的失缺提出尖锐的批评，围绕教育观念、人的基本素质的大讨论带来了转机，所编教材被"匀出"30% 的份额，交由地方自编乡土文化内容。正是在此情况下，大量"文化资产"传承人被请进中小学的课堂，讲解、示范那些"绝活"。通过学校教育，各级文化中心的展演示范，以推广传统文化和培养传承人的做法不失为一种可行亦是无奈之举。

海峡两岸同胞本着弘扬民族文化传统的意愿，以发掘优秀民族文化遗产的资源，觅寻民俗文化发展的方向，并为此所付出的不懈努力，应当彪炳史册。

参考文献：

[1] 陈耕主编：《闽台民俗丛书》，鹭江出版社 2009 年版。

[2] 闽南文化研究会主编：《闽南文化丛书》，河洛文化事业有限公司 (台湾)2009 年版。

[3] 周宪文：《台湾文献史料丛刊》，人民日报出版社 2009 年版。

[4] 林国平等主编：《台湾文献会刊》，厦门大学出版社 2006 年版。

[5] 汪毅夫：《闽台缘与闽南风——闽台关系、闽台社会与闽南文化研究》，福建教育出版社 2008 年版。

[6] 李乾朗：《台湾传统建筑工艺》，雄狮出版社 (台湾)2003 年版。

[7] 何绵山：《闽文化概论》，北京大学出版社 2007 年版。

[8]《闽台文化研究丛书》，福建人民出版社 2003 年版。

（选自《东南学术》2012 年第 2 期）

中国书法文化生态的反思与重构

——以"文化书法"的理论建构为突破口

王毅霖*

一、当代书法的文化生态环境

在全球化的语境下，现代性逐渐侵入并改写传统文化，书法也无法逃避这种渗透，从社会分工、机械复制到学科的分化，致使技法与文化的分裂形成可能。当代书法各种比赛与展览机制造成这种分裂的加剧，书法呼唤文化的回归不是没有缘由和道理，然而开启通往文化回归路途的钥匙在何处？现代性的机器一经启动是否可以回归，另一个问题是我们还能回归到传统意义上的文化系统吗？在传统的文化系统本身已经被现代性所过滤和改写的今天，回到传统的文化系统有多少意义和可行性？如果这种可能性不存在，当代的文化系统又是何样的特征？能否为未来做一种前瞻性的预设？又是否能与预设回归的当代书法接轨？追寻这一足迹，也许我们可以发现问题出现在当代书法的当代文化语境上。文化的现状是这一系列症候的根本原因，文化在转轨，从传统到现代再到后现代，甚至三者共存同一时间和同一空间，传统文人赖以依存的农业文明被现代化的工业文明所冲击，诗、书、画、印被学科分化的体制所肢解，呼唤文化的回归在某种程度上可能意味着呼唤历史的回

---

* 王毅霖，福建社会科学院副研究员。

归，而"当代"以一种积极的姿态参与了社会事务。"我顽强地属于我的时代"①是文化研究者的一种洞见。

阐述当代书法的文化生态环境必须从20世纪80年代开始，美学的新启蒙在李泽厚、朱光潜等前辈的启动之下拉开了序幕。在书法上，刘纲纪《书法美学简论》的出版与刘氏的"形象反映观"点燃了受到压抑并积蓄了几十年的书法美学，大讨论围绕书法是形象的艺术还是抽象的艺术这个论题展开，参与的人群和范围表明了人们对这门艺术保持的期待和热爱。另一个场阈，文学界则此起彼伏地演绎着从"伤痕文学"到"反思文学""寻根文学"等各种思潮的出场和谢幕。寻根和文化追问成为这一时代最为显著的特征。各种门类艺术在被历史抽空了几十年后迅速得到了回填，以文艺家为代表的知识分子成为这一回潮的先锋，先知的姿态引领大众重新审视艺术与人生，甚至把解放大众当成自己的责任，是这一时期众多知识分子、美学家们也立足于文化的视野并真诚地寻求美学的理路，种种的态势使这个时代的文化艺术呈勃勃的生机。

对国故的现代性整理经常引出全新样式的浮现，大众以极其包容的心态认可和接受了这些颇具实验性的新奇品种。创新以一种试验性的态度在艺术家中蔓延，这种氛围和情绪一度感染社会各界。传统书法也越过形象和抽象之争向现代迈进，"现代书法"揭竿而起，一番攻城略地之后形成了不小的阵容，尽管与传统书法阵营的摩擦不断，"现代书法"在这种争争吵吵的过程中无疑已被当成书法家族新成员而被编织到书法的家族谱系之中。正如文艺理论批评家描述的那样："诸多主义在一个相近的时期漂洋过海蜂拥而至，组成一个共时的结构。"②现代主义和后现代主义这一对在西方具有时间维度的主义，在渡过太平洋之后被共时地编织于东方思维的文化家族之中。无论如何，一个不争的事实是，多种声部的声音和各流派势力混杂一处，他们各自对抗、相融，甚至互为印证、互为参照并把书坛推向某种程度和意义上的繁荣。

如果说新启蒙是20世纪80年代的特征，先锋和先知的姿态使知识分子的精英意识得到空前的膨胀，那么，90年代则是另一番风景了。

---

①弗朗兹·法农：《黑皮肤，白面具》，万冰译，译林出版社2005年版，第6页。
②南帆：《当代文学与文化批评书系·南帆卷》，北京师范大学出版社2010年版，第30页。

20 世纪 90 年代开始，启动了数年的市场经济得到迅猛的发展，无论规模、强度和广度都使知识分子感到十分错愕，市场已然改写了知识分子为社会预先编写的程序并链接了每个人的神经末梢。在文学和艺术上，精英意识遭遇一场来自市场的阻击，"市场体系的扩张导致知识分子精英主义的迅速收敛，'读者就是上帝'成为新的名言。大众又回来了，而且得到隆重的礼遇。当然，这时的大众正在购买之中创造利润，而不是在呐喊之中揭竿而起"①。大众的出现改变了知识分子据守文化高地的场面，文化迅速分化成为大阵营——大众文化和精英文化。知识分子发现他们在 80 年代竭力鼓吹的"市场"此时却成为大众与之讨价还价的筹码，书法在这种文化阵营互相制衡之氛围中扶摇前行。

20 世纪八九十年代文化的繁荣还可以看作是对被压抑的反抗，有时，反抗也可以通过热爱的方式来表达。但事情远未结束，书法艺术遭遇实用性缺失的拦截而大伤元气，艺术的大众化造成的普适性使精英们无法站在艺术的金字塔顶端。考虑到市场的因素，精英们不得不做出让步，90 年代后期出现的"流行书风"就是这种讨价还价后的折中结果。

总体而言，在市场经济的侵袭之下，文化思想退居其次。无论是传统和现代的区别，还是中西文化的差异都显得无足轻重，市场的认可成为至理名言，金观涛和刘青峰指出："这种抹平文化差异的商业力量是如此无所不在，相形之下，文化思想变得可有可无，思想从来没有如此现时那样显得软弱无力。或许全人类正面临一个思想和文化暗淡无光的时代。"②

在现代化的进程中，物质文明的高速发展促使生活节奏以及生活方式的改变，导致精神文明被有意地忽略，这使许多文化艺术门类陷入一种尴尬的状况，书法也没能逃脱。一方面，书法被某些国粹主义者认为是"中国文化核心中的核心"，是中国文化的内核。另一方面，科技的现代化促使传统艺术边缘化，特别在实用性缺失的情况之下，书法迅速地滑入纯艺术的深处，并被编列于艺术阵营的边缘地带。这样，"核心的核心"与"边缘的边缘"形成

①南帆：《革命转移》，北京大学出版社 2005 年版，第 22-23 页。
②金观涛、刘青峰：《中国当代思想形成的历史结构》，见潘公凯主编：《自觉与中国现代性的探询》，人民出版社 2010 年版，第 74 页。

有趣的对比。

自从 20 世纪 90 年代以来，文化的问题越来越复杂。民族的复兴与强盛很大程度上需要依靠文化来阐释，但文化认同往往又必须依赖经济地位、生产力等综合国力来完成，而经济和科技的发展又时常以压抑或忽略文化为代价，这是许多国家特别是发展中国家共同面临的问题。

文化问题一直就是知识分子关注的核心问题，这不仅体现在民族层面上，回到某个艺术门类上也是如此，书坛上 20 世纪 90 年代中期掀起的"书法与中国文化"关系的大讨论证明了对这种理论的关注及其背后的原因。这一时期不论是《书法研究》还是《中国书法》均以专题的形式开展探讨。[①]市场经济的崛起造成了文化产生了极大的地位问题，关注和重视在这种基础上开始。市场带给文化的复杂性、多元性、柔弱性与矛盾性致使文化成为一种模糊的语义体。这也导致许多以文化为标签的理念变得语焉不详，逻辑混乱甚至成为一种幻象，"文化书法"就是这种文化镜像下的产物。

二、视为解决文化问题的"文化书法"

"文化书法"的首次提出是在 2005 年[②]，至于其理论雏形可以上溯到 20 世纪 90 年代，在王氏的《中国书法文化大观》一书中，就有"书法文化"[③]之类的概念出现。关于"文化书法"这一概念提出的过程，王岳川做如是阐述："首先，这是我对中国当代书法流派观察和思考的结果。当代多元书法格局有其失范失根的弊端，但也为新的书法流派的产生提供了较为自由宽松的环境，比如艺术书法、学院派书法等等。那么，能否产生一种'文化书法'呢？我想，从流派上说是可以的。当然，'文化书法'并不是一个流派，仅仅是用它

---

①刘宗超、李一：《共和国书法大系·书史卷》，江西美术出版社 2009 年版，第 201 页。

②"2005 年 10 月 18 日王（岳川）教授在北大书法研究生班讲《书法美学专题》时，首先提出'文化书法'的观点。"参见潘爱军：《现代性语境下诞生的"文化书法"》，《社科纵横》2009 年第 7 期。

③王岳川：《中国书法文化大观》，北京大学出版社 1995 年版，第 959 页。

来说明文化书法产生于多元书法时代这一客观环境中。"①无疑，90 年代以来文化产生的问题已经达到了不得不进行反思的地步。在这种情境之下，王岳川提出了"文化书法"旨在应对和解决书法所面临的时代文化的问题。对于"文化书法"的含义，王岳川进一步讲："实际上，'文化书法'是种理论的诉求，它要求书写者具有相当的文化积淀，在经史子集、诗歌赋及韵律平仄方面，达到很高水平。同时，书写的内容以经史子集为主，或以自创的合乎格律的诗词为主，具有当代性视觉感受力。在书写字体中既有传统功夫，又有恰切的现代的视觉冲击力。"

尽管王岳川在建构"文化书法"中由于涉及面的广泛、问题的多样化以及策略性口号较多引起体系性和逻辑上的松散，然而，我们还是大体可以推出这么一个模式，王岳川所建构的"文化书法"模式无疑是一个"上帝式俯瞰的理想图式"，这个图式具有如此特征和体貌：

其一，"东神西形"的理想模式。它包含传统、现代、后现代的一切优点，摒弃传统、现代和后现代的一切缺点。因此认为中国的书学"不妨在后现代多元文化时代，在质疑了现代性的谬误之后，尽可能地把人类从古到今所有的文化优长，整合为新的文化"。甚至还包含西方的审美观念，把书法放大到国际文化的层面，并认为存在着一种"国际审美共识"，认为书法可以成为一种全球性的艺术，并将成为："人类共有审美趣味"。"国际审美共识"不仅是使书法成为全球性艺术的一种理论基础，还可以是解决书法传统与现代关系的一个良方妙药。因此，王岳川认为："在全球化的文化背景下，解决书法传统与现代矛盾的办法只能是：找到西方或者是其他民族可以欣赏的具有人类共通性的审美形式，比如说空间张力、视觉冲击力、抽象变形，如铁划银钩的干劲清纯、枯笔渴笔的高古和超越都可以为人类所用……在获得世界审美共识的形式框架中，注入中国文化的民族精神和东方魅力，是中国传统向现代转型、现代向传统回归的必由之路。"

其二，国际认可的东方艺术代表。包含文化输出、书法申遗、大国文化形象、反后殖民主义等概念和策略性的观点。"当代中国应该注重'文化输出'，源源不断地输出——这是一个'文化上的可持续发展'问题。'文化的可持续

---

①王岳川：《书法文化精神》，北京大学出版社 2008 年版，第 273 页。

性发展’不是一个简单的经济学概念，也不是一个国策问题，而是东西方文化共同发展的问题，甚至是中国新世纪文化战略问题。"至于书法申遗则是在大国意识下对"书法原创国"认同和归属产生的观点，是国族意识在书法上产生的新问题。中国作为汉字的母国，对东南亚文化的历史发展上取到了至关重要的作用，现在的日文、朝鲜文均是在汉字基础上稍作变更而成的文字。近年来，随着非物质文化遗产申请的热潮，许多国家以自己本国优秀的传统文化申请世遗，有趣的是源自中国的汉文化也被其他国家作为他们的文化遗产，譬如韩国把端午节和书法作为他们的传统文化遗产申请世遗就是这种热潮的产物，对传统文化的认可变成了一种渊源产权的哄抢。这种现象引起中国人的关注和不满，民族文化遗产的保护意识被激发出来："当邻国们纷纷供出自个的祖先牌位，甚至把我们祖先的原创变成他们的国宝时，我们应当捍卫自己的文化权利。书法申遗是主动应对文化危机，值得重视。"书法申遗是一种文化认同，申遗的竞争是一种文化认同的竞争。因此，"进行书法艺术‘文化突围’，恢复中国书法在国际上应有的‘文化席位’"，成为王岳川在书法文化的国际认可层面的策略。

其三，国人认可的"文化书法"理念。王岳川对"文化书法"的理论建构无疑必须诉诸国内学者和书法界的认可。北大作为一种学术支撑且令人信服的机构和体系被标举了出来。"‘文化书法’是北京大学的特色，它强调北大文化资源和北大担当文化任务。‘文化书法’是大学书法教育的纲领，意在恢复传统中有生命力的经典仪式、生活方式和书法感受方式。北京大学非常重视‘文化书法’的研究生高端教育，并正在将这一‘书法新理念’推进到国际书法领域。"文人书法在王岳川眼里与经典并列："今天，中国书法更为理性地开始回到经典上，重视历史上的一些大家，如于右任、沈尹默、林散之；同时也开始注重文人书法，如梁披云、季羡林、饶宗颐、冯友兰等的文化书法。"此外，在书法创新方面，王岳川推出了"半步主义"，认为："往前迈三步可能是致命的，但往后退步也是致命的。我采取的文化态度是‘极高明而道中庸’，迈出半步，以我为主，可持续发展，坚持有效的文化推进。"并且认为书法是一种精英的艺术，书法也必须精英化，因此："坚持在书法普及中呼唤书法大师的出场。普及和提高并不矛盾，当代中国应该推出代表中国书法文化高峰的书法大师。"在书法的风格上则倡导"走进经典、走进魏晋、创意经典"，认为魏晋书法将成为当代书法的资源宝藏，这也是"文化书法"必须走的第一步，因为"魏晋书法前所未有地充满强烈的个人生命气息和饱含生命体验的个体精神"。

除了对"文化书法"的内涵和外延进行理论的论述外，将书法与当前国家的文化策略紧密结合，也是王岳川孜孜以求的事业。

三、"文化书法"的理论内在限度

在"文化书法"的理论体系之下，王岳川希望建立起一种尽善尽美的理论体系；这种体系包含古今中外的优点，摒弃一切缺点，笔者称之为"上帝式图式"。

以"上帝式图式"的口吻，王岳川认为："书法理论的现代性，应该是包括中国书法理论的传统性、现代性和后现代性整合性在内的一个整体理论，它意味着对传统的审视和重新阐释，对现代性的批判和吸收，对后现代性的展望和警惕。"对于舶来的词语"现代性"，文艺理论家南帆的归纳可以清晰地阐述这一范畴："迄今为止，卷入现代性话题的许多重量级思想家均对这种观点表示赞同：存在两种相互对立的现代性模式。一种现代性源于启蒙话语，世俗化、工具理性、科学主义、大工业革命、民族国家的建立、科层制度、市场经济与全球化均是这种现代性的表征。另一种现代性是审美的、文化的，这种现代性的首要特点即是对于前者的强烈批判。马泰·卡林内斯库将第一种现代性称为'资产阶级现代性'而现代主义从属于后一个阵营，现代主义拒绝与资产阶级现代性合作。"站在西方的角度上看，现代性充满了矛盾，现代性对传统扯起了反抗的大旗，对现实主义进行无情的批判，甚至对资本主义的现代性也进行强烈的轰击。整合现代性，把传统性、现代性和后现代性糅合在一起形成一个整体的系统，无疑是一种有史以来最为理想的范式。然而，理论家的构想是否能落实到实践的层面，彼此相互矛盾的因素是否能调和并且最终加以融合？事情可能远乎想象的简单，但把互相矛盾的几个部分糅合在一起引发的可能只是更为混乱的景象，理论家逃逸时空的梦想必须受到实践这一地心引力的考验。

"当代中国书学，不要完全西化，不能把中国传统书学完全现代化，变成所谓现代后现代理论。不妨在后现代多元文化时代，在质疑了现代性的谬误之后，尽可能把人类从古到今所有的文化优长，整合为新的文化。"要不要西化是态度的问题，要不要完全西化则是度的问题，度的把握不是简单的是否态度可以比拟。后现代理论是在现代主义被资产阶级现代性招安之后推出的新型反抗武器。后现代理论的出现无疑曝光了许多现代性的内部问题，然而这种是站在了后现代立场的批判是否完全适合中国，西方后现代的滤镜是否同样适合我们的眼睛？另一方面的问题是我们如何能够站在文化的制高点从而掌握最终的解释权。文化的高低无法用科技的先进与落后来评判，考虑到问题的繁杂和不完整性，解决问题的办法也可能是多种多样，理想模式的提出可能有利于问题的深入研究，但确定一种最佳方式的时刻远未到达。

理想一落实到实践，就显得十分的虚弱。"继'上帝已死'的口号之后，理论家再度宣布'人已死'。这一个回合的历史挫折如此沉重，以至于摧毁了许多人重塑一个有序世界的信心。"这种环境下，理想的图式固然重要，但如果没有一套行之有效的方法用来打开这个神圣的殿门，理想的一切就如同一个空中楼阁一样的虚幻。

"可以说，在全球化的文化背景下，解决书法传统与现代矛盾的办法只能是：找到西方或者是其他民族可以欣赏的具有人类共通性的审美形式……在获得世界性审美共识的形式框架中，注入中国文化的民族精神和东方魅力，是中国传统向现代转型、现代向传统回归的必由之路。"

是否存在一种人类共通性的审美形式？综观中西艺术史，在绘画上，西方的风格与东方差距明显，中国水墨画中与西方油画中是否存在共通的审美形式？至少目前为止没有人敢向全世界通告他发现了这种可以通往各种路口的快速通道，况且全世界的艺术远非油画和中国画可以容纳。各种民族在各自的文化、社会历史、地域风情、审美取向之下发展起来的艺术风格和艺术样式千差万别，也许我们能从中寻找到许多共同点，但这种相似之处一放大到全人类的范围，是否还能信任其精确度？或者说全人类共通性的审美形式只是一种假命题，"世界性的审美共识"只是一个虚幻的概念。

经济全球化与科技的现代化是推进文化现代化的重要力量，现代性如同一种不断复制的病毒已经渗透到世界的各种角落。然而，现代性在国际上的分布不均匀，由于各国不同的文化历史环境与社会科技基础，对现代性的反应各不相同。这样，在不同的现代性压力之下，各种不同的民族文化得到不同程度的保存或裂变。考查中国书法在现代性的催化剂下产生的变化，比较简便的渠道可以从传统书法和西方现代艺术的关系入手，无疑，西方少数的现代艺术家在搜寻世界奇特图库以供养他们创作灵感，中国书法在此时可能作为一种奇特的艺术样式和具有神秘感的要素进入西方艺术的躯体。然而，这种容纳形式并未使中国书法在西方形成一种普遍的认可。绝大部分的西方人还未明白用硬笔和一根带毛的棍子书写有何区别，尽管他们知道存在着一种与拼音文字不同的字体——方块汉字，至于更为精细的如何区分每一线条中蕴含的不同情感变化就无从谈起。

我们也知道这不是一种终极形态，在不断开合的国际文化交流之中，存在着各种的可能性，中国书法在未来不是没有可能为全世界所接纳。但是以和为贵的中国文化本身不具有带侵略色彩的渗透性，中国书法要完成自我国际形象塑造需要一个漫长的过程。问题可以回到前一步的工作上，即国际需要一种什么样的中国书法形象？我们能够塑造出什么面目的中国书法形象？

"为谁写"可以看作是传统遭遇现代的问题。古人大致不会以这种问题烦扰自己。书法在当代，或者我们可以把这个范围延伸得宽广一些，就是中国传统艺术在当代都面临这样的遭遇，比赛制度、中西交流、市场经济等等现代属性不一而足成为传统文化转型的过程中必须面对的问题。后殖民主义理论研究者们提出了"他性"，这改写了文艺复兴"以人为本"的姿态，"为自己"可能被转述为"为他人"，"为社会"也可能被表述为"为利益"，"为谁写"的复杂性似乎远远超过想象的程度，或许我们可以放下这一个多少带哲学味道的问题，把注意力转移到一些更为实际的问题上，否则，文化的输出也可能理解为"为洋人写"。

中国书法是否为西方所接受只是一个浅层的问题，即便这个问题被假设为是肯定的答案，那么西方人对舶来的东方文化不可能没有任何甄别和过滤的程序，除了抵御，改造可能是一种较为温和和开放的态度，挑选则是接受的第一个流程。考虑到接受的能动性，输出必须考虑接受者的文化因素。法农天才般地道破了后殖民主义深刻的天机："让人听明白说的是什么，这绝对是为另一个人而生存。"①尽管这种说法被许多人诟为极端，但文化的殖民完

---

① 弗朗兹·法农：《黑皮肤，白面具》，第8页。

全可能就潜藏在这种平常的日常生活中。后殖民主义理论研究者已经揭示西方现代主义对东方文化和非洲文化的兴趣之中带有的"主体"对"边缘"的猎奇性，以"特色""乡土气息"作为筹码进入西方文化舞台，可能落入西方中心的牢笼之中。

文化的分量经常通过经济、科技、综合国力等一系列外在因素进行曲折的衡量，回顾历史，我们会发现汉唐时期，中国文化影响整个亚洲和世界各地，文化的传播往往是通过科技发明等挟带而至的，脱离了科技，文化将变得虚幻。回顾西方的中心主义的历史，我们发现这种思维与观念源于西方近现代科技经济的强盛。把文化组装成与西方抗衡的精神武器，可行性与方式方法需要进一步研究与论证。农业文明产生的精神文化是否能担当这一重任？"大机器生产驱走了诸如枯藤落叶、斜峰夕阳、孤舟野渡这些农业文明的意象，空灵悠远的小令和一唱三叹的古风嵌不进钢铁世界。"进入了现代化，书法这一农业文明产生的精神文化晶体逐渐被改写，回到绝对的传统已经是不可能，转型的方向有多种可能，在这一情境之下，我们要输出什么，是复古的文化，是完全西化的文化，还是在现代途中徨彷的夹生产品？

文化书法为书法书写内容定了范围，"'文化书法'强调书法的文化内涵，注重创造中多些孔老孟庄的内容，借此传播中国文化的审美编码，从而实现书法对人的朔灵性"。"'文化书法'写的所有内容，严格上说都要求是真正代表中国文化的经、史、子、集的内容。"然而这种圈定多少带有一厢情愿的味道。现代性以光怪陆离来承接和改写传统，文化以其强大的包容性不断衍生和扩展。显然，"经、史、子、集"已经转身远去，文化的定义甚至一度被改写。"怀古"一向是文人具有的情怀，然而，变化是时间对历史做出的诠释，时代场阈的变幻促使文化与社会做同步的调整，抛开个人情感，我们会发现当今社会已经不再是"经、史、子、集"的时代，书法的发展与传承是否必须抚时代的"逆鳞"，换言之，是否必须与时代发展的大趋势对抗才能换回书法的承传。

而文化消费是大众瓦解知识分子精英意识的阵地，伯明翰学派认为大众文化消费具有一种积极的能动性。通过选择，大众甚至可以左右文化生产的形态。文化消费是否如王岳川所说："高层次的文化消费是'举世皆醉我独醒'的原创性苦闷，是反炒作而独辟蹊径走出自己孤独的艺术之路的文化勇士，这样的孤独的行吟者，才是文化消费的领潮人。他们今天坚持冷寂孤独的自我边缘化，是因为他们明天将成为文化消费市场上的真正精英。"

王岳川把消费者和文化创作精英组合幻化成"文化消费市场上的精英"是否是一个行之有效的方法有待进一步落实，然而，这些字正腔圆的精英主义（现代主义）论调凸显了作者模糊的立场。上帝式的俯瞰变成现代主义领潮者孤独的自说自话，这与"文化书法"的立场，以及之前认定的"中庸"的立场背道而行。市场消费与现代主义（或精英主义）的冲突和相互妥协都有可能同步进行，事实证明，文化消费最终能够把各种各样的精英文化变成具有不同价格标签的商品。对于这一过程，批评家南帆如此描述："现代主义席卷全球，然而，反抗和批判的效果如何？显而易见，美学的震惊形成的冲击波肯定曾经使资产阶级深感不适。现代主义抛出如此颓废的'个人'形象与驰骋市场的大亨、经理或董事长相差太远了。尽管如此事情很快有了转机。现代主义文学（作品）逐渐被核准为经典，继而荣升为学院讲坛与美术馆的座上宾。资产阶级现代性的完善机制顺利地消化了现代主义的傲慢和冲动，并且使之变成了价格不菲的商品。"因此希望在作品与文化消费之间理出一条最佳的路径可能还有待于进一步的努力，显然，目前的论述是远远不够的。

除了观念策略的问题外，"文化书法"对于一些概念见解也存在一定的偏颇。譬如关于书法概念，在对中国的"书法"、日本的"书道"和韩国的"书艺"对比中，王岳川认为："中国称'书法'为'法'，具有一种质朴无碍的'道'的精神内蕴——不轻易言'道'，将'道'看作超越性存在。"中国人在命名这一方面一向讲究，然对"书法"这一门类艺术的命名看似极为粗率，书写已经成为一种艺术,而"书法"字义隐含的不过是书写的一些法则和技巧。当然，考查"书法"名词的历史，中国的书写历史至少可以溯及甲骨文的时代，书法的命名就在这一历史长河很早的某一时刻形成并沿用至今。"书法"作为一种实用书写的存在则比艺术存在来得早得多，约定俗成之后就无可更改也无须更改。而日本和韩国的书法都是由中国所传，彼时，作为实用和艺术双重身份的书法，为强调其艺术性做一定的改进在于情理之中。但若意欲为之贴金嵌银，硬说"书法"比"书道""书艺"来得好不免有些勉为其难。

再如在"文人书法"与"文化书法"的关系上，王岳川甚至经常混为一谈。"同时也开始注重文人书法，如梁披云、季羡林、饶宗颐、冯友兰等的文化书法。这些学术思想大师的书法作品，在拍卖市场上卖得很好，人们觉得这才是书法的正路。"概念的混淆会产生歧义,文人的书法作品不可能等同于"文人书法"
或"文化书法",也没有任何证据表明当代文人的书法作品一定是优秀的作品。
放弃纠缠不清的文人概念,回到作品上可能更有助于理清问题的思路。考虑
到书法艺术本身博大的文化容量,"文化书法"可能只是一个伪概念,提倡者
对这个概念的定义空泛而不准确,如果一定假设"文化书法"这个命题合理
的话,那么,我更趋向于这么认为:文化书法必须是蕴含着丰厚的民族文化、
历史文化、时代文化以及书家个体精神特征的书法作品。

至于用拍卖市场来证明是否是"书法的正路",这无疑落下了商品至上的
圈套,文化的价值与经济的价值无法简单画上等号,况且在资本运作繁复的
当代,问题远远无法用卖场的好坏来解决。

四、文化视野下的中国书法生态与本体重构

作为一种观念,"文化书法"的提出可以被认为是 20 世纪 90 年代以来对
传统文化逆反的一种理性回归,认为书法脱离了文化(主要指传统文化)是"文
化书法"赖以为战的缘由,书法再也无法发出昔日的光辉,书法已经脱离了
传统文化的拥抱并走入了现代的深渊,痛心疾首和大声呼号是对传统心怀眷
念的表露。不能忍受传统文化业已寿终正寝的宣判,企图拽着传统步入现代
的门槛是许多文人的心愿。借传统文化昔日辉煌作为屏障以攻击现代的也大
有人在,然而对老死不相往来的时代大加褒扬是一种反抗,也可能意味着无
奈。传统文化是一个巨无霸的系统,具有无限的延殖能力。现代是传统变异
的产物,是传统的延伸或异形,换句话说,现代其实属于大传统系统的延伸
部分。无边的传统文化一直存在两种对抗的力量,即创新和守成。从书法上看,
两个阵营的代表其实就是现代书法和传统书法,二者的对抗性使现代书法被
列为反传统的书法或反书法的书法。20 世纪八九十年代,现代书法一度情绪
高涨,传统被扫荡和围剿,肢解传统并各个击破是现代书法阵营惯用的伎俩,
事实的状况是传统书法对阵地的坚守不可谓之不顽强,然而在现代书法阵营
看来,攻破传统书法这一最后的防线不过是时日的问题。一个有趣的问题是,
尽管现代是如此的所向披靡,现代终究被无边的传统消解,并成为来日的传统。
搜索关于传统和现代的资料,我们会发现,卷入其中的学者是一个庞大的数量。

无疑，传统和现代的关系是文化领域无法绕开也无法完全解决的问题。

然而"文化书法"观念并没有提出可行的范式图式，停留在思想层面的"文化书法"很难付诸实践。市场经济下，物质生产和精神生产被进一步分离，与精神生产相比，由于物质生产与经济利益有更为直接的关系，前者往往被忽视。脱离了实用的书法被编入纯艺术的行列，专注于艺术无疑变成灵魂的苦修，与市场合谋又终将落入商品的圈套，确定自己的方位与姿态对于当代的书法家来说不无难度。这时高等院校可以是一个避难所，尽管市场早已对之渗透，保持一定的理想和追求还是被允许的。因此，在文化的视野下重构书法必须考虑到当下的文化生态，文化的内部问题和外部环境，书法的本体、书法的学科问题，理论家的文化视野和理论自律等因素。

书法的重构必须以文化生态的重构为前提，这要求与此相关的许多文化问题和观点必须得到厘清。

21世纪以来，传统文化受到了前所未有的挑战，中西问题与古今问题成为许多学者津津乐道的问题，认为中国文化失语、中国传统文化已然断根者不乏其人，于是对传统文化进行"寻根"，寻求传统范畴现代转型的理论家数量众多。

然而，"文化寻根"要寻找到什么样的程度，文化寻根就是本土文化的寻宗问祖，无疑，"本土"一直是传统美学甚至是现代美学的重要组成部分。越古越纯的本土文化就一定越优秀吗？福柯认为这是起源神话作祟，南帆提出质疑："考虑到佛教的影响，魏晋、唐宋的（文学）理论业已丧失了'本土'的纯洁；如果按照起源神话的逻辑，至少必须追溯到甲骨文文献。"根据这种理论，纯本土书法史只能留下甲骨文、大篆和小篆。"文化寻根"难道要寻找如此地步，由于受到佛教影响的原因，我们是否也要把王羲之的《兰亭序》也列入不纯的杂糅文化。我们已经不再是依仁游艺的孔子时代，即便回到那一时代，圣人也曾深深感叹礼崩乐坏，或者说现代人想象的纯洁的"根"只是一个虚构的想象体。

自后殖民主义理论产生以来，中西问题多被表述侵略与被侵略，早在"五四"时期，革新派就已认定文化是中国社会落后的罪魁祸首，或者至少是个帮凶，因此改革必须从文化开始，"启蒙"与"救亡"落实到了思想根源上，这时"古今"不重要，"中西"才是话题的焦点，文化因为战争被改写在历史上比比皆是，殖民与被殖民一直就不单单是土地和政权，后殖民主义理论家发现了文化殖民这个隐秘的力量，主动接受后殖民往往以文化作为缺口。

本土传统文化和民族时常并肩作战，互为表里，在对抗文化殖民的时刻，本土往往是中坚力量，本土传统文化甚至往往被表述为民族文化。反之，当传统遭遇现代，把现代表述为西方的、外来的、侵略的，把传统表述为东方的、本土的、反侵略的是一向的策略和手段，民族作为呼唤本土传统的号角数度被吹响。

批评家提出诘问："为什么必须对西方（文学理论）如此反感？为什么化学、医学或者生物学没有发生相似的敌意？"批评家进一步阐述："分析承认，选择或者放弃一种文学理论，阐释的有效与否远比理论家的族裔重要。然而，更多的时候，人们总是有意无意地把民族渊源视为阐释效力的前提。"

当代中国书法文化环境还与书法自身发展的历史息息相关，考虑到20世纪初书法美学第一次做现代转型的契机和在革命中的历史遭际，历史特定文化环境的原因导致中国书法20世纪初现代转型的中断，这源于书法和知识分子在特定时代下的阶级同构。书法的"阶级性"致使其在革命的语境中被抛弃，"标语"体取代书法的实用功能，甚至把书法驱逐出艺术的行列，这种问题最终使新中国成立后书法被排除在艺术学科的大门之外。20世纪四五十年代对于书法到底是不是一门艺术的论争，最终成了注入当代书法学科的历史毒素，无疑，迄今为止，书法还没有完全化解这一毒性。这场论争代表了书法的社会地位面临着汉代以来最为严峻的挑战。不幸的是，对书法否定的一方最终成为新中国文化的主流意识形态，沉入深渊和堕入谷底成了书法无法逃脱的宿命。

近年来，许多学者对建立中国书法馆和书法成为一级学科等进行呼吁，然而，进程并不是那么的可观，教育部刚刚下的文件要求在小学到高中设置书法课程倒是可以视为一个良好的开端。否则，仅在大学开设书法专业根本无法形成书法的良好社会基础。机制本身有望进一步提高，大学书法专业的教育必须进一步改革，对于师资和人才的评价机制也必须做改进。侯忠明认为："当代文化书法的建构很大程度上依赖其大学书法专业教育，然而，由于大学在这一方面的人才评价机制过分倚重科学理论研究，导致大学教师与研究生的书法功底成为其'文化书法'的软肋。"①侯先生的眼力犀利,这种问题在提倡"文化书法"的综合大学上发生,也在艺术院校的书法专业教育中以另一种方式产生。追其根源实为技法和文化的分离,"技"和"道"的分化造成这一局面。如今,技法和文化素养的分离成为高校书法专业教育最为凸显的问题。一方面,高考制度造成许多文化不足的学生通过艺术的途径进入大学,一些艺术院校的学生只重视书写的技巧;另一方面,综合大学特别是在中文院系里设置书法专业又多以文化为标准,专业技法基础极为薄弱,这种分化不仅是在学生层面上,师资上也是如此,通常艺术院校的专业教师文化素养和理论知识素养比较低,而综合大学则是专业技法较差,二者形成渭径分明的两个派系。弥合这种裂隙,解决这一问题需要从制度开始。

离开谋篇布局、用笔技法,而大谈文化,书法就失去其艺术支点。因此,在文化视野下重构书法,不仅需要对文化生态的重构,还必须从书法本体入手。在当代学者把书法分为笔法、结构、章法三部分的基础上,侯忠明提出在文化视野下,中国书法重构的七个着眼点,认为书法训练和创作必须从七个层面入手,即:笔和用笔、墨与用墨、纸与幅式、结构与字势、字组与行气、布白与意境、文字与情感,并认为书写内容和意义是书法作品的关键所在:"文化视野下中国书法的情感,不仅是书写内容所反映出的书者审美倾向,更重要的是隐透于墨色选择、用笔疾涩、结字向背以及局部与通篇节奏变化的诸多细致处所体现出的书家心迹流露。"②侯先生的这种努力不无裨益,当然,关于书写内容和意义的选择的重要性在宗白华等美学前辈均已有提出,在当代我们是否必须更为深入地探究这一问题,即在文化环境转变了的当代,我们是否还是以经史子集、唐诗宋词为书写内容,如果不必一定要这么做,当代书写的文字内容以什么为妥;如果一定必须如此,我们如何才能够做到在现代化的社会环境、文化环境之下去达到古代传统文化环境之下的精神与意境呢?

要求在现代的语境书写出传统的意境,与生活在传统文化中的古人相比,

---

①侯忠明:《文化视野下中国书法的消解与重构》,《福建论坛》(社科教育版)2009年第8期。

②侯忠明:《文化视野下中国书法的消解与重构》,《福建论坛》(社科教育版)2009年第8期。

这种要求对于当代人而言具有更高的难度。因此，如果说书法被看作是必须以表现古典文化、古典美学精神为要务的话，寻找一套更为可行、精密的方法和途径是重构书法本体的最佳选择。在结合技法与文化的前提之下，我认为提倡一种技法支持下的"文化情境体验"是达到这一目的的重要途径。

第一，工具制作体验。书法创作最为基本的工具是笔、墨、纸、砚，对于其使用方法，许多书籍多有介绍，书法专业院校的教材偶多有涉及。然而，关于制作工具的文化却少有关注。这种提倡可能引起一定的疑问，认为一个书法家与工具制作没有太多的联系是多数人的看法。在工业高度发达的今天，机器可以代替手工轻而易举完成许多人力难以达到的事，快速、便捷和庞大数量是机器工业的特征。此外，工业社会带来的制作的分工导致机器的粗制滥造正使我们所使用的工具的性能日益下降，我们用化纤代替动物的毛而制成毛笔，不仅缺乏弹性且十分易坏；为追求生产速度用机器粉碎代替需要多年浸泡的造纸方法，并在制纸过程之中为追求细腻加入了大量石粉，这种没有纤维且加入大量添加物的纸张只有 30 年左右的寿命；墨的使用上更是改变了古人书写的习惯和节奏，磨墨和理纸是古人书法创作的情感酝酿和心理准备，在今天，则被人为地省略。

因此，我们有必要了解古人制作工具的方法和过程，在条件合适的情况下，书法家甚至还可以影响当代的工具制作，形成良好的工具制作环境并为创作提供理想的工具是一种双赢的理想效果。

第二，工具使用体验。要求书写者对古人用纸、用墨的方法和书写上笔法和墨法进行深度的体验。各个时代、各个地区、各个书家对于工具的使用各不相同，在对古代书法作品的临习时有必要深入了解当时书法家所用的笔、墨和纸的种类、产地和性能，选择尽可能接近古人的工具是学习中极为重要的前期准备。在这种基础上，对古人用笔的技法和用墨的技法进行探究显然就更为容易，更能迅速体验古代书家书写的状态。

用笔的技法包含书家对历代笔法的吸收和字体本身的笔法特色，也包含书家独特的用笔习惯，如宋四家之中，苏东坡的用笔和结构的"石压蛤蟆"和黄庭坚的"蛇挂树梢"的特征。还包含各时代笔、墨、纸三者在特定书家、特定书写习惯形成的墨迹效果。对古人工具使用的体验包含许多古代工具文化研究，在对古代书法作品的技法学习中注入文化的体验，不仅能够更为深入地学习书法的用笔技法、用墨技法，而且能更为深刻体会古人的书写状态。

第三，生活方式体验。古代传统的生活方式已经淡出现代人的视线，现代的生活节奏日益加快，日出而作日落而息的生活状态只能在影视里被虚拟的勾勒。从美洲到非洲，从亚洲到欧洲，我们需要的时间只以小时为单位，我们不再有行万里路的体验。况且，现代的工业文明取代了古代小桥流水人家的美学景象，科技的高度发展、物质的追求、人与人交流的极度便捷化使现代人失去了古人那种生不百年，人生无常的心理体验。

显然，当代社会与经史子集的年代相去甚远，与唐诗宋词的年代也极为遥远，很难再次体验魏晋风骨、唐代法度和宋人的韵趣。因此，对二王书作的学习之中要对二王的生活状态和文化背景做深入的了解，体验其生活的状态以真正理解和感受其创作的状态。对苏黄米蔡的学习之中要对宋四家的生活环境做深入的了解，并感受其生活状态。时代的生活方式、书家的生活历程，这都影响着书家的美学取向和创作态度。

第四，创作的情境体验。作为向传统学习体验中最重要的一环，情境体验是对古代书家创作状态、创作心境的一种虚拟的重构。在对《兰亭序》的临写过程中重新体验晋代士人的生活态度和生活方式，晋人生活的雅趣包含着他们的人生观和世界观。在曲水流觞、吟诗作赋的过程中，雅士们放浪形骸，精神的自由是他们一致的追求。当然，我们甚至可以通过序文的文字看出，正是离乱无常的社会环境造成了士人们豁达的人生观及生活情趣。在微醺的状态下，在许多雅玩士人的鼓动之下，《兰亭序》得以产生。在对《祭侄文稿》的临写过程中则必须体会书法家在家人遭难战死的摧心之痛，这是唐代大书法家颜真卿为其在"安史之乱"中战死的侄儿写下的祭文。悲痛并不是这一作品的全部，在盛唐森严法度之下，通过悲情的释放而产生的美学意境，才是这一作品的美学真谛。在对《寒食帖》的临写过程中则体验书法家起伏无常的遭际和书家自身的旷达，苏东坡是北宋著名文学家、诗人、词人、书法家、画家，由于与王安石变法的政见不和而屡遭贬黜，四十几岁后的苏东坡都在各贬地中担任小官吏，人生的苦痛遭遇没有完全消磨书法家的生活意志，对书家创作情境的体验不仅有助于体验作品的美学内涵，更可以达到一种心灵的荡涤。

创作中的情感体验以古人的作品为主，以经典的作品为主，尽管当代学者对经典的意义和价值做了许多学理的解构和剖析，然而，在传统的语境下，经典的价值和意义依然处于一个比较高级的位置。

体验是以先在经验为基础的，是在文化的视野下对传统学习的一种重要的方法。然而，传统终归是传统，当代社会开启的不仅仅是传统，换言之，传统已然不是当代书法的全部，如何开创一个属于我们自己时代的当代书法体系是当前的问题所在。

参考文献：

[1] 南帆：《当代文学与文化批评书系·南帆卷》，北京师范大学出版社 2010 年版。

[2] 王岳川：《书法文化精神》，北京大学出版社 2008 年版。

（选自《东南学术》2012 年第 6 期）

科举游戏民俗的传承特色

——对中秋博饼的考察

杜春燕　刘海峰*

一、科举游戏民俗与中秋博饼

　　游戏民俗，"是一种以消遣休闲、调剂身心为主要目的，而又有一定规模的民俗活动，主要包括口头文学、民间音乐和舞蹈、民间杂艺、民间竞技、民间游戏等文化娱乐活动"[①]。科举游戏民俗就是具有科举文化内涵，以消遣休闲、调剂身心为主要目的，又有一定规模的民俗活动。中秋博饼是科举民俗在现代的独特遗存，作为闽台地区最受欢迎的中秋娱乐活动，中秋博饼于2008年成功申报国家级非物质文化遗产，其传承过程体现了民俗在历史长河中"流变"与"继承"并行不悖，"建构"与"解构"相反相成的鲜明特点；其传承逻辑揭示了制度化力量（科举）在民俗传承中的巨大作用。

　　中国社会科学院主编的厦门方言词典中，博饼也叫跋饼[②]，俗称博状元饼，是长期以来流传于闽台一带的民间习俗。博饼游戏中的戏饼美曰"会饼"，均

---

　　*杜春燕，厦门大学教育研究院博士研究生；刘海峰，浙江大学文科资深教授、教育部"长江学者"特聘教授。

①钟敬文：《民俗学概论》，上海文艺出版社1998年版，第366页。

②周长楫编纂：《厦门方言词典》，见李荣主编：《现代汉语方言大词典·分卷》，江苏教育出版社2002年版，第403页。

参照各级科举人物的头衔赋名。"全会共有大小 63 块饼，参与者轮流使用 6 个骰子在大碗中投掷，根据所得红四的多少，按一定的点数组合规则来获取相应的月饼。"①

福建坊间有很多关于博饼起源的传说，流行最广的是"消乡愁"说，认为博饼是郑成功部下洪旭为排解士兵们的思乡之苦而发明；又有"卜科举"说，认为博饼与明清时期科举考试有关；另有"状元筹"说、"咸光饼"说等。这些传说反映了不同历史阶段人们对博饼的认识，寄托了特定的文化寓意与乡土情感。

博饼民俗很早就引起学者的关注，目前的研究成果主要集中于两个方面：一是历史学视角下的起源研究。冯少波根据目前最早有关"博饼"的明确记录，即康熙年间的《台湾府志》，推断该游戏起源于台湾，是当时在台澎金厦地区戍守海疆的将士把赌博游戏与中秋月饼嫁接到一起，并吸收了科举文化的因素，创造出最初的"博饼"。②刘海峰指出，明清之际"耍状元签"这一科第习俗在厦门逐渐演变成中秋节博状元会饼，具体表现为以大小不同的"科名月饼"取代游戏签条。③还有学者把博饼发明时间确定为光绪宣统年间。④二是社会学、文化学视角下的博饼本体研究，包括：对中秋博饼演化与文化内涵进行分析，对博饼的有效保护与活态传承进行探讨，结合西方理论对博饼进行功能主义分析，通过博饼民俗的精神文化变容回顾，提出在数字化、信息化背景下对博饼游戏进行创新等。⑤这些研究均或多或少涉及博饼传承过程，

①刘海峰：《状元筹、中秋博饼与科举习俗的现代遗存》，《厦门大学学报》（哲学社会科学版）2017 年第 2 期。

②冯少波、王毓红：《"博饼"风俗的起源》，《文化学刊》2012 年第 4 期。

③刘海峰：《状元筹、中秋博饼与科举习俗的现代遗存》，《厦门大学学报》（哲学社会科学版）2017 年第 2 期。

④彭一万根据清末举人黄翰《禾山诗钞》中的《赌月饼》诗，将厦门博饼的确切时间提前到清末民初。道光《厦门志》未载及中秋博饼之事，证明博饼必发明于道光之后。洪卜仁找到光绪举人王步蟾的《鹭江竹枝词》，诗中说厦门中秋时只有吃月饼、赠月饼，无博状元饼。而宣统二年（1910）的厦门报纸已有商家制作状元饼的记载。

⑤相关文章有：冯少波、王毓红：《"博饼"风俗的起源》，《文化学刊》2012 年第 4 期；潘荫庭：《浅析闽台地区中秋博饼风俗的起源、演化及文化内涵》，《闽台文化研究》2015 年第 4 期；廖建媚：《海西体育非物质文化遗产的有效保护与活态传承——以厦门市"中秋博饼"为例》，《黄山学院学报》2011 年第 5 期；郭荣茂：《功能主义视角下的闽台中秋博饼习俗研究》，《集美大学学报》（哲社版）2017 年第 1 期；雷建钟：《厦门博饼民俗的缘起与精神文化变容的研究》，集美大学硕士学位论文，2015 年。

但针对传承特色进行的专门讨论不多。对于这一国内延续时间最长、最具科举文化特色的游戏民俗，应对其传承特色进行深入探讨，客观呈现博饼形成、演变的历史过程，并进一步研究科举游戏民俗"为何"与"以何"进行传承，如何建构起科举文化认同等重要问题。

二、早期博饼传承的内在动力

传承是民俗形成的必要条件，任何民俗能够传承的根本原因是具备了满足社会需要的功能，"能对社会关系起着调节作用，维护社会结构稳定并因此被人们所认可、接受"①。

（一）占卜功能

博饼要掷骰子。从语义学角度看，爻是易卜之具，骰则是赌博用具，但在闽南语中，爻与骰是同一物；厦门俗谚云："博饼用爻子"，此处的爻子就指骰子。而"博"与"卜"谐音，故旧时博饼又称"卜饼"。因此，曾有卜状元饼源于《易经》之说，强调博饼的占卜功能。一套会饼总数是63，正好是七个九相加的结果。在中国传统文化中，九是极数，有多、大、神秘的寓意；七则被视为圣数，暗含吉祥之义。梁代宗懔《荆楚岁时记》中记录民间以不同日期来纪念上天造物之恩，其中"人"日是最为神圣的日子，对应的数字就是"七"，"正月七日为人日，以七种菜为羹，剪彩为人，或镂金箔为人"②。博饼骰子的整体造型含有"方圆"之意，最大点数"六"在传统经典中被解读为"坚持正确的原则"③，在民俗中则有"顺利"寓意。总之，无论是博饼用具的造型还是数目，都与占卜吉凶有关系，至少也是其早期主要功能之一。王步蟾诗句中的"吉语求""拈骰"之语，都是占卦问卦之意。"长筵试展红氍毹，男女分曹卜如愿。牙筹一握长短排，上有细字书官阶。玲珑色子数用六，纷纷五色迷人目。就中状元贵无比，入手争看色为喜。无心一掷竟全红，失意

①马林诺夫斯基：《文化论》，费孝通译，中国民间文艺出版社1987年版，第30页。
②宗懔：《荆楚岁时记》，山西人民出版社1987年版，第15页。
③杨浩存：《有关"中秋博饼"的民俗》，《闽台文化交流》2016年第3期。

终朝或三被。"①描写了普通民众在除夕用状元筹占卜来年运气的情景。"清代台湾一些府县的读书人为求得科举考试的吉兆，利用中秋赏月之际，玩吃状元饼的游戏，并借此预卜当年考运。"②可见，无论是使用骰子或状元筹，博饼都具有占卜的功能。如果博饼游戏只是单纯为了预测考试结果的话，形式组合上应该不会如此复杂多变；加之，博饼游戏的受众并不全是读书人或应举者，由此可以推断民众参与博饼游戏带有占卜心理，以博饼的结果作为所卜之事的提示或依据。

(二) 游戏功能

"博"字在古代代表棋戏，后来才泛指赌博运动。如何区分博饼究竟是赌博还是游戏？笔者认为，任何博戏的随机性发展到极端，即转变为投机性，而投机性与"赌"密不可分。一旦随机投掷与争夺输赢结合，辅以具体资财表征输赢结果，并可能带来游戏双方负面情绪波动时，博饼就是赌博。事实上，古代的状元筹除了用于游戏，也曾被用于赌博。清代学者将其用途概括为："取科目名色，制筹为局戏，岁夕聚博，以六骰掷之得状元者为胜，取及第争先之谶，谓之状元筹。"③民国初期厦门曾有过禁用状元筹赌博的报道，其中提到"在中秋及春节前后，有摊贩挑着担子，带着状元筹摆摊供人赌博"④。新中国成立前夕，厦门《立人日报》有一则标题为"道旁赌月饼，九人被拘"的新闻，证明了当时有博饼赌博的现象。⑤

博饼的游戏功能主要体现在两个方面：首先，形式上的游艺感。棋戏一般都是通过掷骰子确定行棋步数，体现出了明显的随机性，对参与者具有很强的刺激性。博饼虽不走步数，但是通过掷骰子确定点数组合，这个过程也是随机的，充满未知与惊喜。其次，内容上的趣味性。对于中国文人而言，

---

①《除夕分咏吾乡故事得状元筹》，转引自潘荫庭：《浅析闽台地区中秋博饼风俗的起源、演化及文化内涵》，《闽台文化研究》2015年第4期。

②刘海峰：《中国科举文化》，辽宁教育出版社2010年版，第418-420页。

③顾禄：《清嘉录》"状元筹"，上海大达图书供应社1935年版，第8页。

④《郑成功发明了中秋博饼？与科举文化密不可分》，福州新闻网，2016年9月6日。

⑤1948年9月15日《立人日报》有一则标题为"道旁赌月饼九人被拘"的消息：秋节在即，月饼挑贩赌风日甚盛，思明分局前晚特派警察出发，沿街取缔。在思南、中山、大同、鹭江等街道拘捕涉嫌卖饼之挑贩孙永盛等九名，带局办理。

赌具并非单纯争输赢的工具，而是一种附庸风雅的文化用品。为此，他们特意用名教纲常与牌面相对应，例如：宋代的牙牌就以天、地、人各种事物名称指代牌体，"譬'天牌'二扇二十四点，象天之二十四气；'地牌'二扇四点，象地东南西北；'人牌'二扇十六点，象人之仁义礼智，发而为恻隐羞恶，辞让是非……类皆合伦理庶物器用"①。明清时期流行的纸牌，"又为纸牌三十页，分文、武、院、科四项：文尊阁老，武尊国公，院尊学士，科尊状元，每项九等纳粟，列庶吉士之上"②。所不同的是，以自然现象做牌面名称，在游戏中主要起到分门别类的作用；而以科举头衔做牌面名称，除了分类之外，还有了等级位次的意味。这既是科举制度在民间游戏中的客观反映，也是博戏精细化、趣味化的大势所趋。

博饼所用的状元筹是一种"与升官图或迁官图同类的游戏，戏法均以科举制度科目名色制筹"③。它通过民间表述和通俗图解，赋予赌具以科举文化意蕴，是科举制度的游戏化表达，反映出古代读书人对赌博的矛盾心理，即通过形式变化来淡化博饼原有的赌博性质，强化博饼的游戏性质，获得"恻隐羞恶"的心理暗示。同时，借助筹码的图案、形状、意义，博饼创造了一个虚拟的科举文化空间，吸引了对科举具有崇拜心理的普通民众。随着社会的变迁，很多与赌博相关的游戏都因负面影响被官方取缔或受到了民众抵触，博饼得以留存，而且还在形式与内涵上不断自我更新，与博饼对科举文化的依附大有关系。可以说，只要中国人重视考试、重视教育的文化基因不变，博饼就赢得了继续传承的物理空间和心理空间。

（三）祈福功能

科举考试中能夺得"状元"桂冠者，既要靠才情与天分，又要有运气与机缘，因此，生活中很多事物和习俗被赋予"状元"二字，更多时候是表达了一种祝福、一份企羡。古代江南曾流行一种与博饼相类的"卜状元"风俗，即把月饼切成大中小三块叠在一起，分别命名为"状元""榜眼"和"探花"，

---

① 陈元龙：《格致镜原》卷六十《玩戏器物类二·牙牌》，上海大同书局清光绪十四年（1888）石印本。

② 范咸：《重修台湾府志》，中华书局1985年版，第2407-2408页。

③ 林嘉书：《闽台风俗》，陕西人民出版社1991年版，第229-230页。

全家人轮流掷骰子，谁的数码最多，是为状元，吃大块月饼，以此类推，在游戏取乐中祝祷好运。泉州旧俗称月饼为"状元饼"，人们在节日夜晚聚会掷骰子卜取各式月饼的活动称为"赌状元饼"，夺得状元者被视为福泽深厚，有的人家还特意放鞭炮庆祝。与前述占卜功能相比，祈福功能的目的性、针对性不是那么强，却对没有直接参与科举考试的民众具有特别的吸引力，无形中扩大了博饼的受众面。

（四）教育功能

博饼以聚众玩乐的形式对民众的社会参与能力、团队合作精神、利益交换意识等进行培育。任何一项社交性游戏，本质上是一种游戏性社交，必然会对参与者的社会化能力提出要求，只有适应者才能获得物质收获与精神愉悦，博饼也概莫能外。随着规模与层次的提升，游戏参与者的社会化能力也不断提升。孩子们在"博状元"过程中，领会到积极进取、追求上进的重要性；成年人在"博饼"过程中，加深了对包容、平等乃至幸福的理解。一些社会教化的内容与目标都在寓教于乐的过程中完成了。而且，博饼对参与者进行了传统文化特别是科举文化普及教育。博饼的形式、规则、内涵等都与科举制度相关，人们可以借机了解、学习科举文化，进而对中国文化传统产生兴趣。

无论是占卜、游戏、祈福还是教育，都是人类亘古不变的生活需求，是以早期博饼具有的四个基本功能，奠定了其传承基础。更重要的是，博饼对科举考试有很强的"实用性"，例如考试需要的运气或心理安慰，可通过占卜或祝福方式获得；考试的压力与失落，可以通过游戏来疏解。因此，一旦遇到合适的时空、载体，博饼与科举文化因素就结合形成科举游戏民俗，在科举社会中发挥寓教于乐的作用。与此同时，博饼的四个基本功能都具有强大的文化整合力，能够在社会发展过程中不断吸纳、融合、调和其他文化元素。这些优势都为博饼奠定了现代重构的基础。

三、博饼传承的物质条件

民俗文化的传承离不开客观的物质条件。博饼传承的物质条件指的是博饼自身所具有的有利于传承的属性，以及博饼存在环境中有利于传承的客观条件。

（一）博饼传承时空：中秋节

中秋节可以追溯到远古的敬月习俗和秋祀活动，"中秋"一词最早见于《周礼》，原指时间概念，仅为区分四季。北宋太宗年间，皇帝下诏规定八月十五为"全国祭月日"，这是中秋作为节令的开端，也是中秋民俗化的开端，中秋节肃穆神圣的祭祀气氛被人间烟火气所替代，望月、吃饼、赏桂、观潮等节庆活动也蔚然成风。到了明清之际，中秋成为我国仅次于春节的第二大传统节日。因十五月亮很圆，故后人又称中秋节为"团圆节"，取合家团圆的吉祥之意。每逢中秋，几乎各家都要设"月光位"，准备瓜果糕饼向月神献祭。邻里熟人之间会互相馈赠月饼表达良好祝愿，很多人家还会在当天设宴聚会。

明清时三年一次的乡试，正好安排在八月十五前后，文人雅士触景生情，将科举夺元与月亮变圆挂起钩，故有"秋闱夺元""月中折桂"和"蟾宫折桂"等溢美之词表示科举成功。而且，中秋节当天正好是乡试第三场考试和士人出考场的时间。对于考生而言，这个日子具有多重文化意义，不仅是合家欢乐团圆之日，也是"三场辛苦磨成鬼"的煎熬之时。时间上的重合，催生出考生及亲属在中秋（秋闱）卜饼问卦，祈求中"元"的民俗。

（二）博饼传承之"器"：月饼

作为中秋民俗传承的重要载体，"月饼"的内涵和外延随历史演变不断发生变化，体现出传承的变异性、适应性。

1. 军中月饼：胜利

民间以月饼占卜凶吉输赢的传说常与军事活动有关，月饼在战争中发挥着传递消息和庆祝胜利的功能。有说月饼起源于唐朝李靖军队征讨匈奴的祝捷食品。朱元璋反元时，友军曾在饼中夹带字条传递消息，相约中秋之夜起义。又有福建"赠饼"遗俗，与元末同安白莲教徒以月饼夹带字条的史实有关。泉州人还把中秋吃月饼的习俗与元末民众反抗蒙古贵族统治的起义联系在一起，有在月饼馅里密藏纸条、约定起义时间的传说。直到 20 世纪，国内许多地方的月饼上还贴有一方小纸片，据说就是这类历史记忆的文化遗存。更巧的是，福建特产咸光饼原是一种类似烧饼的军中食品。明嘉靖年间，戚继光率军进驻福清平寇，军中多以此饼充饥，后人名之为"光饼"。[①]今人将博饼

---

① 《福清纪略》，福建人民出版社 1988 年版，第 267 页。

游戏与郑成功军队联系在一起，估计与明清时军队以饼食作为军粮的传统有关；且这种军粮当时可能被士兵们当作博戏时的赌资。《大明会典》中规定对武官赌博予以'革职随舍余食粮差操'之处罚、对'军民旗校人等与将军中尉'赌博予以充军之处罚，可见当时确有不少士兵参与赌博活动。同时还明确了朋友之间为娱乐而'赌饮食'，非'赌财物之比'，故不予惩处。"①《大清律例》卷三四《刑律·杂犯》中，也有"官员无论赌钱，赌饮食等物，有打马吊，斗混江者，俱革职，满杖枷号两个月"的禁赌条例，表明当时通用的赌资不止有金钱，还有食物。

2. 民间月饼：团圆

月饼经历了一个从日常点心到专属食品的演变过程。最早的月饼称"太师饼"、胡饼，并不仅在中秋节食用。到了明代，月饼才成为节令食品，并被赋予团圆之意。《西湖游览志余》载："八月十五日谓之中秋，民间以月饼相遗，取团圆之义。"②《明宫史》关于中秋的记载说："自初一日起，即有卖月饼者……至十五日，家家供月饼瓜果，候月上焚香后，即大肆饮啖，多竟夜始散席者。如有剩月饼，仍整收于干燥风凉之处，至岁暮合家分用之，曰'团圆饼'也。"③这时的月饼已固定为圆形，"因为中秋祭的是圆月，所以民间很自然地讲究供品要是圆形的，即'其祭果，饼必圆'"④。清代中期，闽南地区形成了中秋吃月饼的习俗，"夜荐月饼、芋魁祀神及先，亲友相馈遗"。⑤同安民间以牲礼、月饼、米粉芋头祭祖及土地公，并相赠亲友；夜晚以月饼祭月神，全家"博饼"博状元，祈祝团圆好运。台湾地区的一些地方志也提及"中秋跋饼"习俗。可以看出，月饼已成为中秋节的文化标志，象征着"幸福团圆"。

3. 士人月饼：状元

《台湾府志》中有载："是夜(注：中秋夜)，士子递为宴饮赏月，制大面

---

① 唐景：《论明代赌博及禁赌成败》，《社会科学家》2010年第5期。
② 田汝成：《西湖游览志余》卷二十"熙朝乐事"，上海古籍出版社1980年版，第361页。
③ 刘若愚、高士奇：《明宫史：金鳌退食笔记》，北京古籍出版社1982年版，第88页。
④ 黄涛等：《中秋月饼考》，《温州大学学报》（社会科学版）2014年第2期。
⑤ 周凯：《厦门志》（下），孔昭明：《台湾文献史料丛刊》第二辑（39、40），大通书局（台湾）1987年版，第643页。

饼一块，中以朱砂涂一元字，用骰子掷以夺之，有秋闱夺元之想。"①有学者把这样的游戏称为"博元"，通常是士人用4枚骰子争夺一个"元"字大面饼；一些史志、文献、诗歌中，也记述了与之类似的印有大红"元"字的单个大饼，这是赴考的士子们预卜会试能否夺魁的游戏用品，严格意义上讲，这种红元大饼与会饼是两回事。博红元大饼可以追溯到隋唐科举时期，已有1300多年历史。据《洛中见闻》记载：中秋节新科进士曲江宴时，唐僖宗令人送月饼赏赐进士。清代江浙地方也有给状元奖励状元饼的风俗。状元游街后会举行庆祝宴会，拜谢老师。"老师坐赐红绫饼宴，每人赐状元饼一份，饼极美，上覆红色绫缎。饼食毕老师命各人将红绫携归，光宗耀祖。"②明朝末期以后，大量闽南移民进入台湾，带去了许多汉族文化与地方民俗，《台湾府志》中记载的"博状元饼"应该也是传自中土。此俗的出现应与科举制度有关，因为早期参加"卜状元饼"者多为读书人。后来，博红元大饼与博会饼合流，皆由于二者都具有深刻的"状元"崇拜基础。

4. 博饼会饼：奖品

会饼既是游戏筹码，也是游戏奖品，此物简单易求，遂使博饼变得更加雅俗共赏。"根据旧式的科举制度的名称，按广式、潮式、苏式和宁式配套而成的大大小小的63个月饼；每套包括状元、榜眼、探花饼各1个，8个进士饼，16个举人饼，32个秀才饼。有的会饼还有贡生、童生和白丁饼若干。状元饼最大，直径达一尺余，像脸盆般大，有的还用铁模印上状元游街或状元拜相一类的图像。以下月饼按科名地位逐次减小，饼上用红纸标明名称。"③时至今日，会饼的形式也在改变，不局限于月饼，而是由各种实用物品组合而成，反映了社会文化的变迁。

尽管月饼的用途和寓意不完全相同，但都作为博饼的物质载体而存在，博饼也被不断附上月饼所代表的意义，丰富和拓展了博饼文化。不同的博饼起源传说体现了不同阶层、不同群体对博饼的理解和寄托，它们的共通之处在于：以"饼"为中介在民间风俗与科举制度或军事活动之间搭起"桥梁"，

---

①蒋毓英：《台湾府志》，见《台湾府志三种》，中华书局1985年版，第110页。
②刘禹生：《世载堂杂忆》，中华书局2006年版，第30页。
③刘海峰：《科举民俗与科举学》，《江西社会科学》2006年第5期。

不仅是物质之间的流通，更是意义之间的嫁接，在饮食（吃月饼）和娱乐（博会饼）中融合、兼容了科举常识和历史回忆，对普通百姓起到了寓教于乐的作用。

（三）博饼传承之"道"：状元筹规则

文史专家目前已对博饼起源取得共识，认为该游戏是从明清时期博"状元筹"或"状元签"科举民俗演化而来，因此"博饼"与状元筹之间错综复杂的关系，一直是学者关注的重点。[①]博饼游戏中使用的筹签或后来代替筹签的会饼，称为"状元筹"，其表现形式与运用规则都富含科举文化内涵；状元筹也用来指代使用这类筹签的游戏或赌博活动。清周宗泰《姑苏竹枝词·状元筹》中"呼幺喝六太仓忙，一到新年兴愈狂。也是场中名利客，探花榜眼状元郎"，描写的正是用状元筹博戏的情景，如今在福建宁德等地还有状元筹游戏的文化遗存。

"博饼科名源于状元筹中的科举名称和骰子数目，而且状元筹上还会记刻游戏的获奖规则，这种记刻规则的筹条被称作'场谱'。"[②]"场谱"相当于科举科名规则的"游戏版"。《儒林外史》里有一个情节："当下取骰子送与大舅爷：'我们行状元令。两位舅爷，一人行一个状元令，每人中一回状元，吃一大杯。'两位就中了几回状元，吃了十几杯。严监生一回状元也不曾中。"这就是借用状元筹的游戏规则作行酒令。[③]状元筹的游戏规则是科举考试规则的世俗表达，客观上起到传承和解释科举文化的作用，是科举制度的民间化、通俗化、生活化。

状元筹与中秋博饼的结合具备了三个重要条件："一是由于状元筹游戏规制清晰、层次丰富，游戏本身包含鼓励进取的积极思想，符合读书人科甲登第的追求，并且游戏过程轻松，又在江南民间广为流传，规则已为民众熟知。二是因其具有占卜运势之功用。"[④]三是"除满足金钱的欲望外，更重要的是

---

①刘海峰：《状元筹与博会饼再谈中秋博状元民俗的起源与演变》，《厦门晚报》2003年9月2日；林玉蓉：《厦门文史界关注"博饼"起源新说》，《厦门晚报》2003年8月28日；陈国强主编：《闽台岁时节日风俗》，厦门大学出版社1992年版。

②冯少波、王毓红：《"博饼"风俗的起源》，《文化学刊》2012年第4期。

③涂文学：《近代西方赌技的东传及中西赌博之比较》，《社会学研究》1995年第1期。

④潘茹庭：《浅析闽台地区中秋"博饼"风俗的起源、演化及文化内涵》，《闽台文化研究》2015年第4期。

满足或慰藉心灵的特殊作用"①。总之，博饼的传承经历了"从学子文人卜巧求运的雅趣到庶民家庭团圆助兴活动的演变过程"②，是科举文化潜移默化地渗透进民间游戏的过程，"闽南、台湾一带以会饼取代筹条，更使博状元游戏逐渐走向大众"③。可以说，博饼得以传承至今的关键性选择，就在于对状元筹及其规则的采借。状元筹是科举制度在博饼中的完整浓缩，它打通了民间游戏与国家制度的壁垒，以活态方式保留了科举记忆，体现出鲜明独特的区域科举认同，在科举制度存续时期如鱼得水，还能在科举制度消失后以文化遗产的形式"游戏"人间。

四、博饼的传承特色

作为科举制度与民间游戏的特殊结合体，博饼传承必须同时满足两个"母体"的需求，既要体现科举文化的教化精华，又要发挥民间游戏的娱乐吸引力，呈现出"寓教于乐"的鲜明特色。

（一）博戏：人性需求的释放

博戏是民俗研究中对含有赌博性质游戏的称谓。"博"字在闽南方言中有"没有把握地尝试，希望能侥幸获得某种好处"之意。④在中国古代典籍记载中，博戏多等同于赌博，这类游戏的基本特性是：争输赢，赌侥幸，谋获利，一般以游戏胜负结果来决定参与者共同预定的钱物的归属，胜者获得，负者丧失。"希图有好的运气，通过冒险、投机而以少博多更是全人类所共有的天性。"⑤博饼的游戏性恰是对这种天性的释放。

博饼民俗各要素具备、协同演进的明清之际，刚好是中国历史上赌博活动比较泛滥的时期。当时厦门四远之货、五方之民齐聚，出海的季节性、交

---

①郭双林、肖梅花：《中华赌博史》，中国社会科学出版社1995年版，第180页。

②刘海峰：《科举民俗与科举学》，见《科举文化与科举学》（上），海风出版社2007年版，第36页。

③刘海峰：《博状元饼——科举文化的独特遗存》，《厦门晚报》2003年8月22日。

④周长楫编纂：《厦门方言词典》，见李荣主编：《现代汉语方言大词典·分卷》，江苏教育出版社2002年版，第409页。

⑤涂文学：《近代西方赌技的东传及中西赌博之比较》，《社会学研究》1995年第1期。

通的便利性带来了人口的高流动性，并"孵化"出大量群居"闲散"人员。在这些行为与心神俱无约束的人群中滋生了各种形式的赌博，"赌不一色，厦门三尺孩提即解赌；惟花会贻毒更深。人利其偿数十倍，虽深闺妇女，亦有圆梦、扶鸾，托人寄压者。灯光咒声，终夜喃喃。其流弊不可胜言"①。明孝宗时出台的禁赌措施中，特别提到严禁国子监生员狎妓赌博②，可见当时赌博之风已经从民间弥散至学校和考场。读书人热衷于赌博活动，除社会风气影响之外，与科举考试造成的社会压力不无关系。由于实现阶层流动与个人抱负仅有科举仕进一途，读书人只能被动地等待考试决定命运，在高压状态下往往会选择具有赌博性的游戏来寻求刺激，获得放松；而不读书或读书失利的成年人，没有其他生活目标与精神寄托，更容易陷入赌博活动以逃避现实。

文化风气对民俗传承具有引导或压制作用。如果明清禁赌获得成效，带有赌博性质的博饼的流行程度和传承空间则会被削弱和收缩；反之，明清好赌的社会风气给博饼创造了相对宽松的传承环境。加之博饼的多元功能决定了其具有广泛的社会接纳度，不能简单归为"赌博"一禁了之。随着社会经济的进步，博饼的娱乐性因素大大增强，图利发财因素大为削弱。人们参与其中的心理动力已变为以获得游戏的轻松乐趣为主，即使在战争年代物资极度匮乏的情况下，人们依旧会在中秋博饼取乐。因此，博饼传承的根本动因是人性深处的对机遇、幸运的渴望与追求。

（二）科举：国家文化的区域认同

一种具有赌博性质的民间游戏，要获得生存空间与官方认可，就需要依附、服务于国家制度，在接受其管束的同时获得庇护。博饼对科举规则的吸纳、应用，正是一种生存、适应策略。闽南地区浓厚的科举文化氛围，为其提供了丰饶的文化土壤。自宋以后，朱熹及其后相继出现的一大批理学大师使福建成为传统理学的重要基地之一。儒学积淀、教育传统、家族制度、民间习俗等形成合力，奠定了福建在明清科举中的领先地位。福建士子及其家族将对科举的重视度与认同感转化为日常生活实践与民间教化，形成了丰富的科举民俗，涵盖衣食住行、宗教艺术等各个方面。博饼在福建地区的流行、传承，

---

①周凯：《厦门志》，引自孔昭明：《台湾文献史料丛刊》第二辑（39、40），第653页。
②李东阳：《大明会典》（二），文海出版社（台湾）1988年版，第998页。

必然与科举文化产生交集；而福建科举文化的民间化、世俗化，也需要借博饼之"形"传科举之"神"，二者各取所需，相得益彰。

（三）郑成功：博饼民俗附会流传的标志性人物

一种独特的民俗总是围绕标志性的人物、事件、情节进行演绎与实践。博饼在 20 世纪 80 年代以前流传得不是非常普及，现代博饼的推广需要具有说服力的标志性人物或事件使之合法化、公开化、文明化。福建沿海地区不少民俗与民族英雄郑成功产生连接，博饼也是如此。

郑成功 23 岁起兵抗清，转战东南 17 载，收复了被荷兰殖民者侵占 38 年之久的祖国领土台湾。他在世时便已被尊为"国姓爷"，过世后更被当作神灵崇拜。"从清至今，郑成功形象随政治文化变迁发生着变化，但无论是古代的'忠烈'形象，还是近代民族国家的视角下'反清英雄'，郑成功均以正面形象融入了国人的历史记忆之中，一直作为奋发图强、救亡图存、光复祖国的精神象征而受到国人的进一步推崇。"①无论在中国武功或文韬评价体系中，郑成功都算得上一个标志性的人物。1985 年前后，出现了郑成功部属洪旭发明博饼规则的民间故事新编或文学创作，会饼的数量据说也与郑成功有关②，虽然不完全符合历史事实，但将郑成功与博饼联系在一起，赋予博饼在特定历史阶段的积极意义。更重要的是，与郑成功相关的博饼叙事凝聚了民间关于清代台湾班兵制度的历史回忆，体现出血浓于水的家国情怀，也凸显了寓教于乐的趣味性。

（四）当代博饼传承中的文化重构

博饼传承的基本条件是吻合特定时空环境，依附特定物质基础，承载特定文化寓意；传承的基本规律是因满足民众生活需求被接纳，因体现科举文化区域认同被重视，因地方标志性象征被记忆；传承的关键点是通过制度化的力量创造传承的空间，以娱乐化的形式表达出重视教育的价值取向和文化追求，并在历史演进中不断扩充文化功能与文化内涵。当代博饼的占卜、祈福功能逐渐弱化；在保留科举文化记忆，继续发挥传统教化功能的同时，其

---

①陈忠纯：《近代国人对郑成功形象的塑造与精神的传承——以报刊文献中的郑成功传记为中心》，《台湾研究集刊》2013 年第 5 期。

②刘海峰：《博状元饼——科举文化的独特遗存》，《厦门晚报》2003 年 8 月 22 日。

游戏、交际功能不断强化。每逢中秋时节，福建地区的许多公司、企业、社区等都会举行博饼活动来丰富娱乐生活，增添节日气氛。作为台海一脉相承的传统民俗，博饼"有利于构建两岸生活共同体，对于两岸社区的文化建设和社会治理有重要的现实意义"①，是两岸文化交流活动中的常备项目，凸显出强大的文化整合功能。博饼在形式上也发生了变化，规则越来越简单，解释越来越正面，如"取消了关灯抢饼；黑六博不再解释为坏运气的象征，而是重新诠释为好运即将来临"②。

文化遗产的传承过程也是文化遗产与时俱进的重构过程。科举游戏民俗现代重构的原因，首先是满足人性需求的一些功能在现代已经被其他生活方式所替代，例如人们可以通过购买彩票来满足"赌"性；而随着人们改造自然、改造社会能力的提高，对自身活动的控制性和判断力增强后，占卜需求也会相对减弱。其次是科举制度被废除，切断了博饼与考试活动之间的纽带。再次，现代消费文化、商业文化作为一种强势的文化认同，必然会在博饼传承中发挥作用。例如，官方主办的博饼文化节，熔经贸活动、文化交流于一炉，社会效益与文化影响都远胜单纯的游戏活动，对博饼文化具有强大的宣传、推荐、开发功效。此外，围绕博饼开展的学术研究也在不断延续着这项传统文化的生命力。例如，福建成立的中秋博饼民俗文化研究会通过搜集、整理、研究和展示，与时俱进赋予了博饼文化新的时代内涵。博饼民俗一旦进入学术视野，其传承和保护就更加系统化、科学化、专业化、超前化。与之相对的，则是传说、故事新编开拓了博饼传承的"民间化"道路。这些文学作品的创作和传播使得博饼呈现出文化理解的多重面向，拓展了博饼的传承空间。要之，博饼文化的重构包含形式与内涵两个层次，它们相互联系，相互影响，在传承—重构的张力中形塑了博饼民俗。但无论在古代还是当代，从以科举制度为中心的民间教化游戏到以民俗文化遗产为中心的全民教育性游艺活动，博饼传承始终体现出"寓教于乐"的鲜明特色。

①郭荣茂：《功能主义视角下的闽台中秋博饼习俗研究》，《集美大学学报》（哲社版）2017年第1期。
②雷建钟：《厦门中秋博饼民俗的缘起与精神文化变容的研究》，集美大学硕士学位论文，2015年。

五、结语

中秋博饼的形成与传承是游戏民俗与科举文化结合的独特案例，也是中国非物质文化遗产传承的典型案例。科举文化赋予游戏民俗以教化内容，淡化或纠偏了科举游戏民俗中俚俗、粗陋的成分；而游戏民俗则给予科举文化以寓教于乐的形式，为科举游戏民俗的传承、重构预留了宝贵机会与广阔空间。中秋博饼的传承与重构具有多重文化意义：它既是闽南文化乃至两岸文化认同形成的标志，又是明清时期国家认同形成的民间基础[1]，也是当代民族文化认同的活态化载体。中秋博饼的历史是"固有的各种因素被'嫁接'、相融合的过程"[2]，本质上是一个集体文化记忆不断积淀和文化认同不断叠加的建构过程，也是地方民俗与国家制度不断互动磨合的过程。作为一种日常食品的"月饼"和游戏方式的掷骰子，在闽南特殊的地理环境、生活方式、历史传统、社会进程等客观因素影响下，通过选择性吸纳和转化，逐渐形成了以节令（中秋节）为时间载体，以科举文化为核心内涵，以游戏娱乐（状元筹）为表达形式的民俗事项，乃至最终演化成为超越地方性、区域性的历史文化象征。

（选自《东南学术》2020 年第 2 期）

---

①赵世瑜：《从移民传说到地域认同：明清国家的形成》，《华东师范大学学报》2015 年第 2 期。

②冯少波、王毓红：《"博饼"风俗的起源》，《文化学刊》2012 年第 4 期。

福建文化生态与历史文化传承

张燕清[*]

　　文化生态是一种历史过程的动态积淀，是为社会成员所共享的生存方式和区域现实人文状况的反映，它与特定区域的地理生态环境和历史文化传承有着密不可分的因缘关系。这种现实人文状况以隐性的系统而存在，带有明显的地域性特征，具有一定的动态性、过程性和导向性，并在很大程度上决定着该地域社会经济文化的发展模式和发展走向。

　　作为中国文化的亚文化圈，福建是个相对独立的历史文化单位和类型，是灿烂的中国文化在实践时空中的一个代表性区域。福建文化是人与自然的契合点。在地理生态环境上，福建特殊的山海相随的自然环境对该区域文化的塑造产生了重要影响，它经典地体现着农业文化与海洋文化的交融性和发展的不平衡性。在历史文化传承方面，福建文化的形成不是一个单一体，而是一个复合体，具有文化的多元性和随之而来的宽容性的特点。福建文化在该区域的人地关系地域系统演变过程中具有重要作用，它实际上制约着当地人们的生产生活方式并最终成为构成地域特征的重要因素。经过漫长的区域历史演进和丰厚的动态积淀，福建已培育出兼容并蓄的文化生态环境，它体现着福建社会现实的人文状况，并成为该区域社会成员共享的生存方式。福

---

　　*张燕清，福建社会科学院福建论坛杂志社副研究员。

建文化生态的主要特征有：1. 精神文化的多元融合与不平衡性；2. 开放性与封闭性共存；3. 沿海与山区经济社会发展的不平衡性；4. 冒险与守成并存的文化性格。这种文化生态环境无疑对于福建社会、经济、文化诸方面的内在运动起着精神意识的历史作用，从而在一定程度上也决定着地域社会经济文化的历史进程。作为一种历史过程的动态积淀，福建文化生态的形成无疑与福建地域特殊的地理生态环境和历史文化传承存在着密切的渊源关系。本文拟就此渊源关系加以探讨。

一、相对的封闭性及其影响

地域文化的形成和发展主要受制于两种因素，一是自然环境，二是社会结构。其中，自然环境对人类行为起了决定性的作用，它对于一个地域文化的形成所带来的影响是全方位的。从某种角度上甚至可以说，文化是人类适应自然的产物。福建比较特殊的地理环境，赋予了该区域人文以天然的定位。

偏处东南一隅的福建处于较低纬度的亚热带地区，三面环山，一面临海。它北邻浙江，西接江西，西南毗连广东，武夷山、仙霞岭和杉岭等山脉蜿蜒于闽浙赣边境，境内重峦叠嶂，丘陵起伏，河谷和盆地错综其间。福建的西北面是武夷山脉，这是福建境内两条大山带之一，其最高峰也是我国大陆东南部的最高峰，在古代交通工具很不发达的情况下，它把福建与浙江、江西以至北方中原各地天然地阻隔开来，形成一个相对封闭、自成体系的社会经济区域，成为导致福建文化与相邻区域如浙江、广东、江西有较大差异的一个重要的地理因素。福建境内的另一条大山带，是由鹫峰山脉、戴云山脉和博平岭等组成的闽中大山带。这两条大山带的一个共同特征是其走向与福建海岸大致平行，使全省地势呈西北高而东南低，明显地把全省分为闽西北山区和东南沿海地区。

就福建省陆地地理环境而言，还有两个显著的特点。一是山地多、丘陵多、平原少。福建全省陆地面积 12.138 万平方千米，其中山地面积约占 53.38%，丘陵约占 29.01%，两者合计达 82.39%。[①]这在我国亚热带东部地区是非常突

---

①福建师范大学地理系：《福建自然地理》，福建人民出版社 1987 年版，第 40 页。

出的。福建平原面积很小，只占全省面积的 10% 左右。较大的平原分布于闽江、九龙江、晋江和木兰溪等较大河流的下游，自北往南主要有福州平原、兴化平原、泉州平原和漳州平原等，这些平原是主要的农耕地带。二是境内水系稠密且十分发育。福建水系密度较大，河网密度为 0.1 千米 / 平方千米。其多数水系发源于本省，并在福建沿海出口，不仅具有流程短、流量大的特点，而且自成流域、独立入海。仅个别河流发源于省内、出口在邻省 (如汀江)，或发源于邻省、出口在省内 (如建溪的个别支流)。以一个省据有一个基本上独立完整的水系单元，这在我国是相当独特的现象。如闽江流域面积在全国各大河中居第 11 位，其平均流量却居第 7 位，而流域面积约为闽江 12 倍的黄河，其多年平均流量仅及闽江的 84%。这些复杂而独特的地理特征，给福建文化发展的历程烙上了鲜明的印痕，造成了福建区域社会发展的不平衡性和文化形态的多元性等特征，并间接隐现在文化生态特征中。

秦汉以前，福建地广人稀。史载福建"限以高山，人迹所绝，车道不通，天地所以隔外内也"。由于这种"蛮荒"状态的自然地理环境，在古代交通工具很不发达的情况下，生活在这块土地上的闽越人处于族群隔绝状态，与外界文化联系鲜少。闽越人是生活在福建地域上的古老的土著族群，其独立发展和兴盛的时期，相当于中原夏、商、周王朝，至少存在约 1500 年。[①]由于地理上的相对隔绝状态，在一定程度上抵御了中原主流文化的强制性影响，闽越族群内部的稳定性十分强固，闽越土著文化保持着相当独立的状态，拥有较多自由发展的空间，其人文内涵自成体系，成为福建文化演进的重要源头。土著人的文化性格，必然深深地影响着闽文化的发展道路。

关于闽越土著文化内涵的研究已颇深入，已经被确指为闽越文化的特征性因素已达 20 多种，例如蛇图腾崇拜、断发文身、住干栏式房屋、"习于水斗，便于用舟""信巫鬼，重淫祀"等等，其人文内涵自成体系并具有鲜明的区域特征。就闽越文化在秦汉以后与中原汉文化的相互交融中，沉淀在福建文化中的成分而言，有两种文化特征深远地影响着福建文化，迄今仍然间接地左右着福建文化生态。

第一个特征即闽越人善于使楫驾舟的生活方式孕育着现代福建区域的海

---

① 卢美松：《论闽族和闽越族》，见《闽越文化研究》，海峡文艺出版社 2002 年版。

洋人文特征。对于这一点，必须强调指出在先秦秦汉时代，福建沿海的四大平原都是海湾海漫滩涂，后逐渐淤积，直至唐宋时期才逐步形成并被开垦利用。[1]当时福建除了高山就是丘陵，平地极少，迫使闽越人能选择的适于居住的生存空间极少。在这种状况下，闽越人陆路交通极为不便，必须依仗水路交通，而福建十分发育的陆地水系和临海的天然地理条件恰恰提供了可能性和现实性。闽越人多散居在沿江河的河谷盆地和东部海滨，"处溪谷之间，篁竹之中，习于水斗，便于用舟，地深昧而多水险"[2]，"以船为车，以楫为马，往若飘风，去则难止"[3]，其善于使楫驾舟的生活特征尤为明显。从3000多年前武夷山船棺到2000多年前的连江独木舟，这些遗物都说明，无论山区、沿海，也无论生活、死葬，闽越人都离不开舟楫之用。他们是一支善于造船和水上交通的族群，所制造和使用的船主要有独木舟、船、方舟、戈舟、楼船等[4]，实开东南区域海洋人文之先河。

第二个特征即闽越人"信巫鬼，重淫祀"的土著文化特征。由于当时社会生产力低下，又位处边远偏僻之地，恶劣的生存状态和对大自然的神秘与不可预知，致使闽越土著人有"信巫尚鬼"的习俗，希冀能借助神秘力量来保佑自己、把握生活。闽越文化对鬼神的崇拜，长期左右着福建人的精神世界和日常生活，鬼神崇拜之风迄今仍然很盛，成为区域人文特征的重要内容。例如闽越人事死如生，如有悬棺葬(船棺葬)、崖葬等方式，且对丧葬之礼仪式隆重，其中既有崇信鬼神的原因，亦寄托着他们对未来生活的美好祝愿和期望，这种痕迹在现在的地域生活中依然鲜明。

汉代之前，由于远离汉文化的发源地中原地区，加上相对封闭的自然环境，闽越人与中原文化的联系并不密切。汉代以后，伴随着中原汉民大规模迁徙入闽，汉文化在福建传播的速度加快，并逐渐取代闽越文化占据主导地

---

①林汀水：《从地学观点看莆田平原地围垦》，《泉州平原的围垦与水利建设》，《九龙江下游的围垦与影响》，分别见《中国社会经济史研究》1983年第1期、1987年第1期、1998年第4期；《福州市区水陆变迁初探》，《冶城历史与福州市区考古论文选》，海风出版社1999年版。转引自《闽越文化研究》第180页，海峡文艺出版社2002年版。

②《汉书》卷六四上《严助传》。

③袁康：《越绝书》卷8《越绝外传·记地传第十》。

④李玉昆：《闽越人的造船业与水上交通》，见《闽越文化研究》，海峡文艺出版社2002年版。

位。由于福建僻在东南海隅，远离政治经济文化中心，它在宋代之前都被人们视为瘴疠、蛮夷之域，派到此地任职的官员亦多出于贬斥，但它却成为饱受兵灾之苦的中原汉民避乱的乐土。汉晋以后，中原汉民不断向东南沿海迁徙，甚至出现了数次大规模入闽的高潮。这些汉民沿着不同路线进入福建后，寻找适宜的地点并拓展生存空间。福建境内较大的河流如闽江、九龙江、晋江、木兰溪、汀江等，其流域日益形成了较好的生态环境，成为北方汉民入闽后定居繁衍的最主要的栖居地。同时，在兵荒马乱的年代，这些南移的汉民为了求得最大的生存力量，往往举族迁徙以相互扶助。当他们入闽之后，又必须借助乡族的整体势力才能进一步稳固和拓展生存空间，聚族或聚乡而居便成为其必然的选择。大规模的汉族移民是汉文化强大的载体，它大大加强和深化了汉族文化扩展浸润的历史趋势。由于不同的北方汉民迁移福建的时间、地点、路线不尽相同，甚至差别颇大，再加上福建境内重峦叠嶂的阻隔和区域内自然地理环境的许多差别，这些不同的江河流域便各自形成了相对独立的小经济文化生活区域，致使福建文化结构系统中容易形成以相互排斥的地域文化心理为基础的众多的子系统，从而形成一种呈碎状割据的文化形态。

这种文化形态上的碎状割据状态清晰地反映在福建民系的划分上。福建民系大致可分为六个较大的小民系：1. 福州人，指以省会福州为中心的闽江下游及闽东一带的居民。闽江是古代福建与北方中原之间最重要的交通要道，也是北方汉民入迁福建最主要的路线。闽江下游的福州半原具有优良的农业环境，便成为南迁汉人较理想的聚居地域之一。2. 莆仙人，指居住在莆田、仙游二县境内的居民。3. 闽南人，主要分布在今泉州、漳州、厦门及漳平、大田一带。4. 闽北人，指居住在闽江上游的居民，主要分布在今建宁、南平、邵武、浦城一带。5. 客家人，主要分布在汀江流域讲客家方言的居民。6. 龙岩人，主要居住在今龙岩市的居民。

上述对福建民系的划分只是一种基本状况，它是在北方汉人不断迁入福建的历史过程中，由于地理、语言、民俗和区域小经济圈等方面存在的差异，致使各个民系自然而然地形成了人文状况的相互差异。同时，在各个民系内部，在更小的范围内，不同地域的人文内涵亦存在不同程度的差异。福建人文的差异现象尤为典型地体现在方言及民俗两个方面。

福建方言的纷繁复杂在全国是少有的。福建境内有七大方言区：闽东方言区、莆仙方言区、闽南方言区、闽北方言区、闽赣方言区、闽中方言区、闽西客家方言区。在全国八大汉语方言中,福建境内使用的汉语方言已达七种,可以说是全国汉语方言的缩影。不仅如此,在同一方言区内,方言内部的复杂性、特殊性在全国方言中也是罕见的。例如福州方言区的福清与福鼎,闽北方言区的南平与政和,它们的方言有着很大的差异。有的县或乡内,竟没有一种统一的方言,如福鼎、浦城、连城、大田等县,甚至有的地方过一座山,隔一条河就不能通话。

福建民俗的差异性也是很典型的,不同区域对同一民俗事象有着不同的表达方式。"十里不同风,一乡有一俗",形象地说明了福建民俗的这种差异性。由于多山地丘陵、多江河溪流的自然地理环境,带来了交通的不便,加上汉人入闽后多采取家族聚居繁衍的方式而形成精神生活上的稳固性,在自给自足的社会经济生活背景下很容易使多数分散的自然村落鲜少往来,不易受外界影响,由此提供了各种民俗沉淀的极好温床。也正是从这个角度上,使福建民俗具有极强的传承性和多样性。

方言与民俗的复杂性,只是福建文化形态上呈碎状性特征的两个方面的表现。但从中可以透视出,由于福建全省及省内局部区域在历史地理及自然地理特征上的双重的相对封闭性,给福建人文及文化生态带来了深远的影响。在福建文化自身多层次的结构系统中,各层次及各层子系统之间存在着相互独立的较大空间;尽管随着社会和时代的发展,这种空间在逐步缩小,但不能否认的是在较长时期内它们彼此之间将依然存在较大的难融性,它们之间缺乏一种征服力极强的主流力量,谁也征服不了谁,谁也代表不了谁。

二、文化传承上的宽容性及其影响

在社会结构上,历史变迁对地域文化的影响无疑也是巨大的。如前所述,自然地理环境对人类社会及其文化起着决定性的作用,但同时又为地域文化的形成和发展保留了相当广泛的自由。从历史文化传承的角度,福建文化的形成是个多元性的复合体,它是以中原文化为主体,兼容土著文化和外来文化,在福建地域的土壤中生长起来的,有着丰厚的积淀。由此随之而来的是福建文化生态宽容性的特征。

福建历史文化传承经历了自己独特的曲折的发展历程，大体包括四个阶段。一是秦汉以前的闽越文化阶段。如前文所述，由于福建地僻海隅，境内交通闭塞，又远离中原地区，秦代和汉初政权虽然先后在福建设立闽中郡和闽越国，但均实行"以闽治闽"的方略，汉文化在福建的影响不大，此时闽越土著文化保持着相当独立的状态，地域特色鲜明且自成体系。

第二阶段是汉至唐末、五代时期，闽越文化开始了与外来汉文化漫长的整合过程。汉代以后，中原文化开始向东南沿海扩展，并日益波及福建。一方面，中央政权加强了对福建的治理和开发，为汉文化大规模传入揭开了序幕。西汉、东汉中央政权先后在闽越故地设立了实质性的行政机构（即冶县和东侯官），派遣大批军队驻闽，加强了对闽越地区的行政统治。三国时孙吴集团崛起于江东，在数十年中曾先后五次出兵福建，在福建增置建安郡，以及建安、南平、汉兴、建平四县；还将福建作为它的造船基地，在侯官设立典船校尉，在霞浦设立温麻船屯。

另一方面，作为汉文化强有力的"载体"，中原士民开始出现大规模迁徙入闽的现象。在这一阶段，由于中原战乱兴起，地僻人稀的福建成为北方汉人避乱的乐园，甚至多次出现了大规模移民入闽的高潮，而中原汉文化也在福建自北向南扩展传播。此时移民入闽的北方汉人不仅数量众多，而且在移民身份构成上也较广泛，除避乱入闽者为主要成分外，还有随军入闽者、仕宦入闽者、谪徙入闽者、农民起义军余部、部曲、佃客、奴婢等等，既有衣冠大族、豪强仕宦，也有下层贫民、逃亡流寓者。这些不同阶层的北方汉人大量迁入福建地域，大大加强和深化了汉文化扩展浸润的历史趋势，他们带来的汉文化对闽越土著文化造成的冲击是显而易见的。但在此阶段，入迁的北方汉人与闽越土著之间存在着较大的文化距离和族群界线，地域社会的整合尚处在政治一体化的层面。

第三阶段是宋元明清时期闽学文化为主流的阶段。此时期随着社会经济的全面发展以及国家体制在某些方面的微妙变化，福建地域社会在政治一体化的基础上进行并完成了文化一体化层面上的整合，以宋儒理学为核心的社会文化模式逐渐在福建地域占据统治地位，而闽越土著文化因素成为"底层"并被"隐形化""边缘化"，"大传统"与"小传统"的多层面互动格局形成并使地域社会文化变迁呈现出复杂性和多元性。①

　　此阶段福建经济飞跃，文化发展很快，已由原来的"蛮风雨"之地转变为"人文蔚起"和"礼仪教化"之方，它在福建文化体系建构史和地域社会发展史中具有重要的地位。在这一阶段，福建文化的核心是朱子学说。南宋朱熹对北宋以来的理学思潮进行了全面总结，建立了一个客观唯心主义思想体系，其学说本是福建地域性的学派，却发展成为元明清时代控制整个国家社会意识形态的官方哲学，成为政治、法律、道德、艺术、教育等上层建筑各个领域的指导原则，在中国文化发展史上产生了极为深远的影响。

　　在这一阶段，福建地域社会的海洋文化特征得以突显。古代福建是个典型的移民社会，福建现有的大部分居民，源于汉唐以来北方汉人的南迁。南迁入闽的汉人在带来了较先进的陆地农业文化的同时，也不可避免地受到土著文化的影响。如前文所述，闽越人善于使楫驾舟的生活方式孕育了福建地域社会的海洋人文特征。宋代福建已发展为经济贸易中心，人口激增，福建"八山一水一分田"的地理状况却在客观上限制了农业文化的发展，人多地少的社会矛盾状况促使沿海居民转向大海谋生，而福建绵长曲折的海岸线、众多的港湾岛屿又为海洋生活提供了较好的条件。

　　宋元时期，福建造船业十分发达，福建所造海船质量居全国之首。宋人吕颐浩称："南方木性与水相宜，故海舟以福建为上，广东船次之，温、明船又次之。"②福建航海业已由沿海贸易为主转向以远洋贸易为主，尤以泉州最为典型。泉州此时成为世界著名的贸易大港，中外客商云集，货物堆积如山，南宋时与泉州贸易的国家和地区有50多个，到元代则增加到100多个。③商人、旅行家、僧侣以及各行各业的外国人云集于此，他们同时还带来了伊斯兰教、天主教方济各派、基督教聂斯托利派、婆罗门教、印度教、摩尼教等多种外来宗教文化，它们与传统的道教、佛教及自然崇拜、鬼神崇拜等民间信仰在同一时空里兼容并存，相互辉映，使泉州成为"宗教博物馆"。此阶段局部地域的福建文化受到西方文化较大的冲击。明清时期，尽管中央政府屡屡在福

---

①黄向春：《"闽越"概念与福建地域文化研究》，见《闽越文化研究》，海峡文艺出版社2002年版。

②吕颐浩：《忠穆集》卷二《舟楫之利》。

③李玉昆：《泉州海外交通史略》，厦门大学出版社1995年版，第94页。

建沿海实行海禁，但沿海民众的海洋意识并未因此中断，海盗、海商依然活跃。

第四阶段是近代中西文化交融阶段。此时期由于福建在历史地理文化传统等方面具有的区域特点和优势，福建成为中西文化交流的重要桥梁。鸦片战争后，《南京条约》迫使福州、厦门成为近代中国最早对外开放的五个通商口岸之二，这对福建文化产生了巨大的冲击波。同前三个阶段相比，此时西方文化属于外来文化，而经历了前三个阶段的整合后已经相当成熟的福建传统文化反而成为新时代背景下的土著文化。福建文化此时经历着与近代西方文化的交融和激荡，具有强烈的使命感和鲜明的开放性，对中国思想文化界产生了巨大的影响。此时期福建涌现了一批杰出人物，例如林则徐是近代中国睁眼看世界的第一人，而严复则是将学习西方文化从器物层面推进到精神层面的第一人，其他诸如沈葆桢、林纾、辜鸿铭、萨镇冰等人，他们均站在时代前列，引领中国文化先潮。尤为值得一提的是，福建创办了近代中国第一所高等实业学堂——福建船政学堂，它不仅再次突显了福建的海洋人文特征，更培育了近代第一批具有西学知识的新型知识分子，他们视野开阔、通晓外语、掌握近代科技知识，从不同侧面推动着福建文化乃至近代中国文化的发展进程。

由于历史文化传承上的曲折历程，福建文化的构成成分极为复杂，它与闽越文化的遗风、中原汉文化的传入、海外文化的冲击等都有密切的关系，这也从侧面说明了福建文化本身具有强大的兼容能力。

三、兼容并蓄的文化生态环境

在漫长的区域历史演进过程中，由于相对封闭的地理环境和历史文化传承上的多元性及随之而来的宽容性特征，福建文化的进程已铸就了兼容并蓄的文化生态环境，这种文化生态环境对于福建的社会、经济、文化诸方面的内在运动起着精神意识的历史作用，并在一定程度上决定着地域社会经济文化的历史进程。

文化生态的状况与其相应的文化土壤有着密切关系。由于历史文化传承上的多元性，福建文化是一个包含多层次、多方面内容的动态系统。与此相应地，福建文化生态处于一个多层次的社会文化体系相交织叠压和互动的状态中。这种状态表征为三个方面：

首先，福建文化在源流上是多元性的，在现状布局上则呈碎状割据的状态。从源流上看，正如何绵山对闽文化的研究，福建文化的形成与闽越文化的遗风、中原文化的传入、宗教文化的传播、海外文化的冲击、台湾文化的交融、邻域文化的渗透等诸因素都有着极为密切的关系，从而使得福建文化在和外来异质文化的交往中，表现出更大的融摄力和兼容性。宋元时期泉州多种宗教文化在同一时空中兼容并存、相互辉映甚至有所融合，即是最好的证明。从现状上，福建文化在布局上呈碎状割据的状态，如闽中三山文化、莆仙文化、闽西客家文化、闽南海洋文化等等，它们彼此之间呈相对独立和平行并存的状态，尽管在相互交融上有逐渐加强的现象，但彼此的地域文化距离仍是十分明显的，并且谁都无法占据绝对优势的主导地位。这些不同层次的文化成分在福建文化这个动态系统中共同构造了多向度的文化力，引导和制约着福建区域社会中人们的生产生活和行为方式。

其次，福建文化生态在态势上呈既开放又封闭的状态，这种状态折射为陆地农业文化与海洋商业文化二者并存且相互交融。这两种文化具有不同的思维和视野，前者更富有拼搏开拓的意识，而后者更具有脚踏实地的务实精神。福建山海相随的地理环境迫使人们靠山吃山、靠海吃海。传统农业文化是以小农经济为基础形成的内向、保守、封闭的文化体系，它的一个基本特点是固守家园，与土地结下不解之缘，它往往保持着某种独立的、一以贯之的发展系统，比较封闭、偏狭，而这在福建浓厚的家族观念中又得到强化和巩固。中原汉人的入迁，对福建文化的形成和发展产生了不可估量的深远影响。他们在迁移入闽的同时带来了中原的陆地农业文化，由于当时早期的福建地域尚处于无序状态，他们必须凭借家族的力量来拓展生存空间，这种状况自然而然地加强了血缘宗族的观念。自宋元以来，福建民间家族制度和家族组织较中原地区更加严密和完善，明清时期福建民间家族组织的发展进入了高潮，各地建祠堂、修族谱、崇祭祀之风盛行。时至今日，这种浓厚的家族观念在福建基层社会中仍然发挥着重要作用。

与此相对应，海洋商业文化则往往以动态和开放为特征。福建海岸线漫长，北起福鼎沙埕，南到诏安洋林，长达3051千米，仅次于广东省，居全国第二位；但沙埕至洋林间的直距不过535千米，与海岸线相比，曲折率为1：5.7，为全国沿海各省、区之冠。曲折的海岸线上港湾、岛屿众多，海域辽阔。自宋以后，福建人口迅速增长，在"八山一水一分田"的地理环境中，向内陆延伸困难，人稠地狭的矛盾使许多人无可耕之田，只能转向大海谋求发展。在沿海一带，人们继承闽越人善于舟楫的技术，发展捕捞渔业和造船航运，并日益形成了开放的商业文化意识和坚韧的冒险拼搏精神。福建民谚"走海行船三分命"即道出了海上贸易的危险性，但自宋之后，福建一直是中国人从事海事活动的中心区域。宋元时期福建航海业由沿海贸易为主转向以远洋贸易为主，明清时期私人海上贸易蓬勃而兴，成为当时福建海洋经济社会性的集中体现。在这漫长的历史洗礼中，逐渐形成了以商业经济意识为核心的海洋文化。同重义轻利、礼教森严、内向保守的传统农业文化相比，海洋商业文化具有迥然不同的文化特征，例如重利的价值观、冒险进取的拼搏精神和宽容的开放意识等，它使福建文化既有深厚的本土文化，又有外来入移的东西方文化，具有多样性、包容性和开放性的特征。这种颇为强烈的海洋性格，在相当多领域已突破了传统文化的桎梏，适应着社会经济文化的发展。福建成为近代中国新思潮的重要策源地之一，正与其开拓求新的海洋文化气息有着密切关系。福建文化生态是福建社会经济文化历史传承的产物，它是在特殊的地理环境中历经两千年的历史洗礼而逐渐形成的，具有深刻的内涵和丰富多彩的表现形式。它对福建区域各方面的内在运动起着精神意识的历史作用，进而在一定程度上决定着地域社会发展的历史进程。

参考文献：

[1] 何绵山：《闽文化概论》，北京大学出版社 1996 年版。

[2] 何绵山：《八闽文化》，辽宁教育出版社 1998 年版。

[3] 陈支平：《福建六大民系》，福建人民出版社 2000 年版。

[4] 陈支平：《近 500 年来福建家族社会与文化》，上海三联书店 1991 年版。

[5] 福建省炎黄文化研究会：《闽台文化研究》，福建人民出版社 1997 年版。

（选自《东南学术》2003 年第 5 期）

中国沿海城市空间、意象及内在精神之演变

——对历史街区"三坊七巷"变迁的思考

林朝霞*

　　沿海城市是独特的中国城市类型，具有特殊的空间、意象和精神演替史，而历史街区则是解读它的重要途径。三坊七巷位于福州屏山之南，乌山、于山之北，是中国十大历史文化街区之一。它从边缘到中心、由热闹市井到文化地标的华丽转身，显示了沿海城市"陆—水"和"乡—郭—城"的空间拓展规律。同时，它的文化意象稳中有变，既蕴含了惊艳时光的唐风宋韵，是城市文化遗产的鲜活载体；又彰显了沿海乃至一般城市的功能转型和精神演替规律，是城市文化谱系考古的重要参照。它彰显了历史街区在城市空间架构和文脉传承中的重要作用。

一、三坊七巷与沿海城市"陆—水"的延伸路线

　　福州城位处闽江入海口，是江海协力形成的冲积—海积平原。三坊七巷之地见证了福州沧海桑田之变和城市中心的转移，显示了中国沿海城市"陆—水"的拓展规律，具体包括"陆—河—海""陆—河"和"陆—海"等类型。

---

　　* 林朝霞，文学博士，厦门理工学院文化产业与旅游学院教授。

（一）三坊七巷的角色转型

从汉至明清，三坊七巷之地经历了从闽江浸漫之地演变成沙洲再到陆地的过程，也经历了从莽荒到市井再到文化中心的角色变化，其变迁是福州城外扩的缩影（如下图）。

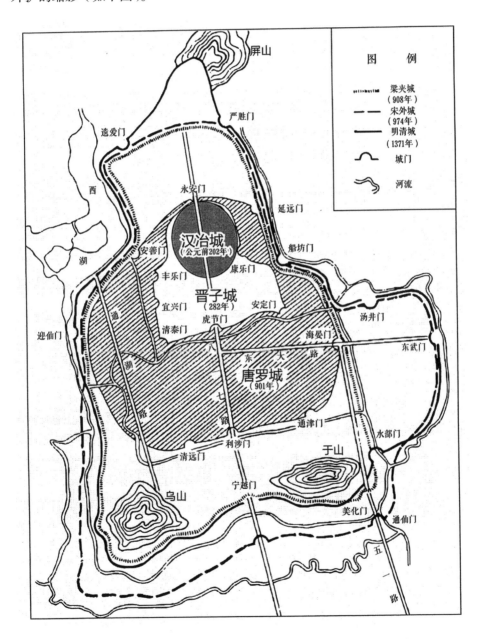

首先，从秦汉到两晋，福州城中心在屏山一带，三坊七巷之地尚未开化，逐渐由闽江水域转变为城外沙洲。屏山南麓是福州城的发源地，汉冶城和晋子城均建于此处，北面屏山掩映，可抵寒气，南面环水，可通舟楫，漫漫水域直通大海。古城选址因地制宜，大致吻合中国古代城垣修建之军事、文化、政治、风水等的基本考虑。晋严高在虎节门外开大航桥河作为护城之壕，隶属闽江水系，把内湾围成东、西两湖，此时三坊七巷之地尚为莽荒之地。南朝时期，子城南和西面开始沙洲化，此时三坊七巷之地逐渐浮出水面变为陆地。

其次，唐宋之间，福州城南延至安泰河一带，三坊七巷成为市井之地。唐代以大航桥河为界形成城北和城南两大中心，城北是以贵族为主的政治和文化中心，城南则是以市民为主的经济和商业中心，而乌山、于山一带仍四面环水，安泰河是连接城乡的重要纽带。三坊七巷紧依安泰河，人烟阜盛，锦绣繁华，逐渐发展为商贾、手工业者聚居之所。《榕城考古略》引《榕城景物考》"唐天复初，（安泰桥）为罗城南关，人烟绣错，舟楫云排，两岸酒市歌楼，箫管从柳阴榕叶中出"。①

最后，两宋至明清，福州城继续南拓，三坊七巷成为文化地标。宋代外城依合沙门外水域再建壕沟，带动上下杭的发展。元以后海外贸易加快闽江口岸的发展，商品通过内河入闽江再入马尾港出海，海外商品亦走水路抵达陆路。清代福州内港、外海一脉相连，"自知府高文良公请开海禁，每年商舶冬出夏归，十余年以来，百物流通，市集充牛刃，米谷之至自外洋者，岁不下百十万"②，闽江口岸区域商铺众多，商会云集。福州商业中心的持续南移，促进了三坊七巷从市井繁华地向才子将相门的华丽转身。因为三坊七巷闹中取静的建筑格局与福州社会名流追求闲适和渴慕清谈的心理诉求不谋而合，所以当无数坊巷被街巷所取代，渐而淹没在市井文化时，三坊七巷却一步步趋向高雅殿堂，成为世代文人墨客、鸿儒硕士、仕宦缙绅的钟爱之地。

（二）沿海城市的"陆—水"延伸路线

三坊七巷在福州城的区位角色变迁，显示了中国沿海城市由陆地向河畔

---

① 林枫：《榕城考古略》，福州市文物管理委员会1980年版，第6、7页。
② 陈宏谋：《福州府志》序言二，见徐景熹：《福州府志》，海风出版社2001年版，第2页。

再向海洋拓展或者从陆地向海洋拓展的演化规律，进而带动城市区位功能的变化。

江海交汇往往是孕育中国沿海大城市的必备条件，如上海、宁波、广州。江海在沿海城市扮演了两种角色：一是天然屏障，如福州城，在晋朝、唐朝时曾把闽江支流大航桥河、新河作为城濠（护城河）；二是贸易通道，水路运输比陆路更为便捷、低廉，是古代商路的重要构成。古代沿海城市除了大致吻合一般城市"前朝后市"的空间布局和从固定交易到全城交易的发展规律外，自然扩容和贸易需求是推动城域由陆地向河畔再向沿海延伸的内在动力。

首先，扩容需求推动城市向内河、沿海区域延伸。沿海城市拥有江海的天然屏障，但也受到地域空间的局限，不能像内陆城市那样以几何中心为圆点不断向外拓展，只能向江河湖海或丘陵山地争取生存空间，显示出不同于内陆地区大致以同心圆或方形外拓的城市年轮。以福州为例，汉冶城近似圆形结构，晋子城则呈现为由北部半圆形和南部矩形构成的不规则形状，唐罗城和宋外城也呈现为北窄南宽的不规则形状。三坊七巷从未开化之地演变为市井边缘再到城市中心，其变迁是福州不断改造自然、向江海争取生存空间的明证。

其次，贸易需求推动城市经济中心向内河、口岸延伸。当城市的贸易功能不发达时，耕地是城市仰赖的根本，如八百里秦川沃野千里，霸业可图。当城市商贸兴起并纳入国内贸易网络时，内河作为连接国内市场主渠道的重要性充分凸显，黄河、淮河、长江、珠江及其支流和京杭大运河等沿岸城市迅速崛起，如扬州、苏州、宣州（安徽宣城）、润州（江苏镇江）、益州（四川成都）、江城（湖北武汉）、汴梁（河南开封）等。而国际市场孕育成熟后，江海联运的沿海城市一跃而起，如位于长江入海口的上海、珠江入海口的广州、海河入海口的天津、闽江入海口的福州、瓯江入海口的温州等；有深水良港的沿海城市也变得举足轻重，如大连、锦州、秦皇岛、青岛、厦门、泉州、深圳等。

因上述两大原因，沿海城市中心容易出现"内陆—内河—出海口"或"陆—河""陆—海"的转移或多元并存的格局。当商业文明不发达时，城市生存主要仰赖土地，所以群山间的盆地抑或河流的冲积平原成为城市首选地，出于军事和政治考量形成以王宫或官署为中心向外辐射的空间结构。国内商业发达后，城市更多地仰赖于交换，因此交通便利、交易频繁的商业中心迅速崛起，尤以联系城乡的内河口岸为盛，从事手工业和商业的市民成为城市的新兴阶层聚居于此。如，唐宋时期三坊七巷所处的利涉门、安泰河一带人烟生聚、商贸繁荣。市民阶层的产生逐渐弱化城市政治性、军事性，加强了经济性，促进城市多元中心的形成，奠定了城北以行政和城南以经济为重心的空间格局。而国际商贸崛起后，海洋文明也成为城市建构的重要因素，尤其是海上丝绸之路开辟了城市的海路交往空间，迅速活化沿海城市，促使河海相连处成为城市新中心。明清时期闽江沿岸成为商业中心，而三坊七巷则成为乌衣巷陌，这一变化印证了中国城市从平陆向内河再向外海拓展的变化轨迹。广州城的变迁也是如此，宋元时期广州城因自然扩容和对外贸易需要，把"中城"（唐子城）、"东城"（越城旧址）和"西城"（唐代蕃坊）三城合而为一，破城墙，架桥梁、跨越壕沟之限，推动城市扩大规模和转移中心。

二、三坊七巷与沿海城市"乡—郭—城"的空间递变

三坊七巷之地经历了从莽荒之地到人居之所、从乡村到城郭再到城市几何中心的空间演变，既是福州城乡变化的一个缩影，又彰显了中国沿海乃至一般城市的空间拓展规律。

（一）三坊七巷的区位变化

三坊七巷不仅见证了福州城"冶城—子城—罗城—外城"的发展历程，而且彰显了中国城市"乡—郭—城"的空间演化规律。

首先，汉唐之间，三坊七巷由莽荒之地逐渐变成乡村之所。汉初闽越王在屏山（亦称越王山）南麓建冶城，林枫《榕城考古略》中记载："今华林寺及乾元废寺（今钱塘巷）皆指为冶城故址。"[1]现有学者推断，冶城大致范围是北起屏山南麓，南至云步山，东至冶山，西至西湖一带。[2]晋太康三年（282年），晋安（今福州）郡守严高在屏山南麓建子城，凿西湖和晋安河为界，规模大

①林枫：《榕城考古略》，福州市文物管理委员会1980年版，第11页。
②范雪春：《冶城在福州的考古新证据》，见王培伦、黄展岳主编：《冶城历史与福州城市考古论文选》，海风出版社1999年版，第24-35页。

于冶城。唐代经多次修缮，城向东南方向延伸，以虎节、定安、康泰、丰乐、清泰等城门为廓（北至鼓屏路，南至杨桥路，东至丽文坊，西至渡鸡口一带），城南端临近三坊七巷所在位置。不论是冶城还是子城都位于三坊七巷以北。从秦汉到晋，三坊七巷之地为闽江水域，人迹罕至。南朝至隋唐，三坊七巷之地因大航桥河多淤、潮水不接而逐渐沙洲化，隶属城外。此时，官吏、贵族、士卒多居于城内，三坊七巷北一带可能为平民居住地，鲜见权贵名流寓居于此的史料记载。

其次，晚唐罗城建立，三坊七巷纳入城市建制，初具雏形。安史之乱后士族南迁，福州成为衣冠迁居之地，户数增加一倍有余。晚唐天复元年（901年）王审知建罗城，面积为原子城的四倍左右，仿效唐都里坊制，分段筑墙，依次排列，其南门为利涉门，前安泰桥。后梁又筑南北夹城，向北推至屏山脚下，向南则囊括乌山和于山在内，至此形成"城在山中，山在城中"的特殊格局，坊巷栉比，共分七八十个坊巷。在福州城的空间变化过程中，三坊七巷逐渐由山林乡野之地跃居城内"烟柳繁华地"。福州城内外两重城门，宫殿、官署在北一带，离子城不远，而商业中心已由原大航桥（三坊七巷北一带）向南移至安泰河畔（三坊七巷南一带）。三坊七巷被囊括于城内，南抵利涉门和安泰河，西抵清远门（光禄坊口），已颇具规模。

最后，两宋至明清，三坊七巷区位优势凸显，逐步繁盛。两宋期间，罗城外筑东西夹城，即外城，向东、西、南三向拓展城区。太守程师孟曾增筑城垣、疏浚城壕，城市向城郭之外乡村延伸，以满足人口增长、经济发展需求。元代在福州设行省，集省衙、府衙、县衙于一城，重视海上贸易，外城通闽江口岸迅速激活，万寿桥至烟台山一带成为海运、商贸重地。原城郭外的大片土地形成新的市民聚居区，如上、下杭因是闽江航道的重要埠头而日渐繁盛，并逐渐打破坊市分离和宵禁的里坊制。

随着福州城几何中心南移至中部地带，三坊七巷的区位优势日益凸显。明清之际，三坊七巷不仅是文化名流荟萃之地，而且是重要的文化消费之地，刻书坊、装裱铺、书肆及各类文玩雅器商铺云集于此，成为福州的文化地标。

（二）沿海城市"乡—郭—城"的外拓年轮

三坊七巷经历了魏晋南北朝的滥觞期、唐五代的发展期和宋元明清的鼎盛期，是福州城空间和文化变迁的重要见证，也显示了中国古代沿海乃至一般城市由中心向外延宕的空间变化规律，形成"城市年轮"。

城与乡是中国古代人类聚落的两种典型形态。首先，城是封闭的，而乡是开放的。中国古代都城大多山河表里，倚群山之崔巍，借天堑之浩瀚，稍辅以墙壕沟池则固若金汤。《管子·乘马》曰："凡立国都，非于大山之下，必于广川之上。"①枕山临水（邙山之南、洛水之北）的东周洛阳城、易水环绕的燕下都、群山环绕的六朝建康城、关隘环抱（函谷关、大散关、武关和萧关之间）的汉长安城均是如此。而乡则是环绕或依附于城的无清晰边界的乡村社会。其次，城是人口密集之地，而乡是人口疏散之地。再次，城具有政治性功能，是国家的权力中心，负责发号施令；而乡以农为本，为城的生存发展提供经济命脉。最后，城布局考究，而乡村结构相对比较松散，城比乡更加强调制度考究和文化诉求等。如西方的乌托邦，往往以神殿、教堂或城堡为中心向外辐射，形成圆形或矩形布局，"正像米尔西亚·伊利亚德所说，宇宙的轴枢正好穿过庙宇"②。中国古城也具有中轴对称、左祖右社、面朝后市的特征，承载着国家秩序、权力法则和宗法制度，起到强化贵贱、尊卑关系的作用。《管子·大匡》云："凡仕者近宫，不仕与耕者近门，工贾近市。"③与之相比，乡村也有人伦、天人之虑，但不及城市严格。

城与乡之间的过渡地带是郭。郭原指外城之墙，借指外城。它介于城乡之间，不像城那么繁华，亦不像乡那么僻远，恰如现在的"镇"。《管子·度地》曰："归地之利，内为之城。城外为之郭，郭外为之土阆。"④《唐六典》载："两京及州县之郭内，分为坊，郊外为村。"⑤郭多依山而建，故山郭为中国古诗中常见的意象，"水村山郭酒旗风""千家山郭静朝晖""山郭微风弄酒帘"等。

三坊七巷的变迁显示了中国城市的空间拓展规律：由乡向郭再向城的空间转化，最终发展为"无城之城"，即不受城墙限制的城市。这种发展模式类似于今天的"城镇化"。中国古代沿海城市在演进过程中，往往具有打破山河

①戴望：《管子校正》，《诸子集成》第五册，上海书店出版社1986年版，第13页。
②刘易斯·芒福德：《城市发展史》，中国建筑工业出版社2005年版，第52-53页。
③戴望：《管子校正》，《诸子集成》第五册，上海书店1986年版，第110页。
④戴望：《管子校正》，《诸子集成》第五册，上海书店1986年版，第303页。
⑤刘昫：《旧唐书》第六册，中华书局1975年版，第1825页。

阻碍不断外拓的发展规律，形成脉络清晰的"城市年轮"。年轮的内核层往往注重山河表里、谨严布局，外延层则打破山河界限、呈现泛中心的特点。"三里之城，七里之郭"（《孟子·公孙丑下》）、"匠人营国，方九里"（《周礼》），最初城市方圆不过数里，但随着时代发展城市规模越来越大，甚至不止一次打破原有格局，形成"城外有城"的特殊形制。如，上海是沿海城市的典范，它从南武城、华亭县到松江府再到近代十里洋场、现代国际大都市的转型，也显示了沿海城市不断向乡村、向出海口延伸的发展历程。即便是内陆城市也大致吻合这一变化规律，如北宋开封城内外有三重城阙，"宫城—皇城—旧城（阙城）—新城（廓城）"环环相套，人口过百万，内城和外郭的森严区别已被打破。又如，明代苏州因纺织业和工商业繁荣带动木渎镇、枫桥镇的发展，城市向西北阊门外延伸，形成"城北半城"的格局，从明代仇英《清明上河图》和乾隆时的《姑苏繁华图》中可见一斑。当然，城市演替的另一种模式是城乡转化，如隋唐建都，因地下水源变咸未以汉长安城故址为基，而在渭水以南另择良所；又如元朝建大都于金中都城东北郊外。这种情况往往与环境变迁或改朝换代有关，并不常见。

三、三坊七巷与沿海城市的意象转换、精神演替

凯文·林奇认为，城市意象包括道路、边界、区域、结点和标志五种元素，构建了城市的身份和个性。[1]刘易斯·芒福德则认为，城市是文化的容器，地标性区域或建筑是城市文化的载体，蕴藏着城市发展的巨大动力。[2]

三坊七巷是中国城市意象转换和精神演替的一面镜子。从表象看，三坊七巷经历了由边缘到中心的空间演变，也经历了由强制性管理到人性化管理的演变过程；从内蕴看，它经历了市井文化和礼乐文化、国家意识和民间立场、古代文化和现代文明相互碰撞、融合的过程，展示了沿海乃至一般城市精神演替的脉络和机理。所不同的是，三坊七巷文化谱系的叠加关系有地域特色，如市井文化形成在先，而礼乐文化孕育在后。原因在于三坊七巷地处福州，

---

①凯文·林奇：《城市意象》，方益萍译，华夏出版社2014年版，第35-36页。
②刘易斯·芒福德：《城市文化》（序），宋俊岭、李翔宁译，中国建筑出版社2009年版。

受中原文化的浸润和影响，具有文化的后发性；也在于它在福州城发展史上先是市井之地，后是文化荟萃之地。

（一）三坊七巷文化意象和精神谱系的变化

三坊七巷是城市建制的活化石，其文化意象和精神谱系的变化能勾勒出福州城发展的内在脉络，具体表现在两方面。

第一，三坊七巷的文化意象演变凸显了由严格管理向宽松管理的转变和民间平等意识的崛起。三坊七巷兴建于晚唐，仿中原古城而建，具有结构整饬、里市分离、功能明确的特征。排列整齐、秩序井然便于网格化管理；坊巷分离则有助于宵禁，也有助于居住区和商业区的区分。贵胄坊里近宫城官署，工商业、手工业者坊里近市井，更能凸显区位特征。宋元以后，三坊七巷逐步出现管理放松的趋势：一是空间上里市融合，空间网格被打破；二是时间上夜禁制度被废；三是文化意象出现变化。

首先，街巷意象兴起，渐次取代坊巷意象或与之并行。三坊七巷建成时间较晚，坊巷意象被街巷意象所取代的时间明显晚于中原地区。明清以后，由于商业文化的浸润，多数坊巷打破坊墙局限，临街开铺，渐次销声匿迹。清代福州府城地图中出现了北门大街、井楼门大街、汤门大街、西门大街、东门大街、南门大街、水部门大街等，街道意象凸显出来。三坊七巷也发生了局部变化，如杨桥巷变为杨桥路，吉庇巷变为吉庇路。

其次，道路意象崛起，区域识别功能让位于道路识别功能，凸显了地理空间的平等性。区域识别突出区位的政治、文化等差异，如官衙、县学等称谓无形中强调了国家意识形态，而道路识别则主要突出物理空间差异，更具平等意味。道路识别取代区域识别，释放出民间向官方争取平等的信号。以三坊七巷为例，明清时期道路识别兴起，南后街、杨桥巷、吉庇路等称谓相继出现，成为城市道路系统的重要构成。但是，三坊七巷仍然保留了区域面貌的整体性和独特性，成为世代仕宦名流和文儒清士的汇聚之地。三坊七巷既吻合城市意象变化的一般规律，又保留自身的独立姿态，是城市发展的活化石。

再次，私人空间上升为城市意象。名人故居、私人宅邸、诗家唱和之处成为重要的城市意象，如三坊七巷的"小黄楼""二梅书屋""水榭戏台""光禄吟台"等和孔庙、社稷坛等国家、官方意象并驾齐驱，意味着城市文化功能对政治功能的消解。

第二，三坊七巷精神谱系贯穿了从市井到礼乐、民间到精英、世俗到高雅、古典向现代的递变。首先，三坊七巷实现了从市井俗文化向礼乐雅文化的转型。三坊七巷建制之初承载的是市井文化、民间立场，表现为重商逐利、讲求实际。唐孤独及称："闽越旧风，机巧剽轻，资货广利，与巴蜀埒富，犹无诸、余善之遗俗。"①民间意识和草根精神还表现为民间信仰繁盛，满足精神寄托、娱神娱人之目的。原始宗教、道教、佛教等并存，庙宇林立，如宫巷的紫极宫、关帝庙，闽山巷的闽山庙（祀宋景祐元年进士卓祐之），光禄坊的护都庙（宋金紫光禄大夫方真）、道南祠（祀宋儒杨时）、杨桥巷的李延平祠（祀宋儒李侗）等，造神运动持续不断，迎神赛会、庙会、祭典不绝如缕，俳优百戏、彩灯焰口、喧天锣鼓、火树银花等一应俱全。以闽山庙为例，它是连接衣锦坊和文儒坊的小巷，谢肇淛在《五夜元宵》中详述了闽山巷祭典之盛况："更说闽山香火胜，鱼龙百戏列斋筵。彩棚高结彩霞标，火树银花第二宵。"②市井俗文化之所以是三坊七巷的原生性文化，是因为福州属闽越故地，重利轻义，民风彪悍，淫祀成风，晋至晚唐中原文化濡染未久，民风未有大变。同时，三坊七巷作为城市商业中心，所居多为普通市民、商贾，市侩气有余，而文化底蕴不足。两宋以来，三坊七巷擢升为城市的文化中心和儒家精神的荟萃之地，市井文化为礼乐精英文化所取代。文儒汇聚于此，且喜家族联姻，如林则徐、沈葆桢、陈宝琛以及郭柏荫家族之间存在着盘根错节的姻亲关系。礼乐诗教提升三坊七巷文化品格。三坊七巷是福州文化教育发祥地，书院、学堂、家塾、读书遗迹不胜枚举，如光禄坊内就有宋代程师孟镌刻的"光禄吟台"、理学家杨时"道南书院"、清代画家许友读书处"米友堂"、藏书家林佶读书处"朴学斋"，还有文儒坊的正音书院、黄巷的正谊书院、闽山庙的文林社学以及各巷内的家塾。经世致用、仁孝节义、勇于担当等精神上升社会核心价值理念。宋以后，三坊七巷科甲盈门，宋代林之奇一门十数进士、郑性之荣登状元，明代林瀚三代五尚书，到了清代，六子登科、一门八翰林、四世同进士等不胜枚举。可见，两宋至明清，文脉相承、道义相授使得世风一变，"喧阗""浮侈"之市井文化向"彬彬郁郁"之儒家雅文化转型。

---

① 转引自卢美松主编：《福州通史简编》，福建人民出版社 2017 年版，第 158 页。
② 福建省戏曲研究所：《福建戏史录》，福建人民出版社 1983 年版，第 45 页。

其次，三坊七巷实现了从古典理性向现代精神的转型。福州开埠以来，西洋文明潮涌而入，引发了三坊七巷文化版图的再度变革，迫使文化精英从明经达礼的传统文人转向追求科学自由的现代知识分子。其一，以科学理性取代实用理性。实用理性是以实用为旨归的经验主义，带有溯古、膜古的特点；而科学理性是不以实用为目的、不以价值信仰为依托而单纯以手段、工具的合规律性为导向的理性。自鸦片战争、马尾海战以来，三坊七巷有识之士全面引入西方知识架构和科技文明，主张科技救国。林白水在文儒巷内创立"蒙学堂"，培养了林觉民等黄花岗七十二烈士中的"福州十杰"；沈葆桢等创立马尾船政学堂，引入西方数理化全套知识体系；陈宝琛创办全闽师范学堂；刘崇佑、林长民联合创办私立福建法政专门学校。他们还打破了循环历史观，提倡进步观念。严复在《论世变之亟》一文中论及"中国人好古而忽今，西方人力今以胜古；中国人以一治一乱、一盛一衰为天行人事之自然，西方人以日进无疆、既盛不可复衰、既治不可复乱为学术教化之极则"①，号召国人奋起直追，革故鼎新。其二，以个体自由意志升华古典家国情怀。家国观念是东方国家从家庭伦理推衍出国家秩序的集体主义观念，强调家国一体、忠孝统一，注重以孝或德治天下，相对忽略个体的自由存在。而三坊七巷的现代知识分子脱离庙堂，以牺牲小我、献身社会和融入世界的自由意志重新诠释了个体独立精神的最高境界。林觉民主动为自由而战，就义前写下了《与妻书》和《禀父书》，绵绵情意和拳拳孝心跃然纸上，但他的选择超越了儒家的家族意识和名教观念，展示了个体自由的无限魅力。

（二）沿海城市的意象转换和精神演替

三坊七巷的文化意象演变显示了沿海乃至一般城市的普遍发展规律：从结构严谨向相对疏散的过渡。而它的精神谱系也讲述了市井俗文化、礼乐雅文化和现代文化这三大精神体系相互博弈和融合的故事。当然，这种规律在历史较短、变迁较少的城市上表现不明显。

第一，随着城市某个区域或者整体文化意象的变化，城市的内在机理和功能也可能发生微妙变化。沿海城市尤其是历史名城从整饬结构到模糊边界、井然秩序向差异发展的变迁，体现了国家意志的下降、民间分权的开始以及

①王栻主编：《严复集》，中华书局1986年版，第1页。

平等意识的崛起。沿海历史名城诞生之初一般具有清晰边界和严整布局，山河表里，城垣环绕，内设经纬道路，外设环城道路，但未细化命名，故而尚不具备地理识别功能。此时城市地理识别主要由区域定位来完成，贵族居住区和平民居住区森然有别，连平民居住区亦有一定规模和格局限制，形成整饬有序的里坊制，分段筑墙，坊口设隘，"坊有塘，塘有门"，严格区分居民区和商业区。标志物以自然景观（如城中内河、公共水井）、政治文化景观（如王宫、官署、社稷宗庙）和信仰场所（城隍庙等）为主，结点多为坊口、城门、城楼或城隅等。此类城市呈现出极强的秩序感和规训性，较为缺乏居民的公共活动场所，只有生活水源处、交通出入口、集市、劳集体动场所才有可能成为公共交往区域。

但随着时间的推移，中国古代城市逐渐打破边界限制，甚而拥有三重城阙，城与郭的内外之分逐渐淡化，更多地融入了政治之外的社会考量因素，如人口、经济、文化等评判标准。马克思提出"城市本身表明了人口、生产、工具、资本、享乐和需求的集中"[①]。城市意象和功能也发生变化。首先，原来封闭的坊巷制为新兴的街巷格局所取代，侵街开铺、消除坊墙的现象日渐盛行，打破了商业区和居民区的森严壁垒，夜不禁市更打破了商业的时间局限。这意味着城市的经济功能得到了凸显。其次，道路识别逐渐取代区域识别，坊、巷名称逐渐为街、路称呼所取代，空间的政治和文化差异被削弱，有助于彰显"空间正义"（大卫·哈维语）。再者，随着商业的发达和市井社会的繁荣，原先的城市中心被淡化，出现了多中心或泛中心倾向，如福州城在演进过程中出现了政治、经济、文化多个中心，有助于消解空间的政治权力。最后，市井生活领域和公共场所成为城市新意象，如广场、桥梁、集市、酒肆、茶馆、戏院等跻身城市意象行列，逐步和政治文化景观平分秋色。这意味着私人生活娱乐空间的扩大和公共领域影响力的上升，一定程度上消解了城市所承载的国家政治功能。

第二，沿海城市大多经历农耕文化和海洋文明的双重洗礼，呈现出古典精神、民间立场和世界意识交融和演替的发展脉络。西方城市发源于欧洲的城邦，以希腊和希伯来传统为基石，经过奴隶、封建和资本主义时代的演进，

[①]《马克思恩格斯选集》第 1 卷，人民出版社 2012 年版，第 184 页。

融入了城邦精神、领主意志、新教伦理和公共意识等，形成独特的精神谱系。与之相比，沿海城市的精神谱系主要包括国家、民间、世界三个维度。首先，国家正统和主流价值是城市精神的主要构成。虽然国家主流价值会随时代变迁而变化，如古代崇尚礼乐教化、差序格局（费孝通语），而现代强调社会主义核心价值观，但是它是城市精神的重要内核。其次，民间立场是城市精神的特色部分。民间立场主要包含两方面的内容：一是土生土长的地域精神，以特殊地域符号、民俗、观念、习惯等为表征；二是社会公共领域的文化精神，包括市民意识、民间自治精神等，如明清城市兴起的各种会馆、协会等无形中改变了城市治理体系，一定程度上发挥了经济组织、基层管理和意见传达的作用。最后，现代价值是城市精神对世界文明的重要吸纳。全球化浪潮加速了中国城市化进程，为城市注入新的文化基因，推动了它的现代化、工业化转型。

沿海城市往往经历了地方与国家、民间与官方、古代与现代等不同精神相互碰撞、叠加、融合和转型的过程。三坊七巷所蕴含的市井俗文化、礼乐雅文化和现代文化这三大精神体系，既是福州城也是沿海乃至一般城市的精神象征。

四、结论

历史街区积淀了城市的文化基因，彰显了地方的文化符号，是有意味的城市空间、有内涵的文化载体和有价值的精神丰碑，也是连接城市过去与未来的重要桥梁，应担当起展示城市精髓和传承城市文脉的神圣使命。三坊七巷作为中国十大历史街区之一，从秦汉之前的闽江水域到1700年前的城外沙洲，再到城外之地，进而跻身城市中心，随着城市年轮的扩展逐渐中心化，实现了从乡野到市井再到文化中心的华丽转身。三坊七巷给予世人的启示是，历史街区虽小，却见证了所在城市千余年沧海桑田、城乡递变的历史过程，还显示了大部分沿海大城市"陆—水""乡—郭—城"的空间递变规律，彰显城市意象转换和精神演替的内在规律，蕴含着城市最深邃的文化密码。当下，三坊七巷在融通古今、传承文脉上的积极探索，以及历史街区在城市永续发展中主动作为，都应在城市发展的总体历史观中进行，如此才能让街区的活化与城市更新有机结合，焕发持久的生机活力。

（选自《东南学术》2020年第5期）

权力、资本、地方对"文化场景"的建构

——以历史街区"五店市"文化产业为考察对象

王惠蓉*

当前文化产业为人们生活空间提供越来越丰富多元的现代"场景"体验，这些"场景"多数由物理空间、"文化场景"及媒介化社会共同组成。从大规模工业化生产直至以特里·克拉克和丹尼尔·西尔为首的新芝加哥学派创立"场景"理论以来，消费活动成为"文化场景"建构的重要驱动力，这个时期城市空间主要是由资本所运营的"消费景观"，例如各类艺术表演、艺术品消费等，是"文化与资本的合谋"。[1]2008 年以来，"文化"在学术上被赋予了"权力"的属性，融入文化产业理论，成了当代文化产业组织架构中的特殊设置，并决定了产业的性质。[2]不少学者提出要形成一种演进式的文化生产，即把静态资源发展为可作为"资本"的动态资源，也被理解为"创造新的历史文化形态"。[3]这一时期"意义生产""空间生产""文化资本""地方建构"等理论概念出现在"文化场景"的研究中，与之相对应的文化产业实践集中在

---

*王惠蓉，传播学博士，集美大学文学院副院长、副教授，集美大学"厦门城市文化研究中心"主任。

① Bassett,k.Parterships: Business Elites and Urban Politics: News of Forms of Governance in an English City Urban studies, no.33,1993,p.539.

②郑洪涛:《基于区域视角的文化创意产业发展研究》,河南大学博士学位论文,2008年,第 31 页。

③王惠蓉:《以旅游业为标杆的海洋文化创意产业研究——以福建东山岛为例》,《集美大学学报》(哲学社会科学版)2013年第 2 期。

以历史遗迹或记忆为资源的地方性文化产业,生产具有"不同的地方文化特质、产业空间结构及消费结构,能引发共有的感受、价值与记忆,能建构独特意义的地方空间"[①]。在这一推动力下,地方专家学者、在地居民以及在地物质与非物质文化的自然持有者或传人逐渐恢复文化生产的自觉与自醒,主体性意识开始参与城乡间的"文化场景"建构。

至此,现代"文化场景"已突破二维消费场景的生产时代,进入"权力、资本、地方"三维建构时期。那么,"文化场景"的集合与建构究竟由谁主导?很显然,政府权力与资本的合谋远远不够,地方性的主导作用日益突出。对这一问题,历史街区"五店市"文化产业的实践提供了较为完整的、具有结构性的经验性佐证。"五店市"历史街区位于晋江青阳街道核心区,街区内拥有独具闽南特色的历史风貌建筑,保留和传承了高甲戏、木偶戏、南音等闽南非物质文化遗产。石鼓庙香缘远传东南亚各地,蔡氏宗祠、庄氏家庙是东南亚10多万侨台亲缘的纽带,是重要的"海上丝绸之路"文化遗产。晋江市政府充分开放历史文化街区保护政策的话语权,激发资本力量及地方力量的共识,将政府、产业运营商、媒介、社区居民、地方文史专家及原住民融合进"五店市"文化产业发展的对话框架内,建立了"参与式"文化生产模式,使得内外部权力获得最大化的认同,一定程度上实现"将家庭和文化传统也作为生产资源的配置参与文化生产,使得传统社区得以轻松地转变为新的社区"[②],以此建立不断强化地方感的新文化资本的生成机制。鉴于对"五店市"文化产业建构"文化场景"的过程考察,本文尝试论述"权力、资本、地方"三者在"文化场景"中的重要内涵,并剖析三者在"文化场景"建构中的主体性作用及其同构中的逻辑自洽性与实践范式,借以提供不同的理论观照视角。

一、"文化场景"中的"权力、资本、地方"

新芝加哥学派"场景"理论提出要将文化转变为城乡治理工具和政策框架。

---

① 傅茹璋:《传统产业转型地方文化产业创新发展研究》,中国文化大学博士学位论文,2000年,第41页。

② Monika M. Derrien & Patricia A Stokowski.: Sense of Place as a Learning Process.Leisure Science, no. 36, 2014, p.107.

"场景"中的人及其活动的认识和文化价值被嵌入城乡空间的每一个物质设施以及身处其中并使用这些设施的人的多元展示。[①]"文化场景"取决于这些人的文化实践与社会心理构成，是人在"文化场景"中"参与改变"的态度的集合体。[②]作为"文化场景"重要维度的权力、资本、地方三者分别具有话语和价值以及情感的特定内涵。它们是"文化场景"的结构核心，联结并建立其他向度，成为城乡文化治理的重要驱动力。

（一）作为话语的权力

权力是影响、干预和塑造人、社会、国家行为的一种能力和力量系统。[③]"文化场景"中的"权力"本质上是"文化产业权力"的表现，其文化符号产品形成系统之后遂生成影响国家和社会政策、政治资格、资本力量等的权力，成为影响人、社会和国家发展走向的建构性力量。"文化场景"中的权力表现为政策权力与资本权力合谋建构起来的文化符号认同系统，因文化产业的公共属性特征，活动其中的人让渡出自己的某些权力，服从特定"文化场景"的规制，从而获得自己的身份认同或精神愉悦，人的主体意识在让渡权力与争取权利之间参与了"文化场景"的建构，达成主客体权力的辩证统一。因此，"文化场景"体验从本质上说构成一种精神交往，其主客体关系不同于文化产品消费所表现出来的权力移交模式，而是一种空间内权力交互与同构模式，是传统权力之外文化治理的重要一极。

在这个权力交互与同构模式下，"文化场景"一旦加入"地方权力"维度，立刻产生立体"话语结构"：政府通过"招商引资"政策让渡出"话语权"，行使公平合理分配公共文化权利以及资本建构"场景"权利的权力；资本权力则凭借"内容生产"的话语权得以在遵从政府规制和满足文化消费需求间获得应有的权利；消费者则在与资本权力的对抗中促使政府让渡更多的资本权力，以满足自己精神消费需求，第三维度"地方权力"在与"消费者权力"的对立统一中改造"政府权力"，以及规制"资本权力"，建构一个多元互动

---

①范玉刚：《文化场景的价值传播及其文化创意培育——城市转型发展的文化视角》，《湖北社会科学》2017年第2期。

②唐嘉仪：《场景与对话：微信群讨论如何影响态度？——基于对比实验的微观解释框架》，《新闻记者》2019年第11期。

③胡惠林：《再论文化产业正义：文化产业权力与权利》，《东岳论丛》2020年第10期。

话语体系，"文化场景"才真正释放文化产业的"文化性"属性，避免在各级权力不恰当的合谋中"坍塌"，最终形成基于文化、政府、产业、社会等多元权力下的文化生成机制。[①]值得一提的是，作为话语的"文化场景"权力并不能完全以"对话、协商、妥协"的方式完成文化生产，否则将再次进入权力"对抗"而破坏"文化场景"的自然性，而是要倚赖"自然而为或无为"的传统智慧孕育出使各方权利得以合理分配和满足的文化生态。

（二）作为价值的资本

"文化场景"中的资本主要存在于文化产业中的文化价值生产规律。社会学家布尔迪厄于20世纪60年代末提出"文化资本"的内涵主要侧重于无形的价值形态，这种无形价值发展到一定程度，具有一定的转化或实现产业资产的能力。它既包含能够促进文化产业良性发展的物质文化资源，也包括那些能够对人的认知、感受、评价、观念、习惯、行为养成等产生作用的，从而带动经济发展和社会进步的文化性内容，包括文化内涵、制度观念、传播符号及相关的话语结构等。

文化产业下"文化场景"的核心资源通常体现为文化遗产的物质与非物质形态，它的开发与利用是社会文化价值的延伸，与人类历史的文化保护及传承的内在要求紧密联系。文化遗产在产业化过程中形成的不是由资源消耗带来的产品消费，而是利用文化遗产的特殊性，保护和完善其内在价值的完整性并赋予其新的使用价值——对人类的生产生活重新赋予精神审美的对象和内容。因此，"文化场景"中的文化资源在构筑其文化资本的过程中，需与未来利益观紧密联系，既包含了现有资产的未来潜在效益，也蕴含着"无形资产"的利益。从这个意义上说，不是所有的文化资源都能作为资产进入有效资本结构，从而进入"文化场景"建构的权力系统。在中国，以文化遗产为核心资源的"文化场景"中所形成的文化资本及其价值创新机制具有独特的语境，"是'明道救世'思想传统的文化生产者出于对社会政治的关怀而选择的文化生产方式的转型"[②]，其内在的传统文化价值导向始终保持着对政治

---

①欧阳友权、刘纯：《论文化产业品牌价值的社会权力》，《文化艺术研究》2008年第3期。

②刘素华：《新文化生产方式：近代中国文化产业的发生范式》，《上海交通大学学报》（哲学社会科学版）2013年第6期。

性的关注，也就是对人和生活、对社会和国家的关注，一开始就以独立的文化资本和传统文化价值创新为重要权力要素。由上，"文化场景"的建构自然联结了在地性、独特性和个性化三者统合的价值意涵，凸显地域文化的历史轨迹及其稀缺性，展示了地方居民累世流传下来的文化氛围与地域性文化象征符号。它不仅仅体现为经济效益，还包含着国家、社会、文化与生活其中的人的各种价值联结，包含人的生活的存在感与价值感。正是这样的"意义生产"，成为"文化场景"重要的文化资本，是对这项开创性工作的价值追溯与再造。

（三）作为情感的地方

地方情感往往被认为是"地方感"的形成，是由社会、文化、历史、环境、政治所建构起来的观念或有特别"意义"的大大小小空间。[①]进入后现代时期，人们日渐摆脱单纯物质与享乐的欲望，开始向往认同传统文化价值，本土的、在地的、传统的与历史的资产再度成为文化消费结构中的价值主体。因此，"文化场景"对地方的再造必定是针对过于偏执的大众化、统一性，以及城市化、工业化的城市空间或类城市空间。地方性文化产业通过文化产业价值的重塑，由"创意创业"模式开创"文化场景"，强调了生产者群体的主体性与开创性。"文化场景"下的文化产品，如地方生活美学、地方伴手礼产品、地方特色消费等等皆是生活本身，而不是仅仅被表述为"来自生活"。由此"文化场景"需要实现的是"地方感"的情感经验凝成，它具有较为深刻的对"文化场景"的情感依附、地方认同和地方依恋。Relphe曾提出用"审美分辨力"和"道德分辨力"来揭示这种心理和行为活动机制。"审美分辨力"来自情感经验的内化过程，是视觉与心理活动深度结合后产生的新的认知效果，甚至创造出独立的审美对象。"道德分辨力"是人对地方的知识积累，在审美分辨力的基础上还包括了人对自我与地方的某种关系的清晰界定，从而形成特定地方定义。[②]"道德分辨力"下的地方情感可能打破国别、民族、宗教或文化等壁垒，形成相对稳固和独立自主的"个体"与"地方"之间特定关系的认知与判断。

---

① 古宜灵：《文化产业发展的学习型市镇现象》，《都市与计划》2007年第2期。

② 宦震丹、王艳平：《地方感与地方性的异同及其相互转化》，《旅游研究》2015年第7期。

建立在以上两种分辨力基础上的"地方感"，能推动"地方意象"在特定意义下开拓创新经济领域空间，使得身处其中的人获得强烈地方意识，达到"情绪高峰"（Emotional Peak），这种情绪高峰能够有效转化为地方文化生产力的积极动力。因此，"文化场景"中建构起来的"地方"本质是文化生产者主体，让当地的认同感和依附感保有文化的独立性与生产力，从而获得内外部一致性认同。他们对地方的理解与吸收不是因习得而来，而是因生活而生，他们的参与和创作以地方文化的内在价值保护和激活传统文化生产力为主要目标。这是"文化场景"推动地方文化生产力的重要根基。

二、"权力、资本、地方"在"文化场景"中的主体性

文化的主体性在认知层面体现为对人类文化遗存和遗产的接受、认同与传承，在开发利用层面是对文化遗存、遗产的价值共享与永续发展的作用。[①]文化产业对"文化场景"的建构常被认为是资本主体性对文化主体性的改造，也常被诟病为是"分裂感、异化感、孤立感和抽象感"[②]的"场景"。但对"五店市"的考察发现，凸显"地方性"维度的效能后，现代"文化场景"的主体性内涵在结构上和功能上都发生了根本转变，权力、资本、地方三个维度生成意象构成和意义生产与地方品牌的多元结构，权力、资本、地方在其中发生相互的对应、勾连、嵌合的生成机制。

（一）意象构成

"意象"是审美活动形成的认识与结果，由记忆表象或现有知觉形象改造而形成的想象性表象，由主观情意和外在物象相融合形成的心象。"意象"的生成是主客体间的融合与审美创造，客体反映了主体意识作用，但同时也反作用于主体的想象与认知。虽然政府、市场、资本等外部权力能够快速建成文化符号体系，凝结消费图景以及消费"群欢"的想象，但在"文化场景"中，消费符号恰恰是需要极力消解的简单"意象"，它应该由更为复杂的社会价值

---

①秦红增、陈子华：《遗存、遗产与续用发展：关于文化共享的整体分析》，《东南学术》2020年第3期。

②黄开栋：《城市意象批判与城市图景建构——雷蒙·威廉斯城市文化思想探析》，《江汉论坛》2019年第12期。

构成"文化意象",这种意象更多的是由心理意识产生的品质感价值,如历史记忆、地方特色、年代感、视觉艺术价值等。①这些地方性元素在"文化场景"的建构中是具有决定性的生产力,也越来越被着墨于空间的"无形品质"(intangiable qualities)。②品质感即"意象构成",是情感经验、地方认同与文化传播的有机联结,是在"文化场景"的符号系统下实现的情感共鸣。③但"文化场景"中的"意象"品质要突破对日常文化一般性的符号归纳,必须作为一种发生学现象,存在于人们的生产、生活中,形成自在的文化肌理。例如,"五店市"所建构的"文化场景"意象的关键在于将原住民对"五店市"的文化经验和认同融入政府决策与资本运营的权力结构:五店市原住民的民俗文化传统,如祭祀、宗族集会等会在定期日子回到向游客开放展示的建筑文物中进行。通过原住民讲述、展示和交流,不断与外来参观人员进行"对话",与外部人员建立了紧密的联系。由此,原住民通过自身内部的意见交换以及与外部成员的互动,完成了对自我文化的反思与建构。为获得更好的"品质",他们游说各方力量将已经迁出"五店市"街区的手工技艺非物质文化遗产在"五店市"文化产业中复活。"五店市"所建构"文化场景"在意象构成上摆脱了"倚赖文化历史遗迹谋生"的既定思维,生产出"地方"对文化历史进行主体性创造的"文化场景",在发展逻辑上实现文化产业化的终极价值。

(二)意义生成

"文化场景"意象总是伴生着特定的"意义生产","意义"由人的经验、情感和知识构成,这些经验性的"意义"最终形成对自我的界定,这是对"意象构成"的延展与深入。"我"因在"某地"而生发特定的"意义",并最终凝结成地方价值。"文化场景"中"意义生成"包含了注意力效果、回忆效果,直至共感的美学意义等从心理层面到精神层面的多重内涵,如"下意识""唤起"等情感意识。④虽然这些情感意识在"消费场景"下也会发生,常被作为

① Corrossis,H,and Nijkamp,P.(eds): Planning for Our Heritage Avebury. London: Haper Collins Publishers Ltd,1995,p.20.

② Kevin Meethan: Marketing Places—Attaching Investment, Industry and Tourist to Cites, States, and Nations, New York: Routledge, 1997,p.67.

③荀爽:《情感共鸣:文化场景建构的内生动力》,《中华文化论坛》2018年第4期。

④ Berlyne, D. E: aesthetics and Psychobiology, New York: MEREDITH CORPORATION, 1971,p.15.

检测产品或品牌效果的标准，但这种产品意象是由资本权力强构的嵌入式"文化想象"，引发的注意力与回忆效果往往停留在浅表，需要连续不断的商业信息进行反复刺激才能维持。"文化场景"建构下的意义生成则截然不同，它是情感的文化化过程，"情感是通过学习而来的行为"[①]，它们在"文化场景"中所形成的满意度及行为表现，通过社会网络与日常生活的累积，形成长期记忆、满意程度及忠诚度，能够持续享受着属于他们自己的愉悦经验。这种情感的文化化过程所建构的是人所特有的"高层次认知"（Higher Cognitive Emotions）和"特殊的文化情感"（Specific Culture Emotions）。[②]它的差异化建构更具有文化性，能使得"场景"对意义的依附不可离、不可逆、不可复制，由此它所处的空间才有可能演变为"文化场景"，而非仅仅是特殊的空间。

在这一机制下，"文化场景"的意义生产需要建立物理空间、符号世界并与地方个人情感高度连接，使它们之间朝着互相依附性的方向发展。例如"五店市"在做新城规划时，牢牢抓住"人们内心深处渴望与生活的土地之间有内在的情感联结"这一扎根性文化心理，在对历史街区进行项目招商时，严格考量商家是否有"遗产意识"（heritage awareness）[③]：保护文化遗产、保护文化景观、提升文化活动；将商业项目与所在的街区历史文物进行配合度设计，使得文化产品就是街区生活的呈现，就是曾经的"五店市"老街的映衬。同时政府在"五店市"周边引入知名的现代商业项目作为重要背书，将文化产业价值链上的经济效益衍伸至另一外部空间。在"五店市"突破自我空间界限的产业价值链下，活动其中的人在现代与历史之间移动脚步，完全卸下"情感冲突"包袱，既完成了街区内在"品质"对人的黏合性，也通过内外部空间的比对实现人们对现代生活特殊意义的依附感，"五店市"最终完成自身即是"文化场景"的建构。

---

① Evans.D: Emotion: The Science of Sentiment, Oxford: Oxford University Press, 2001, p.43.

② Ekman. P: An Argument for Basic Emotions, Cognition an Emotion, vol. 12, no. 6, 1992, p.3.

③ Louis Tze-Ngai Vong. An Investigation of the Influence of Heritage Tourism on Local People's Sense of Place. Journal of Heritage Tourism, vol. 8, no.4, 2013, p.292.

（三）地方品牌

世界观光旅游协会（World Travel & Tourism Council）在1994年就已经提出：21世纪本土与世界文化可以共存，每个地区都应加倍努力维护自身的文化特质。[①]地方性文化产业对地方遗产的市场化再造由早期的"城市营销""财富创造"等策略，迅速转入地方品牌战略。文化产业下的"文化场景"被赋予了更高一层的地方性意义与政治性话语，对"文化遗产"保护与开发的理念也打破了经济及财富资源的拘囿，具有更多的地方象征意义，融合进多元策略地方品牌结构中，包含"区域品牌"（Place Branding）、"民族品牌"（Nation Branding）、"目的地品牌"（Destination Branding）、"国家品牌"（Country Branding）等，并与政策议程紧密联系。[②]

"文化场景"中的意象构成、意义生成是"流动中的情感"，当这些情感沉淀下来形成"地方性"意涵之后即建构出"地方品牌"。"地方品牌"是更具结构性与稳定性的"文化场景"，影响力范围不仅在于旅游观光产业，还外延到投资吸引、贸易促进和公共外交等领域，它改变了人对地方的态度、行为方式以及身份认同，是国家软实力、区域竞争力的权力话语。"文化场景"建构地方品牌的深层机制在于使"文化场景"中的人完成高度"自我涉入"。只有"涉入"的情感经验才能突围诸如"参与""互动""知道"等等较为浅显的评估性语言，转向能够表达出特定的、明确的、与地方具有强关系的语言行为。由此也更能增进社区与外部的黏性。[③]如是观之，一个有效的"文化场景"建构将导向地方品牌在内外部都完成一致性的情感体验与文化传播，内涵元素不仅仅是产品、消费、景观等等组合，还衍生到投资渠道、政务治理、资源管理效率以及在地居民的生活习性等各种因素，将地方与游客的关系转化成心理需求的供需，而不是经济链条上的消费—满足供需。"五店市"即是通过"意象构成"与"意义生成"的持续生产，通过商业文化传播建立了与

①杨敏之：《地方文化产业与地域活化互动模式研究》，台北大学博士学位论文，2002年，第21页。

② Emily Chamlee-Wright: Captalist Spirtis and Connection to Place, Rew Austrilia Acon, vol. 27, 2014, p.473.

③ Louis Tze-Ngai Vong. An Investigation of the Influence of Heritage Tourism on Local People's Sense of Place, Journal of Heritage Tourism, vol. 8, no.4, 2013, p.292.

地方品牌的内在联结,在商业文化传播领域建构了新的"文化场景"。

三、实践范式:权力、资本、地方的同构

前文主要是通过文化产业视角对权力、资本、地方三者在"文化场景"中的主体性的应然分析,那么这三者在建构"文化场景"中的所以然又是什么?对此,"五店市"文化产业的实践经验提供了一些依据,为权力、资本、地方在"文化场景"中的同构作用及其实践范式,以及在文化遗产保护与开发的理论研究和实践领域提供了借鉴经验。

(一)现代与传统:"我是谁?——成为谁?"

"文化场景"中的身份界定尤为重要,不管是个人,还是地方,都需要在"文化场景"的塑造下成为明确的"自己"。虽然现代"文化场景"中物质文化遗产是远去的社会文化印迹,它们可以清楚地昭示生活其中的人"曾经是谁",但这些物质文化遗产不应仅仅是作为内容的承载体或展览物发挥作用,还应有其本身所蕴含和参与的生活内容的创造,应当像非物质文化遗产一样具有通过现代生活体系,实现文化场景的延伸并在其中实现文化传流功能的可能,"使人们能够对'易逝的世界'赋予一种相对稳定的、可流传的、可再次接收的简明形态和意义的表达"[1]。这种功能转向可以使得今天生活其中的人再次塑造新的历史性"集体记忆",并能够完成未来"我们要成为谁?"的这一历史主体性的地方价值。[2]这应当作为现代"文化场景"建构的逻辑起点及新价值模式。

"五店市"经验表明,通过重置文化产业价值链里的"生产资料",让传统文化与现代文化在同一空间内形成互文性,以此共创新的文化主体是有益实践。在这一过程中,与权力适当分离、与资本的适度和解、凸显地方的主导地位三者之间在实践中表现出非常适洽的合理性,力求去除"过度商业化"

---

①王媛:《文化认同:非物质文化遗产存续发展的核心问题》,《福建论坛》(人文社会科学版)2014年第10期。

② Krister Olsson、Tigran Haas: Emergent Urbanism: Structural Chang and Urban planning and Desing, Journal of Urbanism: International Research on Placemaking and Urban Sustainability, vol. 6,no.2,2013,p.95.

的产业运营，使得文化保真与市场效益之间获得最好的平衡。

（二）流动与转换：原生文化生产与媒介符号社会的互动

内容共创是"文化场景"建构"经验场"、形成"地方感"的重要途径。媒介化社会存在实体空间与媒介空间两个场域，相应地，人们的"经验场"也融合并流转在这两个场域中，它既存在于原生文化生产的文创空间，又流动于媒介符号文化场域。这两个场域在相互分离、催生和转场中共创一个"文化场景"。严格地说，任何一个现代"文化场景"的自生场域不可能有重复性，既不能模拟和复制他者，也不可能重复它自身刚刚发生的文化生产。这正是由权力、资本、地方三者建构下的现代"文化场景"迷人之处，也是现代文化产业的本质属性与基本功能，脱离这一本质的"文化场景"是不完整的。以"五店市"与影视产业的弥合为例，"五店市"利用自有文化遗产的原生性空间，将其中的原生态人物活动直接生成影视内容，其中不乏福建优秀传统文化的展演，同时原生文化空间透过媒介产业进入更为广阔的"符号场域"。随之，"五店市"通过影视产业进行第一次转场，将历史街区转换为现代影视剧再演绎的实体空间，即将影视剧或媒体中的现实人物带入"五店市"延续影视文化演绎——建构了历史与现代相遇的二度空间。与此同时，媒介场域将各类与影视文化相关的衍生创意资源迅速带入"五店市"文创产业，催生了体验式现代文创景观。在这个新内容生成过程中，"五店市"物理空间发生第二次转场，遂成为新影视基地，复归新一轮的原生文化再生产空间，由此完成一轮又一轮共生的"原生文化场景"。"五店市"以特殊的"文化流动"与"空间转换"互构模式，合成以空间转场为主要运转模式，以原生内容为中心的全产业链功能，形成独特的"地方性"。它摈弃了割裂式、断层式、表演式的文化产业发展模式，运用"非经济性"的运营思维激发"活性"力量，体现文化事业的价值属性。[①]

（三）冲突与共情："文化场景"的生机

"文化场景"从其本质属性与价值生产规则而言，更趋同于爱德华·索亚（Edward W. Soja）提出的"第三空间"生产，它的形成是各种力量因"交流、

---

① 王惠蓉：《福建"海丝"文化产业发展研究——以"地方感"的建构为视角》，厦门大学博士学位论文，2018年，第153页。

互动"的复杂性参与到了空间的意义生产过程中，并形成了特定的内在社会关系（如利益、权力、集团等），呈现出"开放与实践的状态"。①胡惠林认为：文化形态分为静止的和流动的，静止的文化形态是凝固在物质地理层面的文化特性，流动的文化形态是随人的变动而产生的文化形态。②因此，只有将各层面的"权力"因素置于一个稳定的"开放与实践"的"冲突"语境下，"文化场景"的意义生产才能具有流动性，文化的生成才具有生机与活力，也更具有挑战性和多样性。"第三空间"的"混杂性"（hybridity）特征，是导向"文化场景"的意义生产具备"共情能力"的重要前提。

"冲突性"的本源在于获得"精神愉悦"冲突的合法性。"精神愉悦"是人对所处社会的适应与接纳，它是社会所有因素合力作用之下产生的"某一时期的文化"。③"文化场景"中的人在先验与后验的冲突中获得个体在文化生产中的能动性，并致力获得与他人共情的可能性与一致性，人的感觉结构获得较为稳定的"合法性"存在，"精神愉悦"才有可能进入文化场景的意义生产过程。人在这样的内在感觉与外部力量的"交往冲突"中寻求最大的正向效能，完成"个体文化实践的自我争取"。④只有人的主体性获得合法的情感冲突，才能抵制一味趋同于他人审美趣味，从而保有"文化场景"内在文化生产的"冲突性"，避免造成千城一面的雷同景观。由是论之，"文化场景"的主体权力须具有"我"的身份意识，再建立与"你们"共有的共情机制。其中文化生产的"冲突"不是对人的简单异化，而是需对"权力意识"进行挑战，通过寻求"一种创造性文化增生的范式实现文化的包容性发展"⑤。"五店市"文化产业在实践中无形创生了"没有权力主体就是最好的'权力合法'"这一

---

① 罗新星：《第三空间的文化意义生产研究——以湘西凤凰的旅游传播为个案》，岳麓出版社 2013 年版，第 32 页。

② 胡惠林：《新型城镇化：重构中国文化产业发展的空间秩序》，《福建论坛》（人文社会科学版）2015 年第 8 期。

③ 张登峰：《"感觉结构"作为"关键概念"：理论系谱与文化实践》，《中国图书评论》2019 年第 12 期。

④ 孙九霞：《地方文化保护与传承中精英个体的日常实践》，《地理研究》2019 年第 6 期。

⑤ 胡惠林：《在文化发展的实践中推进文化理论的创造性发展》，《中国编辑》2015 年第 2 期。

历史经验。在面对理念冲突、方法冲突、条件冲突、时机冲突、内容冲突等等"权力话语"争夺的情况时没有"让步"的概念,在"无为"中,允许"谁"都可以不让步,但"谁"都必须合理妥协的对话机制,全程融合了"地方感"营造的思维和自主意识,以"去产业化"的自治逻辑凝聚起了各行业各领域的相关人对此项目的文化保护、传承、创造和传播的集体认同,有效拉动了外部消费群的共情体验,成为"五店市""文化场景"建构的重要动力机制。

四、结语

"文化场景"在现代文化创意语境下,彰显了传统与现代、本土化与全球化的"热力图景",无论在理论层面还是实践层面,都开始有意识地反思现代"文化场景"建构中权力因素的应然与所以然。研究进路必须打破单一"文化与市场"关系的思维模式,突破简单的以内外部权力进行界分与考辨的权力结构,而是代之以内外部权力的"混同性"特征为基本理念并引入更复杂有序的"文化主体"同构的实践路径。本文所尝试论证的"权力、资本、地方"对"文化场景"的建构并不是仅仅停留在对"旧元素"进行"新组合"的思辨性新论,而是通过对"五店市"历史街区文化产业的考察,发现了更为自主和独立的发展空间。它们在坚守传统与现代的共生共创中,发展出自有的现代"文化场景"建构的新思想。总而言之,文化产业应加强深入的、精细的、个体化的研究,因为文化产业本质上说就是一种全时息、绝对性的个体化创业的总和,每一个创业者的每一时刻都可视为处于永无止息的创意与创业过程中,每一个"个体"都具有非典型意义而被赋予理论价值,这是现代"文化场景"应有的包容力。

(选自《东南学术》2020 年第 6 期)